独日法律家協会・日本比較法研究所シンポジウム記録集

# 裁判員裁判に関する日独比較法の検討

Deutsch-Japanisches Strafrechtssymposium
−Das Laienrichtersystem im Rechtsvergleich−

椎橋 隆幸 編著
Takayuki SHIIBASHI

日本比較法研究所
研究叢書
108

中央大学出版部

装幀　道吉　剛

まえがき

　本書は，中央大学日本比較法研究所と独日法律家協会との合同企画により，2015年10月4日（日），東京お茶の水の中央大学駿河台記念館において開催されたシンポジウム「裁判員裁判に関する日独比較法の検討」の各報告原稿（日本側：日本語，ドイツ側：ドイツ語），コメント（日本側：日本語，ドイツ側：同時通訳版），質疑応答（日本側発言部分：日本語，ドイツ側発言部分：同時通訳版），ならびに報告要旨（各言語版ならびにその翻訳版）を収めた記録集である（なお，ドイツ側のコメントならびに質疑応答のドイツ側発言部分の同時通訳版については，テープ起こししたものを，本学シンポジウム報告者・関係者において修正等を施したものである）．

　我が国の裁判員裁判制度は，2009年に運用が開始されて以降，大きな制度的変更もなく，おおむね順調に進行してきたとの評価を受けている．とはいえ，今日では，対象事件の見直しや量刑，控訴審裁判所による事実誤認の審査のあり方など，少なからぬ問題点や課題も指摘されているところであり，このような状況を踏まえ，本シンポジウムは，裁判員裁判制度をあらためて概観し，その意義・正当性を再確認しつつ，日本の裁判員裁判制度における重要論点についてドイツの法制度との比較法的視点から分析と検証を加えることを目的として開催されたものである．

　我が国では，現在においても，ドイツ刑事法の立法状況，判例・学説に関する研究が盛んに行われているが，かつては我が国からドイツへの一方通行的な態様であったものが，グローバル化の流れのなかドイツ側における日本法への理解も深まって，最近は双方向的理解において互いの法の発展を促そうとする比較法的研究が盛んに進められているところである．

　当日は，日独両国の第一線で活躍する専門家たる研究者・実務家の方々にご

参集をいただき，140 名を超す会場参加者を得て，その大きな関心のもと，我が国における裁判員裁判制度の現状についての報告とドイツ法からみた分析と評価について，内容の濃い充実した報告・議論・意見交換が展開され，盛会のうちに討議の幕を閉じた．幅広い学術交流を通して諸外国の法文化を知り，異なる発想に依って立つ他国の法と法文化を理解して，汎用可能な新たな法システム・法の支配の形成を目指すという，創立以来 67 年，我が日本比較法研究所が掲げてきた比較法研究の究極的な目的を少なからず達成することができたと考えるところである．

シンポジウムの終了後，その成功と成果については関係各位から高い評価を寄せていただいたところであり，そのため，今回，本記録集については，付随する他の項目についての掲載の要望等もあったところながら，今後の学会・実務への時宜を得た貢献・寄与を第一に発刊を急いだ次第である．

今回のシンポジウムが成功裡に終了するにあたっては，共催機関である独日法律家協会のヤン・グロテーア会長ならびに欧州・国際刑事法センター（ZEIS）の所長であり報告者のひとりでもあるアルントゥ・ジン教授の尽力に負うところが大きかった．本学シンポジウム関係者一同，心より御礼を申し述べるところである．また，助成をいただいたドイツのロバート・ボッシュ財団，日本の公益財団法人社会科学国際交流江草基金，日本比較法研究所研究基金にこの場を借りて厚く御礼を申し上げたい．

本シンポジウムの成果がわが国の裁判員裁判制度の今後の発展に少しでも資することを，そして，今回の日独の比較法研究にかかる国際的学術交流が両国の一層の人的，文化的交流の発展への架け橋となることを願いつつ，本報告集のまえがきとするものである．

末筆ながら，本シンポジウムの企画・運営は只木誠教授の精力的な活動なくして実現しなかった．只木教授のご尽力に感謝の意を表したい．

中央大学法科大学院教授　椎　橋　隆　幸

# Vorwort

Das vorliegende Buch beinhaltet die Redemanuskripte der Referate, die auf dem am Sonntag, den 4. Oktober 2015 gemeinsam vom Institut für Rechtsvergleichung in Japan (*The Institute of Comparative Law in Japan,* ICLJ) und der Deutsch-Japanischen Juristenvereinigung e.v. (DJJV) veranstalteten Symposium „Japanisch-Deutsche rechtsvergleichende Untersuchungen zum Strafprozess unter Beteiligung von Laienrichtern" gehalten wurden, sowie die darauf folgenden Kommentare, die Antworten auf Fragen aus dem Publikum und Zusammenfassungen der Referate. Die Veranstaltung fand in der Surugadai Memorial Hall der Chūō Universität statt, die mitten in Tōkyō in der Nähe des Bahnhofs *Ocha no mizu* gelegenist. Die Referate sind in der jeweiligen Originalsprache abgedruckt (also auf japanisch bei den japanischen Referenten und auf deutsch bei den deutschen Referenten), die Kommentare sowie Fragen und Antworten auf japanisch (im Falle der Redebeiträge von deutscher Seite wurde der zum Teil korrigierte Text der Simultanübersetzung verwendet) und die Zusammenfassungen in der Originalsprache nebst einer Übersetzung ins Deutsche bzw. Japanische.

Das japanische Laienrichtersystem wird seit 2009 in der Strafjustiz praktiziert. Es wurde seither nur geringfügig reformiert und wird im Allgemeinen positiv bewertet. Allerdings gibt es auch eine Reihe von Punkten, die kritisiert werden. Dies betrifft z.B. die Art der Strafverfahren, auf die das Laienrichtersystem zur Anwendung kommt und wo z.T. eine Reform gefordert wird, sowie die Art der Strafzumessung in diesen Verfahren. Ein weitererKritikpunkt betrifft die Art und Weise der Überprüfung der Tatsachenfeststellung der ersten Instanz auf ihre Richtigkeit im Berufungsverfahren in Fällen der Beteiligung von Laienrichtern bei der Urteilsfindung. Aufgrund dieser Umstände schien eine erneute Erörterung des Laienrichtersystems im Rahmen des durchgeführten Symposiums angebracht, wo die Bedeutung des Laienrichtersystems und die Rechtfertigung seiner Einführung untersucht und die wesentlichen Streitpunkte unter Vergleich mit dem deutschen System diskutiert wurden.

Noch heute wird die deutsche Entwicklung auf dem Gebiet des Straf- und Strafverfahrensrechts in Gesetzgebung, Rechtsprechung und Rechtstheorie von der japanischen Wissenschaft intensiv verfolgt und diskutiert. Während früher allerdings nur ein einseitiges Interesse der japanischen Wissenschaft am deutschen Straf- und Strafverfahrensrecht bestanden hat, hat mittlerweile unter dem Einfluss der Globalisierung auch das Interesse der deutschen Seite an der japanischen Rechtslage zugenommen und sich das Verständnis davon vertieft. Mittlerweile kann man daher von einer intensiven rechtsvergleichenden Forschung auf japanischer und deutscher Seite sprechen, bei der die jeweils andere Rechtslage in den Blick genommen wird.

Für die Veranstaltung konnten namhafte Wissenschaftler und Praktiker auf dem Gebiet des Straf- und Strafverfahrensrechts in Deutschland und Japan als Referenten und Kommentatoren gewonnen werden. Das öffentliche Interesse an der Veranstaltung, die mehr als 140 Besucher zählte, war dementsprechend groß. Bis zum Schluss der gut besuchten Veranstaltung hat es im Anschluss an die Referate zum japanischen Laienrichtersystem und der Stellungnahme und Bewertung von deutscher Seite intensive Diskussionen und einen tiefgehenden Meinungsaustausch gegeben. Die Veranstaltung knüpft somit in erfreulicher Weise an die langjährige Tradition des ICLJ seit seiner Gründung vor rund 60 Jahren an, zum Zwecke der Ausgestaltung, Erneuerung und Weiterentwicklung des Rechtsstaates durch einen weitgefächerten wissenschaftlichen Austausch sowie durch das Studium der auf anderen Denkweisen fußenden Rechtskulturen anderer Länder und die Förderung des Verständnisses beizutragen. Das Symposium ist ein weiteres erfolgreiches Beispiel für die Verwirklichung dieses Institutszwecks.

Nach Abschluss des Symposiums sind dessen Ergebnisse und Früchte von allen Beteiligten überaus positiv bewertet worden, so dass die Veranstalter sich entschlossen haben, diese in Form dieses Buches möglichst rasch der Wissenschaft und Praxis allgemein zugänglich zu machen, auch wenn z.T. der Wunsch bestanden hat, zusätzlich weitere damit zusammenhängende Punkte aufzugreifen.

Zum Gelingen der Veranstaltung haben viele Personen durch ihren großen persönlichen Einsatz beigetragen, denen ich hier noch einmal ausdrücklich meinen Dank aussprechen möchte. Dazu gehören insbesondere der Präsident der DJJV, Herr *Dr. Jan Grotheer,* und der Direktor des Zentrums für Europäische und Internationale Strafrechtsstudien (ZEIS), Herr *Prof. Dr. Arndt Sinn*, der auch als Referent mitgewirkt hat. Der Dank gilt selbstverständlich auch allen anderen am Symposium Beteiligten. Darüber hinaus möchte ich der Robert Bosch Stiftung, der Egusa Foundation for International Cooperation in the Social Sciences (EFICSS) und dem ICLJ für die großzügige finanzielle Förderung der Veranstaltung herzlich danken.

Ich hoffe, dass die Ergebnisse des Symposiums in bedeutendem Umfang zur Weiterentwicklung des japanischen Laienrichtersystems in der Zukunft beitragen werden und dass das Symposium darüber hinaus einen bedeutenden Beitrag zum rechtsvergleichenden wissenschaftlichen Austausch sowie zum kulturellen und persönlichen Austausch zwischen Japan und Deutschland geleistet hat.

Im Rahmen des Vorworts zu diesem Tagungsband möchte ich Herrn *Prof. Dr. Makoto Tadaki* meinen besonderen Dank für die reibungslose Durchführung und den Erfolg dieses Symposiums aussprechen.

Prof. Dr. Takayuki SHIIBASHI
Professor an der Law School der Chūō Universität

# 目　次

まえがき……………………………………………………椎　橋　隆　幸
Vorwort ………………………………………………Takayuki SHIIBASHI

## 第1部　報　　告

比較法的に見た裁判員制度の特徴とその運用実態及び課題
　………………………………………………………椎　橋　隆　幸…　3
刑事裁判への国民参加の意義およびその正当性……………小木曽　　綾…　17
Die Beteiligung von Laienrichtern/Schöffen im
deutschen Strafverfahren………………………………Arndt SINN…　33
量　刑　問　題 ………………………………………………鈴　木　彰　雄…　53
Der Einfluss der Laienrichter auf die Strafzumessung
aus deutscher Sicht …………………………………… Marc TULLY…　67
控訴裁判所による事実誤認の審査のあり方 ………………柳　川　重　規…　83
Berufsrichterliche Kontrolle der mit Laienbeteiligung erfolgten
Tatsachenfeststellung in der Revision ………………Henning ROSENAU…　93

## 第2部　シンポジウム記録
（報告要旨・コメント・質疑応答）

開会の挨拶 ……………………………………………………伊　藤　壽　英…　109
Begrüssung …………………………………………………Jan GROTHEER…　111
挨　　　拶 ……………………………………………………竹　﨑　博　允…　113

挨　　拶……………………………………………………稲田伸夫… *116*

# 基調報告
# Eröffnungsvortrag

### 比較法的に見た裁判員制度の特徴とその運用実態及び課題（要旨）
Charakter, Praxis und Aufgabe des japanischen Laienrichtersystems aus rechtsvergleichender Sicht (Zusammenfassung)
………………………………………椎橋隆幸（Takayuki SHIIBASHI）… *121*

### セッション1：刑事裁判への国民参加の意義およびその正当性
1. Sitzung　　：Bedeutung und Berechtigung der Beteiligung von Laien am Strafverfahren

### 刑事裁判への国民参加の意義およびその正当性（要旨）
Bedeutung und Berechtigung der Beteiligung von Laien am Strafverfahren (Zusammenfassung)
……………………………………………小木曽　綾（Ryo OGISO）… *129*

### Die Beteiligung von Laienrichtern/Schöffen im deutschen Strafverfahren (Zusammenfassung)
ドイツ刑事手続における素人裁判官・参審員の意義（要旨）
………………………………………Arndt SINN（アルントゥ・ジン）… *133*

コメント………………………………………………………上冨敏伸… *136*
コメント……………………………………………カルステン・ゲーデ… *140*
質疑応答…………………………………………………………………… *145*

セッション2：量刑問題
2. Sitzung ：Strafzumessung und Laienrichter

量刑問題（要旨／レジュメ）
Zur Problematik der Strafzumessung
(Zusammenfassung / Handout) ……… 鈴木彰雄（Akio SUZUKI）… 157

**Der Einfluss der Laienrichter auf die Strafzumessung aus deutscher Sicht (Zusammenfassung)**
ドイツ法における，素人裁判官の量刑判断への
影響（要旨）………………………… Marc TULLY（マーク・トゥリ）… 165

コメント ……………………………………………… 稗田雅洋… 168
コメント ……………………………………………… ヤン・グロテーア… 173
質疑応答 ………………………………………………………… 176


セッション3：控訴裁判所による事実誤認の審査のあり方
3. Sitzung ：Die Beteiligung von Laienrichtern bei der Entscheidungsfindung in der zweiten Instanz

控訴裁判所による事実誤認の審査のあり方（要旨）
Prüfung der fehlerhaften Tatsachenfeststellung durch
das Berufungsgericht (Zusammenfassung)
……………………………… 柳川重規（Shigeki YANAGAWA）… 191

**Berufsrichterliche Kontrolle der mit Laienbeteiligung erfolgten Tatsachenfeststellung in der Revision (Zusammenfassung / Handout)**
素人参加のもとで行われた事実認定の，上告審における
職業裁判官による監査（要旨／レジュメ）
……………………… Henning ROSENAU（ヘニング・ロゼナウ）… 196

コ　メ　ン　ト……………………………………………青柳　　勤… *201*

コ　メ　ン　ト……………………………………カルステン・ゲーデ… *207*

質 疑 応 答……………………………………………………… *213*

閉会の挨拶………………………………………………貝木　　誠… *219*

プログラム……………………………………………………… *221*

　登壇者一覧………………………………………………… *224*
　執筆者一覧………………………………………………… *226*

# 第1部
# 報　告

# 比較法的に見た裁判員制度の特徴と
# その運用実態及び課題

椎　橋　隆　幸

## I.　裁判員制度の創設の経緯と目的

　2009年5月，日本において裁判員法（裁判員の参加する刑事裁判に関する法律）が施行された．同法の目的は，国民の中から選任された裁判員が裁判官と協働して，事実の認定，法令の適用，刑の量定を行うことにより，司法に対する国民の理解の増進とその信頼の向上に資することである（1条，6条）．一般国民が刑事裁判に参加する形態として，英米では陪審制度があり，また，独仏等においては参審制度が採用されている．陪審制度や参審制度は，「被告人の自由と基本権を擁護するために同輩による裁判を受ける権利」とか『民衆の自由のための守護神』と表現されるように，民主主義の原理に根差しているものである．これに対して，日本の裁判員制度は，国民が裁判官による裁判に強い不満を持ち，裁判官では守れない被告人の権利・自由を自分達で保障しようという強い要請に基づいて創設されたものではなかった．むしろ，現在の刑事裁判が基本的に良好に機能しているという評価を前提として，専門家だけによる判断を透明化することによって，つまり，国民が裁判の過程に参加し，裁判内容に国民の健全な社会常識をより反映することによって，国民の司法に対する理解・支持が深まり，司法が強固な国民的基盤を得るために，あるいは，国民にとってより身近な司法を実現するための手段として，導入されたといわれている．民主主義の原理と身近な司法の実現とは相矛盾するものではないが，どちらの考え方を基本に据えているかによって制度の運用は異なったものになるで

あろう．

　それでは，日本の刑事裁判には問題がなかったかというとそうではない．第1に，一部の重大・複雑な事件ではその終結までの審理期間が10年，場合によっては20年という不当に長期に及び，遅れた裁判は裁判の否定という事態を生み，このことが国民の刑事裁判への信頼を損なわせる一因となっていた．第2に，1948年刑事訴訟法下での刑事裁判は，立法当初の狙いとは相当に異なった独特な刑事司法を発展させたといわれた．すなわち，取調べを含む捜査機関の徹底した捜査，起訴・不起訴につき裁量訴追主義に基づく検察の十分な事件の絞り込み，事件の細部まで真相解明に努める慎重な公判審理，上訴審の審査に耐え得る周到な判決書，証拠調べを広範に認める控訴審等を特色とする刑事裁判は「精密司法」とか「調書裁判」と呼ばれ，その結果，大量の調書が作成され，それが公判で多用された．公判期日において検察官，弁護人が，被告人・証人から直接に口頭での供述等を中心に活発な立証・反証活動が展開された後，裁判官が事実認定するという理念との乖離は大きかった．

　日本の刑事裁判の歴史を少し遡れば，最初の近代的な刑事訴訟法典はフランスの影響を受けて制定された1880年の治罪法（code d'instruction）であった．1889年の大日本帝国憲法の制定にあわせて1890年に刑事訴訟法が制定された（明治刑事訴訟法　旧々刑訴法）．その後，ドイツ法の影響を受けて刑事訴訟法の一部改正が行われた（大正刑事訴訟法　旧刑訴法）．以上の刑事訴訟法典の特徴はヨーロッパ大陸法の職権主義の色彩の強いものであった．第二次世界大戦後の1946年に公布された日本国憲法にあわせて1948年にアメリカ法の影響を強く受けた現行刑事訴訟法が制定された．現行刑訴法は基本的人権の保障を厚くした他，訴訟構造との関係では弾劾主義・当事者主義を基調としたものに大きく変革された．ドイツ法の影響を受けた旧法とその改正法である現行刑訴法はドイツ法とアメリカ法の混合型（hybrid）であると同時に日本独自の特徴を加えて発展し特色のある刑事裁判を形成してきた．後述する裁判員制度もドイツの参審制度とアメリカの陪審制度との混合型（hybrid）であることは興味深い．

　さて，職権主義と当事者主義という訴訟構造の違いはあるにせよ，旧法にお

いては直接主義，口頭主義の裁判が在るべき姿と考えられていたし，現行法においても伝聞法則を採用し，口頭主義，第一審中心主義が理念と考えられていた．調書の多用によって理念である直接主義，口頭主義が形骸化されている状態を批判する見解は学界や実務法曹の間でも強くなってきていたし，また，このような状況を現実に変革するためには陪審か参審という国民の参加する裁判制度を導入するしかないという見解が有力になってきたのである．

そして，内閣が設置した司法制度改革審議会は，2年近くの調査・審議の後，2001年6月に司法制度改革の提言を内容とする意見書を公表した．司法制度改革の三本柱の一つが，国民の司法参加による国民的基盤の確立であり，日本にふさわしい裁判員制度の導入であった．この意見書を受けて2001年12月，司法制度改革推進法が成立し，内閣の下に司法制度改革推進本部が設置され，さらに，同本部の下に，裁判員制度の導入と刑事裁判の充実・迅速化のための法案の立案作業のため，裁判員制度・刑事検討会が設置され，約2年間の調査・審議を経た後，2004年5月に裁判員法が国会において成立した．

## II. 裁判員法の内容と運用状況

1．2004年5月に成立し，2009年5月から施行された裁判員法は，裁判官3名と裁判員6名で構成される裁判体（2条2項）が，一定の重大事件（2条1項）を対象に，事実認定，法令の適用，刑の量定を行う（6条）．裁判員は選挙権を有する国民の中から無作為に選定された後（裁判員候補者），一定の手続を経て選任される（13条～40条）．なお，評決は，裁判官及び裁判員の双方の意見を含む，合議体の員数の過半数による（67条1項）．数の上では裁判員だけで過半数を占めることが可能であるが，少なくとも裁判官が1名加わっていなければ有罪判決を下すことは許されない．

2．アメリカの陪審制度では，無作為に選ばれた陪審員が当該事件について陪審員のみで有罪・無罪の判断を行う．また，ドイツの参審制度では，政党や労働組合などの推薦に基づいて選任された参審員が一定の任期の間，裁判官と

協力して有罪・無罪の判断と刑の量定を行う．日本の裁判員制度は裁判員が無作為に選任されて当該事件のみを担当する点では陪審制度に似ているが，裁判員が裁判官と協働して事実認定と量刑を行う点では参審制度に似ている．その意味でユニークな国民参加の刑事裁判ということができよう．もっとも，事実認定と量刑を協働して行うという重要な点で共通しているという意味では参審制度を基本にしているといえる．なお，陪審制度は日本国憲法の関連規定の解釈から憲法違反と判断されるおそれがあったし，また，裁判官1名が加わらなければ有罪判決を下せないとの評決方法を採用したのも憲法違反の疑義を残さないとの考慮が働いたものといえよう．

## III. 裁判員裁判の運用状況と課題

### 1．公判審理の充実化・迅速化

裁判員裁判の運用状況を適切に理解・評価するためには，裁判員制度の目的と密接に関連する公判審理の充実化・迅速化との関係を整理しておくことが重要である．公判審理の充実化・迅速化は直接主義・口頭主義の実現とも深く関わっている．すなわち，国民が参加する裁判員裁判においては，まず，公判前の準備が重要である．そのため，裁判官が検察官と弁護人出席の下で争点と証拠を整理し，明確な審理計画を策定するが，そこでは必要な証拠開示がなされなければならない．そうした準備活動を十分に行うことによって公判手続においては連日的開廷を原則として，わかりやすい方法で証拠調べ等を行い，短い期間内で審理が終了することが期待できる．わかりやすい審理とは，基本的に，人証を中心にした，立証事項に相応しい立証方法を採ることにより実現される．そして，直接主義・口頭主義に基づいた裁判員裁判による第一審判決は尊重されなければならない．これらの裁判員裁判が想定した在り方を視点として裁判員裁判の運用状況を検証してみたい．

公判前整理手続の創設，証拠開示の拡充，弁護権の拡充，人証中心の立証方法等は刑事訴訟法及びその運用の改革である．裁判員法の目的は司法に対する

国民の理解の増進とその信頼の向上に資すること，言葉を換えれば，司法への国民的基盤の強化である．刑事手続の改革はその手段であるとか副次的効果であるとかいわれているが，両者の関係は相即不離の関係で，刑事手続の改革が伴わなければ裁判員制度の目的を達成することはできないし，逆に裁判員法の理念（大義）がなければ刑事手続の改革も現実には牽引・実現されなかったという密接な関係にあるといえよう．

## 2．裁判員裁判の施行5年の運用状況

施行5年を経た裁判員制度は概ね順調に運用されていると一般に評価されている．最高裁判所の「制度施行後5年の裁判員裁判の実施状況について」及び法務省の「『裁判員制度に関する検討会』取りまとめの報告書」が裁判員裁判の実施状況を検証しているので参照されたい．その他，裁判員制度を特集した法律雑誌においても，ほとんどの論者が裁判員制度は概ね順調に運用されていると評価している．次に運用状況の一端を示してみたい．

(1) 選任手続―裁判員候補者の裁判員選任手続への出席率は，辞退を認めるか否かの判断が柔軟に行われていることもあって，施行5年の平均は77.1％と高率を維持している．選任された裁判員の構成は年齢構成別，職業構成別ともに国勢調査に対応したバランスのとれたものとなっており，男女比についても若干男性比率が高いが，概ねバランスのとれた構成になっている．これは，国民の健全な常識を裁判に反映するという意味で，各階層から多様でバランスのとれた裁制体を構成することが望ましいとの理念に合致している．

(2) 審理のわかりやすさ―専任された裁判員は，各法曹別の評価には差があるものの，全体として法律家の話していることが「分かりやすかった」(66.6％) と「普通」(29.4％) を合計すると96％となり，概ね審理内容の理解に問題がない状況で審理を受けとめていることが窺われる（この数値は施行5年目の2013年のものである．以下同じ）．

(3) 評議の充実度―裁判員がいかなる状況で評議に参加しているかについては，「話しやすい雰囲気」(76.4％)（これに「普通」(21.0％) を含めると97.4％）で

評議に臨み，評議においては，「十分に評議ができた」(74.0%) に示される議論の充実度を実感している環境で評議に臨んでいることが窺われる．

(4) 裁判の前と終了後の受け止め方

裁判員は裁判員に選ばれる前は積極的参加志向が33.8%（「積極的にやってみたい」〔9.0%〕と「やってみたい」〔24.8%〕を合わせた数）という低い数値であったのに，裁判員終了後の感想として，よい経験（「非常によい経験と感じた」〔56.9%〕と「よい経験と感じた」〔38.3%〕を合わせた数）と感じた者が95.2%となり，ほとんど全ての裁判員経験者が肯定的に評価する結果となっている．刑事裁判という被告人の自由や場合によっては生命を奪う判断をしなければならない仕事に，初めて就く際の不安などから消極的な姿勢を示していた人々が，裁判員となり，わかりやすい審理を見て聞いて，話しやすい雰囲気の中で十分な評議をして，その結果，よい経験をしたと感じていることが推測される．また，このことが，裁判員制度が概ね順調に運用されていると評価される有力な根拠となっている．なお，裁判員制度が概ね順調に運用されている理由として裁判所，法務省，弁護士会等関係各機関が周到な準備を惜しまなかったこと，例えば，厖大な数の模擬裁判を協力して実施し，検証し，修正すべき点があれば改善するという努力を積み重ねたこと等が挙げられる．そして，なんといっても，国民の意識，理解力，勤勉さなどの裁判員の対応能力の高さがあったことは間違いない．多数回・長期間に及ぶ裁判（職務従事期間が75日や100日に及ぶ裁判例があった）においても立派に裁判員としての役割を果たしたことは特筆に値する．

## 3．裁判員裁判の課題

(1) とはいえ，課題がない訳ではない．裁判員候補者の裁判員選任手続への出席率は83.9%（2009年）から71.4%（2014年）へと低下傾向にある．他方，辞退率は53.1%（2009年）から64.6%（2014年）へと高くなる傾向にある．制度運用への支障を懸念するほどの数値ではないが，出席率の低下傾向がどこで止まるのか，辞退率の上昇傾向の原因がどこにあるかなど注視する必要があ

る．なお，先の国会において，審判に要する期間が著しく長期にわたること又は公判期日が著しく多数に上るため裁判員の選任が困難な事案は，裁判員裁判の対象から外される法改正が行われた．

(2) 施行5年時の裁判員裁判の平均審理期間（起訴から終局まで）は8.7月であり，裁判官裁判時代（2006年〜2008年）の6.6月よりも長期化している．裁判員裁判の平均審理期間（8.7月）のうち公判前整理手続期間は6.4月と相当に長い．第1回公判期日が始まると連日的開廷による集中審理がなされるので，第1回公判期日の前の段階で一定の準備期間が必要なことは当然であるとしても，公判前整理手続に要する期間が6.4月というのは長すぎる．事件から相当の期間が経過すると関係人の記憶が減退し，人証中心の審理の実現や迅速な裁判の要請の観点からも問題であるし，また，被告人の身柄拘束期間が長期化するという結果にもなりかねない．そこで，裁判所は，検察官・弁護人の協力を得て，①30日〜40日を要している弁護人の予定主張記載書面の提出の早期化を促したり，②公判期日の指定から第1回公判までに60日前後を要していた事態を改善するために，起訴後の法曹三者間での早期打合せと公判期日の仮予約を試みたりして，一定の成果を挙げつつあるという．

(3) その他，公判期日における立証方法など，未だに書証依存体質から脱却できないでいる部分が残っているとして，直接主義・口頭主義をより徹底するための方策が考案・実践されている．

ところで，直接主義・口頭主義に基づく公判中心主義の実現の要請は第一審判決を尊重することを求めている．第一審判決を尊重することは控訴審の在り方をどうするかと深い関わりがある．最近，控訴審が事実誤認と量刑不当を理由に第一審判決を破棄した事例につき最高裁が判断を下した重要な判例があった．最高裁は控訴審の役割をどのように考えているか，第一審判決の尊重とはどういう意味なのかを考えるのに重要な意義を持つ判例であるので若干の検討を試みたい．詳細な検討は午後のセッションで深い考察がなされることになっているので，本報告では問題提起にとどめる．

## IV. 裁判員裁判と控訴審の役割

 1．裁判員が参加した第一審判決を控訴審が審査する根拠は何なのか．国民が裁判に参加する制度を持つ国では，三審制ではなく二審制を採用し，控訴審を設けないのが世界的な傾向であるといわれる．第一審の手続が充実している参審制度や陪審制度の下では，二度審理するのは訴訟経済に反するからだという．ドイツでは，重い事件については，裁判官3名と参審員2名が構成する大刑事法廷が管轄するが，事実審と法律審の二審制であり，軽い事件については，裁判官1名と参審員2名で構成する区裁判所の参審裁判所が管轄するが，事実審（第一審），事実審（控訴審）及び法律審の三審制であり，控訴審は覆審とされているという．また，フランスでは，参審制の重罪裁判所の判決に対する控訴審は，参審員の数が第一審の9名より多い12名にして裁判をやり直す方式を採っているといわれる．さらに，アメリカでは，事実認定は陪審員のみで行い，陪審の無罪判決に対して検察官は上訴できないのである．このような世界的情勢のなかで，日本は裁判員制度を導入しつつ，法改正を行わず，つまり三審制を維持し，また，控訴審は訴訟手続の法令違反（397条），法令適用の誤り（380条）だけはなく，量刑不当（381条），事実誤認（382条）について審査をする権限が認められているのである．国民が参加した裁判体が証拠を直接調べた第一審の判断を尊重するべきという観点からドイツ，フランス，アメリカの仕組みは理に適っているといえよう．それでは，日本が控訴審の在り方について法改正しなかったことはいかなる理由で正当化されるのか．その理由は，裁判を最初からやり直すという覆審の仕組みは，現行法が採用する当事者主義構造と整合しないし，また，二度目の裁判が必ず正しい判断をするとの保障もない．また，第一審裁判所よりも控訴審においてより多くの裁判員を参加させた裁判体で審理するという方法は現実性に乏しい．ところで，裁判員裁判でも誤りがないとはいえないし，誤りがあった場合それを救済する途は残されなければならない．そこで，控訴審は，全く新たな証拠を調べて独自に心証を

形成するのではなく，あくまで第一審裁判所の判決を前提として，その内容に誤りがないかどうかを記録に照らして事後的に点検するという事後審査を行うだけであると位置づければ，裁判官のみで構成される控訴審の審査や破棄を正当化できるのではないか，と説明されたのである．そして，現行法の控訴審も基本的には原判決の当否を原審の資料に基づいて審査する事後審の構造を採用しているのであるが（刑訴381条，382条，397条，398条，400条等），新たな事実の取調べを認める例外（382条の2，393条）が広く許容されたため，事後審の続審的な運用と批判されていたところ，裁判員が加わった第一審判決を尊重する意味から，事後審であるという控訴審本来の趣旨を運用上，より徹底することとされたのである．

なお，裁判員裁判の実状を見てみると，控訴率は裁判官裁判時代とあまり変わりないが，薬物事件の控訴率は相当程度低下している．特に検察官からの控訴申立が激減している．また，破棄率は相当低下しているし，例外とされている事実の取調べも低下している．このように，いろいろな局面において，事後審としての機能を運用上徹底させようとする動きは見てとれる．

2．控訴審による事実誤認の審査の在り方

控訴審が事後審であるとの本来の在り方を徹底することは，刑訴法の改正なくして実現することは可能なのであろうか．というのは，法は，判例など法実務の中で形成された規範も重要な部分として構成されているから，今まで長い間積み重ねられてきた法規範を本来の姿に戻るだけだからといって容易に劇的に変革できるとは思われない．控訴審が運用によってその事後審としての本来の在り方を定着させるためには第一審の在り方を含めて，法曹三者の相当の時間と努力が必要とされるのではなかろうか．

最高裁は，裁判員制度において，控訴審が第一審の事実認定を審査する基準につき以下のように判示している（① 最判一小平成24年2月13日刑集60巻4号482頁）．最高裁は，まず，控訴審が事後審であることを確認した後，「控訴審における事実誤認の審査は，第一審判決が行った証拠の信用性評価や証拠の総合判断が論理則，経験則等に照らして不合理といえるかという観点から行うべ

きものであって，刑訴法382条の事実誤認とは，第一審判決の事実認定が論理則，経験則等に照らし不合理であることをいうものと解するのが相当である．したがって，控訴審が第一審判決に事実誤認があるというためには，第一審判決の事実認定が論理則，経験則等に照らして不合理であることを具体的に示すことが必要である」「このことは，裁判員裁判の導入を契機として，第一審において直接主義・口頭主義が徹底された状況においては，より強く妥当する．」その後の判例もこの基準を踏襲している（②最決三小平成25年4月16日刑集67巻4号549頁，③最決一小平成25年10月21日刑集67巻7号755頁，④最決一小平成26年3月10日刑集68巻3号87頁）．

以上4判例の事例は，いずれも，覚せい剤の営利目的輸入に関して，故意の有無（①，③判例），共謀の有無（②，④判例）が問題となった事例である．①～④事例の第一審は，いずれも故意の証明がない等として無罪判決を言い渡した．控訴審は①～④の事例につき事実誤認を理由に破棄した．最高裁は，①判決につき，控訴審判決を破棄して，第一審の有罪判決が確定した．②～③の事例では，最高裁は上告を棄却した．最高裁によれば，控訴審は，判例①の事例においては，第一審判決が論理則，経験則等に照らして不合理であることを十分に示したものとはいえないと判断したのに対して，②～④の事例については，第一審判決が経験則に照らし不合理であることを具体的に示していると判断したのである．「経験則，論理則等に照らし不合理であることを具体的に示している」か否かの基準の意味するところと各判例の詳細な分析・検討はセッション3に譲るとして，ここでは裁判員が加わった第一審判決を裁判官だけの控訴審が各々違った論理則，経験則の理解をしている場合にどうしたらよいのかを若干考えてみたい．

裁判員は，殺人罪等とは違い，覚せい剤密輸入事件については関心の度合が低く，また，故意や共謀などという難解な概念については理解が困難であるため，薬物事案などは裁判員裁判対象事件から外すべきだとの見解もあるくらいである．薬物事犯についての知識や経験は裁判官の方が遙かに豊富である．それでは知識・経験の豊富な裁判官で構成する控訴審の心証を優先させればよい

かといえば，それは控訴審が事後審であるという基本構造に反することであるし，裁判員制度を導入した趣旨に真っ向から反することになる．裁判員制度の目的に立ち戻って考えれば，裁判官と裁判員とが協働して事実認定，量刑を行うことによってより良い裁判が実現すると考えたのであるから，より良いはずの第一審判決を控訴審は不合理でない限り尊重しなければなるならないことになる．結局は，第一審で裁判官と裁判員の協働が最適の形で機能することが重要で，そのためには，専門家たる裁判官の知識・経験と素人である裁判員の健全な社会常識とを背景に裁判官と裁判員とが真摯かつ徹底的な議論を尽くした上で結論を出すことが重要である．すでに指摘されているように，裁判官が熟知している経験則を裁判員が理解するのは容易ではないこともありうるが，経験則の基になっている事実毎にその存在が立証されているか否かを検討することにして，その事実の存在に疑いがあれば存在するとはいえないとの作業を積み重ねていく過程は裁判員にも可能ではないだろうか．気をつけなければならないのは，裁判官が熱心のあまり専門知識・経験により裁判員を論駁・説得してしまうことである．裁判員と裁判官が話しやすい雰囲気の中で真摯に熟議を重ねてお互いが納得のいく合意に達することである．

3．控訴審による量刑判断の在り方

(1) 量刑は国民の健全な常識が最も良く反映される場面であると考えられた．最高裁の「検証報告書」によれば，量刑分布を裁判官裁判と比較すると，裁判員裁判では，殺人未遂，傷害致死，強姦致傷，強制わいせつ致傷及び強盗致傷の各罪で，実刑の最多人数の刑期が重い方向へ移動している．他方で，殺人既遂，殺人未遂，強盗致傷及び現住建造物等放火については，執行猶予に付される率が上昇している．また，裁判官裁判では量刑の相場は検察官の求刑の8掛けといわれたが，裁判員裁判では，求刑通りの判決または求刑を上回る判決も少なくない．さらに，執行猶予の判決につき，保護観察に付された割合をみると，裁判官裁判の35.8％から55.7％へと大幅に増加している．裁判員が被告人の改善更生の環境に高い関心を持っていることの現れだと推測されている．

このような量刑の分布をみると，裁判官裁判の量刑に比べて，裁判員裁判の量刑は，重い方にも軽い方にも量刑の幅が広がっており，国民の健全な常識が裁判に目に見える形で反映されており，これは裁判員制度の趣旨に沿ったものだといえるであろう．

(2) 量刑の基準についての実務の考え方は，行為責任主義に拠っており，量刑は，まず，基本的に犯罪行為自体に関わる事情（犯情．犯罪行為の手段・方法・動機．結果の程度・態様など）を検討して責任の幅（刑の大枠）を決め，次にその幅（枠）の中で，一般予防・特別予防に関する一般情状を斟酌・調整して具体的な刑を決定するとされている．この責任刑の枠のうちに収まっていれば問題は少ないが，この枠から大幅に外れると量刑不当にあたるかの問題が生じる．裁判員は多様な人生経験を経てきているので，人によっては行為責任主義の考え方を理解していなかったり，各量刑因子のウエイトの置き方に誤解があったり，さらには，量刑因子の評価に独自の確信ある見解を持っている方もいるという．裁判官はまず，行為責任主義など量刑の在り方を正確に裁判員に説明して理解して貰った上で評議をするべきであろう．その際，量刑データーベースの使い方が問題となる．従前は，量刑データーベースは，あくまで参考であり，また裁判員が希望する場合にのみ提供するという控えめな姿勢であったが，最近の最高裁判例によれば，量刑データーベースは評議の出発点となるべきであるとして，事案によってはその提示が必要になるとも読める姿勢に変化していると思われる．量刑は重要であるので，裁判員が量刑の理論を正しく理解し，また，量刑の動向を踏まえた上で（公平の観点を入れて），健全な社会常識を反映させる形で真摯な評議を行い，当該事案での妥当な刑を決定すべきである．最近の最高裁判所の分析・検討はセッション 2 で検討される予定である．

## V. おわりに

先の第 189 回国会において，刑事訴訟法の一部を改正する法律案が上程され

たが継続審議となった．同法案は，刑事手続における証拠収集の適性化及び多様化並びに公判審理の充実化を図ることを目的として，① 取調べの録音・録画制度の創設，② 協議・合意制度，刑事免責制度の創設，③ 通信傍受の対象事件の拡大及び特定装置を用いた傍受方法の導入，④ 被疑者国選弁護人制度の対象事件の拡大，⑤ 証拠開示制度の拡大，⑥ 証人等の氏名等の情報を保護するための制度の創設などを内容としている．裁判員制度の創設の趣旨は，前述のとおり，国民の裁判への参加により司法に対する国民の理解の増進とその信頼の向上に資すること，換言すれば，司法の基盤強化にあったが，同時に裁判員制度の導入により，書証依存体質から脱却し，直接主義・口頭主義による充実した刑事裁判を実現することが目指された．この観点から考えると，今回の刑訴法一部改正案は，まず，取調べの適性化と取調べ以外の証拠収集方法を導入することにより取調べに過度に依存しない，つまり，供述調書に依存する体質からの脱却に資することになる．次に国選弁護体制の強化と証拠開示の拡充は捜査の適性化に資すると同時に，公判への準備活動ができる体制を整えることにより充実した公判になることが期待できる方策である．適正な捜査，的確な公判準備，充実した公判審理，迅速な裁判，誤りのない判決，犯罪に見合った公平な量刑，誤りがあった場合の救済手続等，このような適正な刑事裁判を実現するための重要な制度として裁判員裁判は今，生成・発展の過程にある．

　　以下に参照した文献の一部を一括して掲載する．
・最高裁判所事務総局『裁判員裁判実施状況の検証報告書』（平成24（2012）年12月．なお，最高裁判所は毎年，『裁判員制度の運用に関する意識調査』及び『裁判員等経験者に対するアンケート調査結果報告書』を発刊している.）
・最高裁判所事務総局刑事局監修『陪審・参審制度　ドイツ編』司法協会，2000年，『同・米国編』，1992，1994，1996年，『同・英国編』，1999年，『同・フランス編』，2001年
・法務省『「裁判員制度に関する検討会」取りまとめ報告書』（平成25（2013）年6月）
・「特集・裁判員制度3年の軌跡と展望」論ジュリ2号

- 「特集・裁判員裁判の審理方法」刑雑 51 巻 3 号
- 「特集・裁判員裁判と国民参与裁判」刑ジャ 32 号
- 「特集・裁判員裁判の課題と展望」刑ジャ 36 号
- 「特集・裁判員制度施行 5 年を迎えて」ひろば 67 巻 4 号
- 「特集・裁判員制度見直し論の検討」刑ジャ 39 号
- 「特集・裁判員裁判と控訴審の在り方」刑雑 54 巻 3 号
- 「特集・裁判員裁判制度」法の支配 177 号
- 『植村立郎判事退官記念論文集―現代刑事法の諸問題　第三巻』，立花書房，2011 年
- 渥美東洋『全訂　刑事訴訟法〔第 2 版〕』，有斐閣，2009 年
- 池田修『解説　裁判員法―立法の経緯と課題　第 2 版』，弘文堂，2009 年
- 石井一正「わが国刑事司法の改革とその変容」判タ 1365 号 25 頁
- 井上正仁「『考えられる裁判員制度の概要』についての説明」ジュリ 1257 号 139 頁
- 亀山継夫「刑事司法システムの再構築に向けて」松尾浩也先生古稀祝賀論文集（下）1 頁，有斐閣，1998 年
- 佐藤幸治・竹下守夫・井上正仁『司法制度改革』，有斐閣，2002 年
- 原田國男『裁判員裁判と量刑法』，成文堂，2011 年
- 松尾浩也「刑事裁判と国民参加―裁判員法導入の必然性について」法曹時報 46 巻 7 号 1 頁，同「刑事裁判と国民参加」判タ 1373 号 70 頁
- 安廣文夫編著『裁判員裁判時代の刑事裁判』，成文堂 2015 年
- 平野龍一「三審制の採用による『核心司法』を―刑事司法改革の動きと方向」ジュリ 1148 号 4 頁
- 平良木登規男『国民の司法参加と刑事法学』，慶應義塾大学出版会，2014 年　など

# 刑事裁判への国民参加の意義およびその正当性

小 木 曽　綾

## I.　は じ め に

　日本の裁判員制度の創設根拠は，「国民主権に基づく統治構造の一翼を担う司法の分野においても，国民が……広くその運用全般について，多様な形で参加することが期待される．国民が法曹とともに司法の運営に広く関与するようになれば，……司法に対する国民の理解が進み，司法ないし裁判の過程が国民に分かりやすくなる．……司法がその機能を十全に果たすためには，国民からの幅広い支持と理解を得て，その国民的基盤が確立されることが不可欠であ……る．」と説明されている（「司法制度改革審議会意見書」．以下「意見書」という）[1]．また，最高裁判所は，裁判員制度が憲法に違反しないとの判断の中で，「刑事裁判に国民が参加して民主的基盤の強化を図ることと，憲法の定める人権の保障を全うしつつ，証拠に基づいて事実を明らかにし，個人の権利と社会の秩序を確保するという刑事裁判の使命を果たすこととは，決して相容れないものではない……国民の司法参加と適正な刑事裁判を実現するための諸原則とは，十分調和させることが可能であり，……国民の司法参加に係る制度の合憲性は，具体的に設けられた制度が，適正な刑事裁判を実現するための諸原則に抵触するか否かによって決せられるべきもので……憲法は，一般的には国民の司法参加を許容しており，これを採用する場合には……陪審制とするか参審制

---

1)　「司法制度改革審議会意見書」平成 13 年 6 月 12 日 101 頁．

とするかを含め,その内容を立法政策に委ねている」と判示して[2],制度の意義を国民参加による裁判の「国民的基盤」ないし「民主的基盤」に求めているようである.

「意見書」は,「現行の司法参加に関する制度を見ると,調停委員,司法委員,検察審査会等の制度があり,これまで相当の機能を果たしてきたものの,司法全体としては,国民がその運営に対し参加しうる場面はかなり限定的である上,参加の場面で国民に与えられている権限もまた限定的であ」るとし,「訴訟手続は司法の中核をなすものであり,訴訟手続への一般の国民の参加は,司法の国民的基盤を確立するための方策として,とりわけ重要な意義を有する.すなわち,一般の国民が,裁判の過程に参加し,裁判内容に国民の健全な社会常識がより反映されるようになることによって,国民の司法に対する理解・支持が深まり,司法はより強固な国民的基盤を得ることができるようになる.このような見地から,差し当たり刑事訴訟手続について,……広く一般の国民が,裁判官とともに責任を分担しつつ協働し,裁判内容の決定に主体的,実質的に関与することができる新たな制度を導入すべきである」としており[3],それまでの日本の刑事司法の「国民的基盤」が盤石なものではなかったという見解の一応の根拠を説明しているようにも思われる.しかし,その司法の「国民的基盤」なり「民主的基盤」なりを実現するために,なぜ限られた刑事裁判への参加が国民に義務づけられねばならないのか,また,そもそも「国民的基盤」「民主的基盤」とは何を意味するのか,といったことは必ずしも明らかではない.

本シンポジウムの他の報告テーマも制度導入の理念と切り離しては考えられないことから,本報告では,今一度,裁判員制度の理念を問うこととしたい[4].

---

2) 最大判平23年11月16日刑集65巻8号1285頁.
3) 「意見書」102頁.
4) 裁判員制度導入の意義については,多くの論考で触れられており,ここでそれをすべて示すことはできないが,例えば,〈特集〉「刑事裁判への国民の参加」現代刑

## II. 陪審制度および参審制度の理念,刑事裁判の原理と裁判員制度

1.裁判員法制定にあたっては,当然のことながら,コモン・ロー法系の陪審制度,大陸法系の参審制度が参考にされた.このうち陪審裁判は,神判からの離脱に伴って発生し,告発者としての陪審を経て,私人訴追と捜査・告発機関の発達に伴って審判者としての陪審として定着したとされている[5].Blackstone は,陪審を,「イギリス国王の処罰権と人々の間にあって,人々を守るバリア」であると説いたし[6],アメリカ建国の理念を示した "The Federalist" では,裁判官の専制から人々の自由を守るための陪審の意義が説かれ[7],アメリカ合衆国最高裁判所の Duncan v. Louisiana, 391 U.S. 145, 156 (1968) は,「隣人による陪審裁判を受ける権利の保障は,腐敗した検察官や熱心すぎる検察官,従順すぎたり,偏った意見をもっていたり,常軌を逸していたりする裁判官から被告人を守るかけがえのない保護策である」と述べている[8].

---

事法3巻7号所収の諸論考,羽渕清司・井筒径子「裁判員制度と我が国の刑事司法の展望」『小林充・佐藤文哉先生古稀祝賀刑事裁判論集下巻』457頁,中山隆夫「模擬裁判を通してみた裁判員制度に関する若干の覚書」同503頁,龍岡資晃「裁判員制度と刑事裁判についての若干の覚書」同706頁など.裁判員制度が提案された背景は,それが司法制度改革審議会がいわばパッケージとして提案した種々の改革案の一部であることから,より広い視点で分析される必要があるが,ここでは,刑事裁判への国民参加の正当性という点に絞って検討する.

5) Groot, The Early-Thirteenth-Century Criminal Jury, in Cockburn and Green ed., Twelve Good Men and True, Princeton University Press, 1988; Green, Verdict According to Conscience, University of Chicago Press, 1985.
6) Blackstone, Commentaries on the Laws of England, Volume IV, The University of Chicago Press, 1979, p. 345.
7) Hamilton, Madison, Jay, The Federalist, American State Papers, Encyclopedia Britannica, 1952, pp. 244-251.
8) Duncan v. Louisiana, 391 U.S. 145, 156 (1968). また,葛野尋之「裁判員制度にお

こうした文献からは，民主主義国家において，刑罰法規が熟議を経たうえで制定されたとしても，それを個別の犯罪に適用する刑事裁判が圧政に通ずることを防ぐ最後の砦は国民自身であり，それを担うのが陪審であるという思想を見てとることができ，陪審制度は，「国の処罰権から個人を守る盾」，「隣人による裁判を受ける被告人の権利」として伝統的に発展した，自由主義思想を基盤とする制度であるといってよいと思う[9]。

一方，フランスでは，1791年にイギリスにならって陪審制度が設けられたが[10]，それは，アンシャン・レジームを覆し，特権階級に独占されていた司法を含む統治機構を国民のものとする革命の成果の一部であると理解することができる．そのような文脈では，国民の裁判参加と司法の「民主」的基盤という理念はよく符合しており，このような政治的な意味をもつ刑事裁判への国民参加制度は，日本においても，大正デモクラシー時代に制定された陪審法（大正12（1923）年4月18日法律第50号）にその姿を見ることができる[11]。

古くはプラトンが国民の裁判参加を説いているが[12]，トクヴィルは，国民の国政参加という視点から陪審制度の効用を説いた．『アメリカの民主主義について』の中でトクヴィルは，「陪審は，社会に対して果たすべき責任があることをすべての人に感じさせ，統治行為に人々を関与させる．人々の関心を私事以外に向けさせて，社会の錆たる利己主義を磨き落とす．……また，陪審は，人々の判断力や，その生来もつ知性を増進させるのに計り知れない貢献をする．ここにこそ陪審の最大の利点がある．それは無料で常時開設の学校であり，そこで人々は自らの権利や……法について学ぶのである」と書いている．

---

ける民主主義と自由主義」法律時報84巻9号4頁参照．
9) 諸德寺聡子「裁判員制度と米国刑事陪審制度の制度比較」『植村立郎判事退官記念論文集第3巻』247頁を参照．
10) 当初は，陪審制度であったと評するべきだと思われる．
11) 三谷太一郎『政治制度としての陪審制（増補版）』東京大学出版会（2013）3頁以下．
12) プラトン（森進一ほか訳）『法律（上）』岩波文庫358頁．モンテスキューやヴォルテールが陪審制の熱心な支持者であったことはよく知られているとおりである．

ただし，トクヴィルが，この「民主主義の学校」としての陪審の機能を，主に民事裁判に関して強調していたことは指摘しておかなければならない[13]．

　このように，国民が裁判に参加する制度を支える理念としては，個人の自由保障や民主主義思想があり，それは，いずれも現代社会を支える憲法原理である[14]．

　2．さて，罪を犯した者に刑罰という形式の制裁としてその（生命・）身体・財産を奪うことの根拠の有無とその重さを審理する刑事裁判のもっとも重要な使命は，無辜の不処罰ないし正しい事実認定と適正な量刑判断であって，これはいわば刑事裁判における原理である．

　その刑事裁判の「民主」的正当性（基盤）は，刑罰法規が民主的意思決定を経て制定され（実体的デュー・プロセス），それを個々の犯罪に適用するに際して，手続的デュー・プロセスが遵守されたうえ，裁判が公開して開かれることで実現し得るもので，裁判の事実認定と量刑判断に一般国民が参加することは，刑事裁判の「民主」的正当性を確保するための必然ではない．事実，裁判員制度導入以前の裁判制度が憲法に違反するという主張はなかったし，「意見書」も，裁判員制度の目的を司法の「民主」的基盤の確立とは表現していない[15]．

　一方，国権からの個人の自由を保障する自由主義思想に基づいて，隣人＝一般国民による裁判を受ける権利を個人に保障するのであれば，それは国民の権利として定められなければならないし，また，権利であれば，その放棄も許されなければならない．しかし，憲法も裁判員の参加する刑事裁判に関する法律

---

13) Tocqueville, De la Démocratie en Amérique, 5ème Edition, Gallimard, 1951, p. 286. 小木曽「韓日の刑事裁判への国民参加制度の状況と今後の課題」『日韓の刑事司法上の重要課題』所収，中央大学出版部（2015）．本稿は，これに加筆したものである．

14) ここでは，それ自体がある社会における価値を体現するルールを「原理」と呼んでおくことにしたい．

15) ただ，最高裁判所は前掲注2）の判決で司法の「民主的」基盤という文言を用いている．

(以下「法」という)も，そのような定めをおいてはおらず，「法」は，むしろ国民に裁判員となる義務を負わせているが，被告人にも国民にも何らの権利を保障してはいない．

また，隣人による裁判を受ける権利であればこそ，陪審裁判は理由を示さずに判決が下され，その判断を上訴審が覆すことは基本的に許されないが[16]，詳細な理由を示す日本の刑事裁判実務に変化はないし，事実誤認を理由とする上訴も許されている(刑訴法351条1項，382条)．

加えて，陪審制度も参審制度も，事実認定の正確さを確保するための制度として発展したわけではない[17]．歴史的には，陪審が事実認定にかかわらず無罪評決をする刑の無力化 (nullification) が行われたし[18]，現代のアメリカ合衆国では，イノセンス・プロジェクトによる受刑者の無罪証明が相次いでおり，また，イギリスでは逆に，無罪判決を受けた者の不利益再審制度が設けられるに至っている[19]．職業裁判官による裁判と，裁判員裁判による裁判での誤判の起こりやすさの実証的な比較検討をするには制度開始からまだ日が浅すぎるが，裁判員制度開始5年のデータによれば，裁判員制度開始前後で有罪率にほとんど変化はない[20]．

このようにみてくると，裁判員制度を支える根拠は，原理的なものではなく，政策的なものであることが分かる[21]．

---

16) 事実誤認を理由とした上訴が許されないのは，二重危険禁止の要請でもある．
17) 職業裁判官の裁判が信用できないので裁判員制度が必要だ，という主張もされているように思われるが，これを裏づける客観的な資料は示されていない(第31回司法制度改革審議会議事録 http://www.kantei.go.jp/jp/sihouseido/dai31/31gijiroku.html.)．
18) Green, supra, at xviii.
19) http://www.innocenceproject.org; https://www.cps.gov.uk/legal/p_to_r/retrial_of_serious_offences/#general.1 ただし，こうした事例のすべてが陪審裁判かどうかは不明である．
20) 最高裁判所事務総局『裁判員裁判実施状況の検証報告書』平成24年12月．無論，有罪率に変化がないから誤判がないことにはならない．また，有罪率は，起訴率とも密接に関わっている．

## III. 裁判員制度を支える政策目的

1．その政策目的に影響を与えたと思われるのが，平野龍一教授や松尾浩也教授の論考である．

明治以降の日本の刑事訴訟法は，フランス法，次いでドイツ法の影響を受け，1948年に制定された現行刑事訴訟法は，アメリカ法の強い影響を受けている．ある国の法制度が外国法の影響を受けるのは珍しいことではないが，職権主義の大陸法の影響を受けたそれまでの刑事訴訟法が敗戦を契機として廃され，当事者主義の（英）米法の影響のもとに書き換えられるという，ドラスティックな法改正の歴史をもつということと，その法を日本流に運用しているということが日本の刑事手続の大きな特徴である．

職権主義では，刑事手続を，犯罪捜査から裁判に至るまで一貫して裁判所が責任を負って「真実」を解明するプロセスであるととらえ，裁判官を捜査および公判手続の主役として据える．真実を解明するためには，主役はすべての筋書きを理解して，犯罪解明という大団円にまで導かねばならない．そのため，フランスには予審判事という捜査担当裁判官が現存するし，公判手続では裁判官が積極的に被告人や証人に質問・尋問し，捜査結果の正しさを確認する．これに対して当事者主義では，裁判は行政（捜査）機関の捜査結果を批判的に吟味する場であるとみて，裁判官にはスポーツのレフェリーのように，ルールに沿った試合の進行の監督と，結果判定の役割のみを期待する．そこでの主役は，両チームの選手，すなわち，刑事裁判では検察官と被告人・弁護人であっ

---

21) 興味深いことに，イギリスでもフランスでも，陪審員の選任方法は1970年代までは，有権者からの無作為抽出という方法ではなく，資力要件があったり，裁判官が主宰する会議による選任であったりした．これは，「民主的」基盤という理想とは相いれない．加藤紘捷「イギリスの陪審裁判の変遷と2003年刑事裁判法による近時の改正」中京法学社繪科學33巻2号168頁．Henri Angevin, Juris Classeur Procédure pénale Art. 231 à 239 Date du fascicule: 8 Septembre 2004 Date de la dernière mise à jour: 4 Novembre 2012 Fasc.20: COUR D'ASSISES.

て，公判期日における両者の攻撃・防御活動が手続の中心である．

それまで，大陸法に基づいて刑事手続を制定・運用してきた日本は，第二次世界大戦後，「『当事者主義』に立つ刑事訴訟法改正案を受け入れて，新刑事訴訟法を成立させた．提案者として法務総裁が強調したのは，第一に起訴状一本主義，第二に『徹底的な公判中心主義』の採用であった」……「しかし，法務総裁がそのとき述べた『伝聞証拠を極度に制限し，捜査官憲の調書やこれに代わる証言等は，例外的に，極めて限られた場合にのみ証拠となし得るものとし』，『第一審の公判が名実共に全刑事手続の中心となるように構想』したという見解は，その後の推移を見る限り，希望的な判断に過ぎなかったことが明らかである．」と松尾教授はいう[22]．

平野教授は，「欧米の裁判所は『有罪か無罪かを判断するところ』であるのに対して，日本の裁判所は，『有罪であることを確認するところ』であるといってよい．」とし，その違いの原因の一つを「公訴を提起するのに必要とされる嫌疑の程度と公判における無罪率」に求め，「起訴が慎重だというのは，それ自体として見れば好ましいことであるようにも見える（が），起訴に高度の嫌疑が要求されると，訴訟の実質は捜査手続に移らざるをえなくなり，……裁判所は，検察官が有罪と確信したものを，『念のために確める』だけのものになってしまう」と指摘した[23]．同じことを松尾は，「捜査は徹底して行われ，拘禁中の被疑者の取調べも，手続の適正と正面から抵触しない限度では最大限に実行される．警察だけでなく検察官も捜査に深い関心を持ち，公訴の提起は，十分な証拠固めをした上で，確信をもってなされるのが常態である．公判では，相手方の同意によって，または証人の記憶喪失や供述の矛盾を理由に，捜査の過程で作成された供述調書が，きわめて頻繁に証拠とされる．多くの事件では，『口頭弁論』のかなりの部分が，証拠書類の朗読（ないし要旨の告知）に費やされている．この書証依存の傾向は，裁判所が一般に多数の事件を平行

---

22) 松尾浩也『刑事訴訟の理論』29-30 頁．
23) 平野龍一「現行刑事訴訟の診断」『団藤重光博士古稀祝賀論文集（第 4 巻）』407 頁以下．

的に審理していることと密接に関係する．二回以上の開廷を要する事件では，その開廷間隔は長く，通常，週の単位，場合によっては月の単位ではかられる．このような特色をひとことで表現するとすれば，『精密司法』と呼ぶのが適当であろう」と記した[24]．

2．平野教授や松尾教授のいう通り，従来の日本の刑事裁判は，綿密な捜査に基づいて組み上げられた検察官の主張する公訴事実の真偽を，多くの場合に書面を証拠として職業裁判官が検討するプロセスであった[25]．

裁判員制度が開始される前の刑事裁判では，検察官が，ともすると専門家でも聴きとることができないのではないかと思われるような早口で起訴状を朗読する場面を目にすることが珍しくなかった．刑法の概念も，およそ日本語とは思われないような用語で語られる．そのような，もっぱら専門家によって展開される刑事手続が，一般の国民に理解されにくいものであったということは事実であろう．司法制度改革審議会の委員の大方の意見が一致したとされるのも，「職業裁判官によるこれまでの刑事裁判は概ね良質なものであったといえるけれども，あまりに専門家だけの世界になっているので」，国民参加によって「より多角的なものの見方に支えられた，よりよい裁判ができると期待される」という点であるという[26]．

もう一つの視点は，国民が裁判に何を期待するか，ということである．刑事法の授業や教科書には，たびたび，「実体的真実の発見」という言葉が登場す

---

24) 松尾前掲書 30 頁．書証が重要である傾向は変わっていないとされている．前掲注 18）の報告書 17 頁．内田博文「裁判員制度の『見直し』について」『生田勝義先生古稀祝賀論文集』437 頁以下参照．

25) ただし，綿密な捜査に基づいて，訴追裁量権を十分に活用し，いたずらに被告人や有罪者を生まず，被疑者の更生までを視野に入れた，限定的・選択的な法執行が志向される結果，起訴される事案は，公判手続を通じて罪を犯した者の刑事責任を問うべき重大事案で，かつ，検察官が有罪立証に十分と考える証拠が収集されているものに限られることになり，したがって，起訴時点での嫌疑は高く，また，有罪率も高くなるという日本流の法運用の効用を見落としてはならないだろう．

26) 「シンポジウム・裁判員制度の導入と刑事司法」ジュリスト 1279 号 77 頁．国民感覚を刑事司法運用に活かす制度としては，従来から検察審査会がある．

る．この言葉が何を意味するか，ということ自体，一つの問いであるが[27]，仮にこれを「実際に起こったことの解明」ととらえたとき，マスメディアの報道などを見る限りでは，人々は裁判に「真実」の解明を期待しているようである．ある犯罪を巡って，実際に起こったことをすべからく解明しようとすれば，勢い，情報量が多くなり，それを記録する書面も多くなって，これを読み込む作業は，それを職業とする専門家によらざるを得ない．しかし，本来，弾劾主義と当事者主義に基づく刑事裁判は，国側＝検察官が主張する公訴事実の存否のみを，国側が提出する証拠とそれへの被告人側の反証に基づいて判断する場であって，検察側の証明が成功すれば有罪判決を言い渡し，失敗すれば無罪判決を言い渡すのがその目的であり，事実誤認を理由とする上訴も判決に影響を及ぼすことが明らかでなければ許されていない（333条1項，336条，382条）．したがって，それを超えた「歴史的・社会的事実」を明らかにするのは刑事裁判の役割ではない．この検察側の立証が成功しているかどうか，被告人側がそれに合理的な疑いを差しはさんでいるかどうかを判断するのが事実認定者の役割であるが，これを一般国民に委ねるならば，審理期間を限定し，その目にする証拠を，公判期日に事実認定者が見聴きすることができる，犯罪の成立要件の有無と，被告人が有罪認定を受けた場合の犯情や一般情状に関するものに絞り込まざるを得ない．平野教授は，これを核心司法と呼んだ[28]．国民が

---

27) 裁判は，過去に起こったできごとを証拠によって再構成することしかできないものであって，そこで認定される事実とは，提出された証拠で立証されたと事実認定者が判断した事実に過ぎず，それが「本当に起こったこと」であるという保証はない．それが本当に起こったことであるなら，再審は制度として必要ないはずである．そうすると，消極的であろうが積極的であろうが，実体的真実とは，裁判所が認定した事実をいっているのか，本当に起こったことをいっているのか，さらには「実体的真実の発見」とは，本当に起こったことを発見すべく努力するのが裁判の役割であるというのか．この際の真実とは，犯罪成立要件の有無をいうのか，量刑事情を含む事実をいうのか，それとも動機や背景事情を含む事実をいうのか，いずれも明らかではない．

28) 平野龍一「参審制の採用による『核心司法』を」ジュリスト1148号2頁．ただし，日本の犯罪「捜査」にはこれと異なる機能もあることについては，小木曽「供

事実認定をするならば，書証を読み込むよりも，公判期日の人証による方が分かりやすいことは間違いなかろうし，証拠開示を含む公判準備手続を充実させて，当事者が事実認定者の心証形成に働きかける機会を保障することは当事者主義の実現に資するといえるであろう[29]．

　裁判員が量刑判断に加わる点も制度の特徴であるが，これについては，刑事裁判における刑の量定の意味と，日本の刑事実体法の法定刑の定め方の考察が必要であろう．

　刑を定めるということは，刑の質や量を通じて罪を犯した者への非難の程度を表すことであろう．その際，犯罪成立要件とそれに見合う法定刑が実体法やガイドラインによって狭く定められていれば，そのことを通じて議会がその罪への非難の程度を相当程度明確に表明し，または，刑事政策的な観点も含めて適正な刑の量を定め，それに従って刑が言い渡されることで，ばらつきのない適正な刑が言い渡されることになろう[30]．一方，日本のように，法定刑の幅が相当広い実体法をもつ場合には[31]，法定刑の枠内で個別具体的な事案に応じた刑の量＝非難の程度を裁判所が判断することが予定されている．無論，同種事案で大きなばらつきのある刑が言い渡されることのないようにいわゆる量刑相場が形成されているが，そのような制度下で，刑事裁判に国民が参加することが正しいとすると，量刑判断を通じて個別の罪に対する社会の意識，国民感覚に沿った非難の程度が表されるべきである，といえるのではないかと思われる[32]．

---

　　述の心理と取調べの可視化」研修 757 号 3 頁．
29) もっとも，当事者主義の充実や，口頭主義，直接主義に裁判員制度が資するとしても，それは制度の効果であって，なぜそうした審理を国民がしなければならないのかという本稿に与えられた課題への答えではない．
30) 例えば，http://www.ussc.gov/sites/default/files/pdf/about/overview/USSC_Overview.pdf を参照．
31) 井田良「量刑判断の構造について」『新しい時代の刑事裁判（原田國男判事退官記念論文集）』454 頁参照．
32) そのような量刑が積み重ねられていることが，実体法にも影響を与えることも想

3．そのような制度導入の理念を，では，基盤たるべき国民がどのように受け止めているか，という点であるが，制度実施以前の世論調査では，裁判員になることへの消極的な意見が多く，これが選任手続への出席率に影響することが懸念されていたが，制度開始から5年間の調査では，選任手続期日に出席を求められた裁判員候補者に対する実際の出席者の割合は約8割から7割で推移しており，心配された事態は起きていない[33]．ただし，出席率は低下の傾向を見せる一方，辞退率は少しずつ上がっている[34]．2013年に最高裁判所が公表した意識調査では，裁判員になりたくないとの回答は8割に上っていたが[35]，この数字は制度開始前とほとんど変わっていない一方，裁判員経験者へのアンケートでは，裁判への参加を「よい経験と感じた」とする回答は9割を超えている．

他方で気がかりなことは，殺人事件の裁判員経験者が凄惨な事件の写真等を見せられて急性ストレス障害になったとして国を訴える事案があったり[36]，また，そうしたことを配慮して，被害者の写真はおろか，そのイラストすら裁判員に見せることをはばかるという事案があると報道されている点である[37]．職業法曹でない者がそうした証拠を目にすることに大きな心理的負担を感ずることは想像に難くないが，それを慮って，罪の成立の判断と量刑に必要な証拠を事実認定者に見せないということと，刑事裁判への信頼や理解を促進するという制度の目的とが整合するものなのか，よく考えてみる必要があろう．

---

定される．現に，性犯罪に関する罰則検討にあっては，そのような観点からの議論があった．性犯罪の罰則に関する検討会「性犯罪の罰則に関する検討会とりまとめ報告書」平成27年8月6日30頁．

33) 最高裁判所『裁判員等経験者に対するアンケート調査結果報告書（平成24年度）』平成25年3月．刑事裁判に国民が自主的に関与すべきであるという考え方についてどう思うかとの問いに，「そう思う」と答えたのは51.7%である．
34) もっとも，国政選挙の投票率に比べればずっと高い水準である．
35) 前掲注33) の報告書．
36) 2014年9月30日福島地方裁判所判決．また，2015年2月6日付日本経済新聞電子版は，遺体写真を見て裁判員が意識を失ったと報じている．
37) 2014年10月2日付日本経済新聞．

裁判員制度と憲法の関係については，当然のことながら，合憲性に関する議論が戦わされたが[38]，憲法32条が「『裁判所』において裁判を受ける権利」を保障していることや，裁判所法3条3項が陪審制度を否定していなかったこと，「法」が評決を裁判官および裁判官の双方の意見を含む過半数によることとしていることなどから（67条1項），最高裁はこの制度を違憲と判断してはいない[39]。身分保障のある職業裁判官による裁判を受ける権利は，評決に裁判官の意見が必須とされていることから奪われてはおらず，裁判所をいかに構成するかは立法政策の問題で，その当否は憲法問題ではないというのである[40]。

　「法」は，国民に裁判員となる義務を課しているが（16条，10条ないし112条），裁判員となる国民の権利や，裁判員裁判を受ける被告人の権利を保障しているわけではない。このような義務のみを課すことが，憲法18条の「意に反する苦役」に該当しないというのが上記最高裁の判断である。その中で最高裁は，裁判員となることは参政権と同様の国政関与の機会を国民に与えるものであることも理由として挙げているが，しかし，「法」は裁判員となる権利を国民に保障してはいないのであるから，その主要な理由は，法16条が辞退事由を設け，政令の定める辞退事由の中には，「裁判員の職務を行い，又は裁判員候補者として法第27条第1項に規定する裁判員等選任手続の期日に出頭することにより，自己又は第3者に身体上，精神上又は経済上の重大な不利益が

---

38)　例えば，西野吾一「裁判員制度による審理裁判を受けるか否かについての選択権と憲法32条，37条」法曹時報66巻8号283頁，平良木登規男「裁判員裁判の合憲性」『国民の司法参加と刑事法学』269頁，前田雅英「裁判員裁判の合憲性」警察學論集65巻2号131頁，土井真一「日本国憲法と国民の司法参加」『岩波講座憲法(4)』235頁，大久保太郎「裁判員制度案批判（上）（下）」判例時報1172号3頁，1174号3頁など多数．

39)　前掲最大判平23年11月16日刑集65巻8号1285頁，最判平24年1月13日刑集66巻1号1頁．椎橋隆幸「裁判員制度の課題と展望」刑事訴訟法の争点〔第4版〕200頁．

40)　ただ，職業裁判官による裁判を受ける被告人の権利が本文中に記したような政策目標のために奪われてよいものなのか，政策問題としても筆者は疑問なしとしない．

生ずると認めるに足りる相当の理由があること」（裁判員の参加する刑事裁判に関する法律第16条第8号に規定するやむを得ない事由を定める政令）も含まれていることにあると解すべきだろう．

　また，本年，裁判員等への危害が及ぶ虞のある事案に加えて，審理が著しく長期に及ぶことが想定されて裁判員を確保できなくなる虞のある事案などを裁判員裁判対象事件から除外する法改正が行われた（裁判員の参加する刑事裁判に関する法律の一部を改正する法律．平成27年6月12日公布（法律第37号））．裁判員制度が原理に基づくものではなく，より良い裁判を実現するという政策目的実現のためのものであれば，その目的実現と別の政策目的ないしは利益，ここでは裁判員となる者の負担の軽減という別の利益の間で利益衡量をすることが許されるので，そのような立法も許されると解することになる．

　このように考察してくると，結局，現代日本における国民の司法参加の意義は，ある罪を犯した個人に対し，刑罰としてその生命や自由，財産を奪う刑罰を科す根拠と，その程度（量刑）は，その社会に生きる人々が納得する内容であってこそ正当であるという点に求められるのではないか，というのが筆者の結論である[41]．法や裁判が日常生活を律する社会の共有財産であるためには，法は，人々に了解可能な言葉で語られなければならないし，法の専門家ではない人々にわかりやすい審理が展開されなければならない[42]．このことは，別の角度から見ると，評議が尽くされるプロセスに国民が参加すること自体が重要なのであって，そうして出された裁判員の判断が尊重されるべきであるとしても，上訴審がその事実認定や量刑に法律上の基準に照らして誤りがあると判断すれば，それを破棄することも許される制度になっていることは，むしろバラ

---

41) そこで，まずは国民の関心の高い重大な刑事事件がその対象とされたということなのであろう．アメリカ合衆国では，この関心は，陪審裁判を受ける被告人の権利として語られる．Apprendi v. New Jersey, 530 U.S. 466 (2000), Ring v. Arizona, 536 U.S. 584 (2002).

42) 佐伯仁志「新時代の刑法解釈について」司法研修所論集123号135頁などを参照．

ンスのとれた司法制度にとっては望ましいものと理解することになる[43].

　さらに，刑事裁判への国民参加が，犯罪を生む社会的な背景や，刑罰のもつ意味について人々が思いを致すきっかけともなるのであれば，そこにこの制度を維持するより積極的な意義が見出されるのではないかと筆者は考える.

　いずれにせよ，如上の政策目的，すなわち，裁判員制度によってよりよい裁判が実現されているかどうかの判定には，10年単位の時間が必要であろう.

---

43) 最判平26年7月24日刑集68巻6号925頁．合田悦三「裁判員裁判の公判審理のあり方を考える際の出発点」『川端博先生古稀記念論文集［下巻］』751頁．

# Die Beteiligung von Laienrichtern/Schöffen im deutschen Strafverfahren[1]

Arndt SINN

## I. Einleitung

Die Wurzeln der Beteiligung von Laienrichtern im deutschen Strafverfahren reichen weit zurück. Bereits im römischen Recht war die Beteiligung von Geschworenen vorgesehen,[2] und im frühen Mittelalter war das Thing – die Volksversammlung bei den germanischen Stämmen – der Ort, an dem auch die Gerichtsgemeinde an Entscheidungen beteiligt wurde.[3] Mit der CCC, der *Constitutio Criminalis Carolina* (CCC) aus dem Jahr 1532 Kaiser Karls V. wurden den am Verfahren beteiligten Laien die Aufgabe zugewiesen, „zu richten und zu urteilen".[4]

Im Laufe der folgenden Jahrhunderte veränderte sich die Besetzung der Gerichte jedoch nachhaltig zu Lasten der Mitwirkungsrechte von Laienrichtern. In zunehmendem Maß wurden sie von akademisch ausgebildeten Juristen verdrängt.

Erst im Zuge der Aufklärung erfuhr der Gedanke der Beteiligung von Laien im Strafverfahren im 18. Jahrhundert wieder einen erkennbaren Aufschwung. Durch deren Beteiligung sollten die Entscheidungen der Justiz transparenter werden und auch größere Akzeptanz unter der Bevölkerung finden. Laienrichter hielt man generell für weniger beeinflussbar durch die Herrschenden als Berufsrichter. Es ging also auch darum, den Einfluss der Obrigkeit auf die

---

1 Der hier widergegebene Text beruht auf einem Vortrag, den mein sehr verehrter Kollege Prof. Dr. Mark Zöller, Trier, und ich gemeinsam im März 2011 anlässlich einer Expertenanhörung vor dem Judicial Juan in Taipeh/Taiwan gehalten haben. Der Text wurde überarbeitet.
2 *Benz*, Zur Rolle der Laienrichter im Strafprozess, 1982, S. 33 ff.
3 *Benz*, Zur Rolle der Laienrichter im Strafprozess, 1982, S. 18.
4 *Lundmark/Winter*, ZfRV 2010, 173 ff.

Justiz zu beschneiden. In Deutschland schlugen sich diese Bestrebungen in der berühmten Paulskirchenverfassung aus dem Jahr 1849 nieder. Diese sah sowohl allgemein eine Gewaltenteilung und damit die Unabhängigkeit der Justiz von den jeweils Herrschenden, als auch die Beteiligung von juristischen Laien vor.

Mit der Gründung des Deutschen Reiches im Jahr 1871 entstand die Notwendigkeit der Schaffung einer einheitlichen Rechtsordnung. Im Januar 1877 wurde dazu u.a. das Gerichtsverfassungsgesetz (GVG) verkündet, das zusammen mit anderen Reichsjustizgesetzen am 1. Oktober 1879 in Kraft trat. In diesem Gesetz wurde damals die Mitwirkung von Laienrichtern in Schwur- und Schöffengerichten festgelegt. Nach dem Ende des Deutschen Kaiserreiches im Jahr 1918 kam es in Deutschland erneut zu Diskussionen über die Art und den Umfang der Laienbeteiligung im Strafverfahren. Im Jahr 1924 kam es daher zu einer tiefgreifenden Reform des Justizwesens, der „Emminger-Reform". Eine Folge dieser Reform war, dass das Schwurgericht in seiner bisherigen Form abgeschafft und durch ein *Großes Schöffengericht* ersetzt wurde.

In der Zeit des Nationalsozialismus erfuhr das Laienrichtertum in der Außendarstellung zunächst eine Aufwertung, die ideologisch bedingt war. Die Laienrichter wurden zu dieser Zeit als „Volksrichter" bezeichnet, die eine volkstümliche und volksverbundene Rechtsprechung ermöglichen sollten.[5] Schon bald kam es aber auch wieder zu starken Einschränkungen des Laienrichtertums (z.B. durch die Rassegesetze oder die ausschließliche Auswahl von Nationalsozialisten als Laienrichter), so dass mit Beginn des Zweiten Weltkrieges deren Mitwirkung fast völlig aufgegeben wurde.[6]

Mit dem Ziel des Aufbaus einer freiheitlich-demokratischen Rechtsordnung wurde die Idee der Beteiligung von Laienrichtern als Möglichkeit rechtsstaatlich-demokratischer Teilhabe der Bevölkerung zuletzt durch das Bonner Grundgesetz im Jahr 1949 wieder aufgegriffen. Man entschied sich dabei für ein reines Schöffensystem, wie es in der Justizreform von 1924 seinen Ausdruck gefunden hatte. Seither wurden durch zahlreiche Reformgesetze die Regelungen des Gerichtsverfassungsgesetzes (GVG), die teilweise noch auf den Reichsjustizgesetzen aus den Zeiten der Reichgründung basierten, gemeinsam mit

---

5 *Böttges*, Die Laienbeteiligung an der Strafrechtspflege: Ihre Geschichte und heutige Bedeutung, 1979, S. 55.

6 Letztlich fand ab diesem Zeitpunkt nur noch am Volksgerichtshof eine Laienbeteiligung statt.

weiteren Bestimmungen des Straf- und Strafverfahrensrechts den heutigen Erfordernissen angepasst. Dabei kam es auch immer wieder zu Diskussionen über Sinn und Zweck des Schöffenwesens. Die Beteiligung von Laienrichtern im Strafprozess wurde aber seitens des Gesetzgebers aufrechterhalten und kann mittlerweile als fester Bestandteil der deutschen Strafrechtsordnung angesehen werden. Die Zahl der an den Amts- und Landgerichten tätigen Schöffen umfasst heute rund 37.000 Personen.[7]

## II. Das Demokratieprinzip als Leitaspekt eines Schöffensystems

In verfassungsrechtlicher Hinsicht wird das Schöffensystem aus dem Demokratieprinzip abgeleitet.[8] Das deutsche Staatssystem geht von dem Grundsatz in Art. 20 Abs. 1 S. 1 GG aus: „Alle Staatsgewalt geht vom Volke aus". Im Staat sind die Gewalten als Exekutive, Judikative und Legislative festgelegt und einer strikten Teilung (sog. Gewaltenteilung) unterworfen. Das verbindende Element zwischen den Gewalten ist jeweils das Volk. Von diesem muss jede Gewalt sich ableiten lassen. Was liegt also näher, als auch bei Strafprozessen das Volk unmittelbar an den Entscheidungen der Judikative zu beteiligen? Beim Strafprozess geht es um die Bewältigung des stärksten Konflikts zwischen dem Bürger als Teil des Volkes und dem Staat. Indem der Staat hinsichtlich der Lösung dieses Konfliktes im Interesse einer Friedenssicherung ein Machtmonopol beansprucht (also kein Parteienprozess(!)), gibt er von diesem Machtanspruch gleichzeitig und unmittelbar einen Teil an die Schöffen ab. Hierin wird echte „Volksbeteiligung" erkennbar. Das abstrakt in Art. 20 GG beschriebene Demokratieprinzip führt also zur konkreten Partizipation der Bürger im Schöffensystem.[9]

### 1. Folgen

Aus der eben beschriebenen Teilhabe an staatlicher Macht können weitere Folgen abgeleitet werden. Mit diesen wird ein bestimmter Mehrwert verbunden, der aus einem Schöffensystem folgen soll.

---
7 Schöffenstatistik, Bundesamt für Justiz, Stand: 01.01.2014.
8 Vgl. dazu *Linkenheil*, Laienbeteiligung an der Strafjustiz, 2003, S. 179 ff.
9 Nur am Rande sei erwähnt, dass das Demokratieprinzip eine Laienbeteiligung nicht erzwingt. Vgl. a. *Linkenheil*, (o. Fn. 8), S. 175 ff.

a) Herstellung der Öffentlichkeit

Schöffen nehmen selbstverständlich an den Beratungen des Gerichts teil. Diese Beratungen sind nicht öffentlich, sie unterliegen sogar dem Beratungsgeheimnis. Indem Laien an diesen Beratungen teilnehmen, repräsentieren sie die Öffentlichkeit und deren Teilhabe an staatlicher Macht auch im nichtöffentlichen Teil eines Gerichtsverfahrens. Die Berufsrichter sollen veranlasst werden, in den Beratungen die ihrer Meinung zugrundeliegenden Argumente offenzulegen und zu erläutern. Damit soll vermieden werden, dass im Extremfall richterliche Routine zu „Recht" wird.

b) Fortentwicklung des Rechts

Beteiligt man das Volk an der Rechtsprechung so nimmt das Volk auch an der Fortentwicklung des Rechts teil. Die Strafgesetze werden durch die Rechtsprechung interpretiert und ausgelegt. Der abstrakte Rechtssatz wird durch die konkrete Rechtsanwendung und -auslegung belebt. Die Entwicklung des Rechts wird durch die Schöffenbeteiligung nicht elitär den studierten Richtern zugewiesen, sondern ist Teil des im Volke gelebten Rechts. Durch die Unmittelbarkeit der Laienpartizipation kann dem sozialen Wandel in der Gesellschaft im Rahmen der Auslegung der Gesetze Rechnung getragen werden bzw. kann der Änderungsbedarf eines Gesetzes schnell an den Gesetzgeber herangetragen werden.

c) Akzeptanz der Entscheidungen

Recht und insbesondere das Strafrecht ist eine komplexe Materie. Nicht umsonst spricht man von Rechtswissenschaft. Je komplexer und komplizierter die Argumentation hinsichtlich eines zu entscheidenden Falles, je umfangreicher und umstrittener die dementsprechende Dogmatik, um so schwieriger wird es für den Bürger, ein Urteil zu akzeptieren. Es droht der Vorwurf, dass Juristerei eine Art Geheimwissenschaft sei, zu der nur der studierte Jurist Zugang habe und die Richter über die Köpfe der Angeklagten hinweg entscheiden würden. Wird nun der nichtstudierte Bürger an diesen Urteilen beteiligt, so kann diesem Eindruck entgegengewirkt werden. Die Akzeptanz der Entscheidungen steigt. Der Verurteilte wird die Schöffen immer als eine Person wahrnehmen, die ihm näher steht, als die Berufsrichter.

d) Weiterbildung des Volkes

Eng verbunden mit dem Aspekt der Akzeptanz der Entscheidungen ist die Akzeptanz des Rechts im Volk. In Deutschland arbeiten ca. 37.000 Schöffen und Jugendschöffen. Von dieser Volkspartizipation erhofft man sich, dass die Schöffen ihre Erfahrung über Recht und Gerechtigkeit aus dem Gerichtssaal zurück in die Bevölkerung tragen. Sie sollen ihre Erfahrungen über den Strafprozess weitertragen und damit das Verstehen fördern.

e) Alltagserfahrung

Schöffen sollen nicht Justizberufe ausüben (§ 34 Abs. 1 Nr. 4 und 5 GVG). Mit dieser Einschränkung der Befähigung zum Schöffenamt verbindet sich die Vorstellung, dass der Schöffe als Korrektiv der akademischen Sichtweise der Berufsrichter nur fungieren kann, wenn er selbst keine juristische Ausbildung hat.

f) Kontrolle

Nicht zuletzt soll aus der Laienbeteiligung eine Kontrollfunktion folgen. Dabei geht es in der heutigen Diskussion weniger um ein Misstrauen gegenüber den Berufsrichtern. Immerhin gehören diese auch dem Volk an. Vor dem Hintergrund einer parlamentarischen Demokratie ist eine „Kontrolle" insoweit also wenig sinnhaft.[10] Wenn von Kontrolle die Rede ist, dann vielmehr im Sinne einer Plausibilitätskontrolle hinsichtlich der Verständlichkeit und Nachvollziehbarkeit einer Entscheidung und deren Begründung. Es geht also um die Verständlichkeit in Wort und Schrift, denn was der Schöffe nicht versteht, das versteht der Angeklagte in der Regel auch nicht.

2. Zwischenfazit

Der Sinn und Zweck einer Laienbeteiligung im Strafverfahren scheint also angesichts der einleuchtenden Argumente keine Alternative zuzulassen. Dabei darf jedoch nicht übersehen werden, dass ein Schöffensystem in einer Demokratie nicht zwingend etabliert werden muss. Grundgesetzlich lässt sich aus Art. 92 GG nur eine institutionelle Garantie für das Berufsrichtertum ableiten.[11]

---

10  Vgl. a. *Linkenheil*, (o. Fn. 8), S. 179 ff.
11  *Kern*, Gerichtsverfassungsrecht, 4. Aufl., S. 113; *Liekefett*, Die ehrenamtlichen Richter an den deutschen Gerichten, 1965, S. 105 ff. (106, 109 f.); *Rüggeberg*, VerwA 61 (1970), S. 189

Art. 92 steht aber einer Laienbeteiligung auch nicht entgegen.

## III. (Mitwirkungs-) Rechte der Schöffen

1. Grundlagen

„Wenn Du Geschworener bist, vergewissere dich vor der Sitzung über die Rechte, die du hast: Fragerechte an den Zeugen und so fort. (...) Laß dir vom Richter nicht imponieren. Ihr habt für diesen Tag genau die gleichen Rechte (...)", so rief Kurt Tucholsky den Geschworenen, wir sagen heute, den Schöffen ihre Rechte in Erinnerung und er mahnt sie, sich dem Richter nicht unterzuordnen.

Die Mitwirkungsrechte der Schöffen sind im Gerichtsverfassungsgesetz geregelt. Die zentrale Vorschrift (§ 30 Abs. 1 GVG) lautet:

„Insoweit das Gesetz nicht Ausnahmen bestimmt, üben die Schöffen während der Hauptverhandlung das Richteramt in vollem Umfang und mit gleichem Stimmrecht wie die Richter beim Amtsgericht aus und nehmen auch an den im Laufe einer Hauptverhandlung zu erlassenden Entscheidungen teil, die in keiner Beziehung zu der Urteilsfällung stehen und die auch ohne mündliche Verhandlung erlassen werden können."

Für die Schöffen der Strafkammern (Landgericht) gelten gemäß § 77 Abs. 1 GVG die Vorschriften über die Schöffen des Schöffengerichts.

Aus dieser Regelung lassen sich bereits drei Schlussfolgerungen ableiten:
1. Schöffen und Berufsrichter sind gleichgestellt. Sie nehmen an der Hauptverhandlung mit den gleichen Rechten und Pflichten wie die Berufsrichter teil.
2. Wenn ein Schöffe ausnahmsweise an einer Entscheidung oder Maßnahme nicht teilnehmen soll, so muss dies ausdrücklich kraft Gesetzes festgelegt sein.
3. Die Rechte der Schöffen erschöpfen sich nicht darin, an der Entscheidung über das Urteil (Schuld und Strafe) teilzunehmen. Vielmehr nehmen Schöffen an allen Entscheidungen teil, welche im Laufe der Hauptverhandlung zu treffen sind, auch wenn sie keinen Zusammenhang mit dem Urteil haben.

Aus den Rechten der Schöffen folgt aber auch deren Verantwortung für die Entscheidungen. Der Schöffe muss kraft seiner eigenen Überzeugungsbildung entscheiden, und er kann sich nicht darauf zurückziehen, dass er ebenso wie die

---

(192 Fn. 13); Linkenheil, (o. Fn. 8), S. 176.

Berufsrichter entschieden habe, die es „ja wissen müssen". Allerdings tragen die Schöffen diese Verantwortung nicht „nach außen", denn an der Abfassung des schriftlichen Urteils wirken sie nicht mit und sie unterschreiben das Urteil auch nicht (§ 275 Abs. 2 S. 3 StPO). Ein Schöffe kann sich nicht der Stimme enthalten. Stets hat er sich eine eigene Auffassung zu bilden und an den Abstimmungen teilzunehmen.

In zeitlicher Hinsicht ist die Mitwirkung der Schöffen begrenzt auf die „während der Hauptverhandlung" zu treffenden Entscheidungen. Die Hauptverhandlung ist das Kernstück des Strafverfahrens, denn für das Urteil maßgebend ist allein das Ergebnis der Hauptverhandlung (§ 261 StPO). Die Hauptverhandlung beginnt mit dem Aufruf der Sache (§ 243 Abs. 1 S. 2 StPO) und endet mit der Urteilsverkündung (§ 260 StPO). Entscheidungen außerhalb dieses Zeitfensters, also außerhalb der Hauptverhandlungen, sind dem Richter vorbehalten. Dazu gehören bspw. die Entscheidung im Ermittlungsverfahren über die Untersuchungshaft (§ 126 StPO) oder eine Durchsuchung oder Beschlagnahme. Schließlich werden alle Entscheidungen im Vollstreckungsverfahren ohne Schöffen getroffen. Ist die Hauptverhandlung unterbrochen, so wirken die Schöffen dann nicht mit, wenn die Entscheidung ohne mündliche Verhandlung getroffen werden kann, was bspw. bei Beschlagnahme- und Durchsuchungsanordnungen der Fall ist.[12]

## 2. Rechte der Schöffen in der Hauptverhandlung

Zu den Rechten der Schöffen in der Hauptverhandlung gehört unstreitig das Recht, Fragen an Angeklagte, Zeugen und Sachverständige zu stellen. Schöffen nehmen an allen Beratungen und Abstimmungen teil (§§ 197, 196 Abs. 4, § 263 StPO), soweit sie nicht ausdrücklich durch ein Gesetz ausgeschlossen sind. Sie wirken an verfahrensbeendenden Entscheidungen, also einem Urteil oder einer Einstellung mit und treffen auch alle Entscheidungen, die damit in einem Zusammenhang stehen, wie bspw. die Festlegung von Bewährungsauflagen oder an welche gemeinnützige Einrichtung der Angeklagte eine Geldbuße zu überweisen hat. Außerdem wirken die Schöffen an allen Entscheidungen über Beweisanträge der Staatsanwaltschaft oder der Verteidigung mit. Sie können auch Vorschläge zur Beweisaufnahme machen. Bei Entscheidungen, die kraft

---

12 Vgl. *Meyer-Goßner*, StPO, § 30 GVG, Rn. 3.

Gesetzes dem Vorsitzenden zugewiesen sind, kann von den Verfahrensbeteiligten Antrag auf gerichtliche Entscheidung gestellt werden (§ 238 Abs. 2 StPO). Da nun das Gericht entscheidet, sind auch die Schöffen einzubeziehen. Auch bei einer Entscheidung über eine Ordnungsstrafe gegen einen Verfahrensbeteiligten, die Zulässigkeit einer Frage oder einen in der Hauptverhandlung zu erlassenden Haftbefehl sind die Schöffen zu beteiligen.

Insbesondere sind Schöffen selbstverständlich auch an sog. Urteilsabsprachen zu beteiligen. Nach langem Streit um die Rechtmäßigkeit von Deals, Absprachen oder Verständigungen im Strafverfahren hat sich der deutsche Gesetzgeber im Jahre 2009 entschieden, diese, im Strafprozess bereits lange herrschende Praxis, zu kodifizieren. Eine Regelung bezüglich solcher Verständigungen findet sich in § 257c StPO. Da eine Verständigung innerhalb der Hauptverhandlung stattfinden muss, sind daran alle Personen zu beteiligen, die auch an der Hauptverhandlung teilnehmen müssen. Damit ist es zwingend, dass auch die Schöffen an einem solchen Vorgang zu beteiligen sind und die Verständigung nicht zwischen den Berufsrichtern, dem Staatsanwalt und dem Verteidiger im Hinterzimmer, oder wie es Schünemann drastischer formuliert hat, „in der Herrentoilette" ausgehandelt wird.

## 3. Problemfälle bei der Mitwirkung

a) Akteneinsicht

Nach umstrittener Ansicht[13] sollen die Schöffen keine Aktenkenntnis haben. Dies resultiere aus dem Unmittelbarkeitsgrundsatz, also aus dem Prinzip, dass nur das einem Urteil zugrunde gelegt werden darf, was Gegenstand der Hauptverhandlung war (§ 261 StPO). Während man dem Berufsrichter aufgrund seiner Ausbildung zutraut, dass er den Akteninhalt von dem Inbegriff der Hauptverhandlung zu trennen vermag, bringt man dem Schöffen gleiches Vertrauen nicht entgegen. Vielmehr wird befürchtet, dass der Schöffe unter dem Einfluss des Akteninhalts, der Schilderungen durch die Berufsrichter und dem, was Gegenstand der Hauptverhandlung war, nicht trennen kann. Eine Vermi-

---

13 Vgl. BGHSt 13, 73 ff.; jedoch bereits offen gelassen in BGH NJW 1987, 1209; OLG Hamburg, MDR 1973, 69; auch *Rennig*, Die Entscheidungsfindung durch Schöffen und Berufsrichter in rechtlicher und psychologischer Sicht, 1993, S. 586, Schmidt, JR 1961, 31; a.A. *Kemmer*, „Befangenheit von Schöffen durch Aktenkenntnis?, 1989, verneint die von ihm gestellte Frage; *Meyer-Goßner*, StPO, § 30 GVG, Rn. 2; m.w.N. Rieß, JR 1987, 389 (391).

schung der verschiedenen Erkenntnisquellen soll damit vermieden werden. Als unzulässig wird es daher angesehen, den Schöffen die gesamte Anklageschrift auszuhändigen. Allein der Anklagesatz darf zum besseren Verständnis ausgehändigt werden, wenn er von der StA verlesen wurde. Der Anklagesatz ist ein Teil der Anklageschrift. Er besteht aus einem Teil, in dem der Gesetzeswortlaut wiedergegeben wird, gegen die der Angeklagte verstoßen haben soll und einem weiteren, in welchem in knapper Form die Tat geschildert wird. Die Beweismittel und das Ermittlungsergebnis aus der Anklageschrift darf den Schöffen nicht übergeben werden.[14]

Mehr und mehr wenden sich Stimmen gegen die Versagung der Akteneinsicht.[15] Aus der Gleichstellung der Schöffen mit den Berufsrichtern folge, dass auch ihnen ein Recht auf Akteneinsicht zustehe. Auch trügen sie dieselbe Verantwortung für die Entscheidung, wie die Berufsrichter. Der Bundesgerichtshof neigt letzterer Auffassung zu. So hat er es unbeanstandet gelassen, wenn den Schöffen in der Hauptverhandlung zum besseren Verständnis der Beweisaufnahme aus den Akten stammende Protokolle über Beweismittel als Begleittext zur Verfügung gestellt werden.[16]

b) Untersuchungshaft

Ob nach begonnener, aber unterbrochener Hauptverhandlung die Schöffen an Haftentscheidungen zu beteiligen sind, ist ebenfalls umstritten. Die Rechtsprechung zeichnet ein uneinheitliches Bild.[17] Gegen eine Beteiligung wird vorgebracht, dass die Beschleunigungsmaxime bei Haftsachen es verbiete, auf die anderweitig berufstätigen Schöffen warten zu müssen, um eine Entscheidung herbeiführen zu können.[18] Dem wird § 30 GVG entgegengehalten. Verfassungsrechtlich kann bisher nur als gesichert gelten, dass Entscheidungen über die Haftfrage - von den Ausnahmefällen im Zusammenhang mit einem Urteil nach

---

14 Vgl. KK-StPO/*Barthe*, § 30 GVG, Rn. 2.
15 Vgl. *Meyer-Goßner*, StPO, § 30 GVG, Rn. 2; *Rieß*, JR 1987, 389 (391); *Volk*, in: Dünnebier-FS 1982, S. 373 (382); *Lilie*, in: Rieß-FS, 2002, S. 303 (309).
16 BGHSt 43, 36; mit zust. Anm. *Imberger-Bayer*, JR 1999, 299.
17 Ohne Beteiligung der Schöffen vgl. OLG Schleswig NStZ 1990, 198; OLG Hamburg, NStZ 1998, 99; OLG Jena StV 1999, 101; OLG Naumburg NStZ-RR 2001, 347; dazu auch BVerfG StV 1998, 387; a.A. OLG Düsseldorf, StV 1984, 159, das die Beteiligung der Schöffen für einen in der Hauptverhandlung gestellten Antrag zur Haftfrage für erforderlich hält; so auch OLG Köln NStZ 1998, 419.
18 Vgl. KK-StPO/*Barthe*, § 30 GVG, Rn. 5b; *Kissel/Mayer*, GVG, § 30, Rn. 16.

§§ 268b, 120, 120 Abs. I Satz 2 StPO abgesehen - stets in der Besetzung außerhalb der Hauptverhandlung, d.h. ohne Schöffen, zu treffen sind.[19]

Zusammenfassend kann festgehalten werden, dass die Einflussmöglichkeiten der Schöffen sehr groß sind. Besonders deutlich wird dieser Einfluss dann, wenn man bedenkt, dass gegen die Stimmen beider Schöffen im deutschen Strafprozess niemand verurteilt werden kann. Entscheidungen zur Schuld- und Rechtsfolgenfrage sind gemäß § 263 StPO mit einer Zwei-Drittel-Mehrheit durch das Gericht zu fällen. Bei den Gerichten, die mit einem Berufsrichter und zwei Schöffen besetzt sind (Schöffen- und Jugendschöffengericht und kleine Strafkammer am Landgericht) bedeutet dies, dass sie sich gegen den Berufsrichter durchsetzen können. Bei den anderen Gerichten (erweitertes Schöffengericht, kleine Strafkammer als Berufungsgericht gegen Urteile des erweiterten Schöffengerichts: zwei Berufsrichter und zwei Schöffen bzw. große Strafkammer: zwei bzw. drei Berufsrichter und zwei Schöffen) müssen die Berufsrichter mindestens einen Schöffen auf „ihrer Seite" haben, um eine Entscheidung im oben genannten Sinne zu treffen. Nur bei Verfahrensfragen wird mit einfacher Mehrheit entscheiden. Hier können die Berufsrichter die Schöffen also ggf. überstimmen. Bei der Beratung stimmen die Schöffen gemäß § 197 S. 2 GVG *vor* den Berufsrichtern ab. Auf diese Weise soll sichergestellt werden, dass die Laien nicht von der Abstimmung der Berufsrichter beeinflusst werden.

## 4. Pflichten der Schöffen

Das Schöffenamt ist Bürgerpflicht (vgl. o.). Aus dem Schöffenamt folgt die Pflicht an den Hauptverhandlungen teilzunehmen, denen sie zugelost wurden. Davon werden sie nur ausnahmsweise entbunden, wenn ihre Teilnahme kraft Gesetzes ausgeschlossen (Befangenheit) oder „wenn der Schöffe an der Dienstleistung durch unabwendbare Umstände gehindert ist oder wenn ihm die Dienstleistung nicht zugemutet werden kann", vgl. § 54 GVG. Vor dem Hintergrund des Grundrechts auf den gesetzlichen Richter (Art. 101 Abs. 1 S. 2 GG) werden die Verhinderungsgründe sehr eng und vom Einzelfall abhängig interpretiert.[20] Dies dient dem Zweck, Manipulationen über die Besetzung des Gerichts vorzubeugen. Wird dieses Grundrecht verletzt, ist das Urteil aufzuheben.

---

19 BVerfG NStZ 1998, 418.
20 *Kissel/Mayer*, GVG, § 54, Rn. 1.

Jeder Schöffe ist zur Verschwiegenheit verpflichtet. Es ist ihm also untersagt, aus nichtöffentlichen Sitzungen und Beratungen zu berichten. Aus der Gleichstellung der Schöffen mit den Berufsrichtern folgt auch ihre strafrechtliche Haftung. Als Amtsträger (vgl. § 11 Abs. 1 Nr. 2 und 3 StGB) kann er sich wegen Verfolgung Unschuldiger (§ 334 StGB), Rechtsbeugung (vgl. § 339 StGB) und anderen Amtsdelikten schuldig machen.

Haftungsrechtlich ist der Schöffe nicht vollständig den Berufsrichtern gleichgestellt. Zwar kann er zum Schadensersatz herangezogen werden, wenn er eine Pflichtverletzung begangen hat, die eine Straftat darstellt. Allerdings entfällt mangels Verweisung auf die beamtenrechtlichen Regressregelungen eine Haftung für dienst- oder zivilrechtliche vorsätzliche oder grob fahrlässige Pflichtverletzungen.

Verletzt ein Schöffe unentschuldigt seine Pflichten, erscheint er also nicht zu einem Sitzungstermin, so trägt er gem. § 56 GVG die Kosten, die durch sein Ausbleiben entstanden sind, und es kann ein Ordnungsgeld gegen ihn verhängt werden.

## 5. Kritik an der Laienbeteiligung

Die Kritik an einer Laienbeteiligung ist zunächst verfassungsrechtlicher Natur. Im Zentrum steht Art. 92 GG, wonach die rechtsprechende Gewalt den Richtern anvertraut ist. Was aber unter einem „Richter" zu verstehen ist, ist dem Grundgesetz nicht zu entnehmen. Aufgrund der Bindung des Richters an das Gesetz, wird an den Richter auch die Eigenschaft der Rechtsgelehrtheit gebunden.[21] *Roman Herzog*, der ehemalige Präsident des Bundesverfassungsgerichts, formulierte seine Vorbehalte gegen eine Laienbeteiligung deshalb wie folgt: „Unverzichtbar ist es dagegen, dass die Rechtsprechung jedenfalls so lange, wie sich die Rechtsordnung der Bundesrepublik an diesem Modell orientiert, nicht beliebig solchen Personen übertragen werden kann, die nicht gelernt haben, nach den hergebrachten Auslegungs- und Anwendungsregelungen mit dieser ungeheuren Masse positivrechtlichen Rechtsstoffes umzugehen".[22] Bezogen auf die Laienbeteiligung in ihrer damaligen Ausgestaltung äußerte *Herzog* zwar keine verfassungsrechtlichen Bedenken,[23] unübersehbar ist aber die Skepsis

---

21 *Herzog*, in: Maunz/Dürig, GG, Art. 92, Rn. 77.
22 *Herzog*, in: Maunz/Dürig, GG, Art. 92, Rn. 77 ff.
23 *Herzog*, in: Maunz/Dürig, GG, Art. 92, Rn. 86.

gegenüber der Beteiligung von Schöffen in der Rechtsprechung. Es geht um Bedenken, die sich aus der fehlenden juristischen Ausbildung der Schöffen und den Folgen daraus für die Rechtsprechung ergeben können. Die Grenze zur Verfassungswidrigkeit sieht *Herzog* solange nicht als überschritten an, wie sichergestellt sei, „dass rechtsgelehrte Richter bei der Entscheidungsfällung ein maßgebliches Wort mitsprechen".[24] Das Bundesverfassungsgericht räumte der Laienbeteiligung demgegenüber einen weiteren Spielraum ein. Es führte aus: „Das Grundgesetz bestimmt nichts darüber, in welchem Umfang die Verwendung von rechtsgelehrten Richtern notwendig ist. Es überlässt die Zuziehung von Laien dem Ermessen des Gesetzgebers, der davon in großem Umfange Gebrauch gemacht hat, wenn auch vorzugsweise in der Form, dass Laien neben Berufsrichtern an der Rechtsprechung mitwirken".[25]

Wie das Zitat von *Roman Herzog* eindrucksvoll belegt, sind die Vorbehalte gegen eine Beteiligung von Laienrichtern sogar von höchstrichterlicher Seite geäußert worden. Das könnte man nun mit dem Hinweis auf elitäres Standesdenken vorschnell beiseiteschieben. Aber auch aus den Reihen der Wissenschaft ist die Kritik unüberhörbar. So formulierte schon *Beling* im Jahr 1928: „Das Volk zerbricht durch Auslieferung der Justiz an Laienrichter seine eigenen Gesetzestafeln".[26] Teilweise hält man heute die Laienbeteiligung für verzichtbar[27] oder spricht dem Schöffensystem gar rationale Gründe ab.[28] *Lilie* geht sogar so weit zu konstatieren, dass Schöffen „eine blinde Kontrollinstanz ohne Zukunft"[29] seien.

Die Kritik ist vielschichtig und knüpft an die eine Laienbeteiligung tragenden Argumente an.

Fraglich sei bereits der Aspekt der Identifizierung der Bevölkerung mit einem Schöffen nach dem Motto „Er ist einer von uns". Schöffen gehörten in der Regel der Mittelschicht an, weshalb diese eine Ausgleichsfunktion hinsichtlich unterer Bevölkerungsschichten nicht wahrnehmen könnten.[30]

---

24 *Herzog*, in: Maunz/Dürig, GG, Art. 92, Rn. 88.
25 BVerfGE 14, 56 (73).
26 *Beling*, Deutsches Reichsstrafprozessrecht mit Einschluss des Strafgerichtsverfassungsrechts, 1997, S. 53.
27 *Volk*, in; Dünnebier-FS, 1982, S. 373 f.; *ders*. Strafprozessrecht, 3. Aufl., S. 12.
28 *Kühne*, Strafprozesslehre, 4. Aufl., Rn. 52.4; *ders*. ZRP 1985, 237 (239).
29 *Lilie*, in: Rieß-FS, 2002, S. 303 (315).

Außerdem wird befürchtet, dass sich der Laienrichter nicht ebenso von Vorurteilen frei machen könne, wie der ausgebildete Berufsrichter.[31] Letzterer hat gelernt, die Straftat zu abstrahieren, rechtlich zu würdigen, um im Anschluss daran die Schuld des Täters zur Grundlage der Strafzumessung werden zu lassen. Diese Methodik fehlt den Schöffen.

Teilweise wird beklagt, dass die Doppelrolle der Laien, einerseits „Öffentlichkeit" und andererseits „Richter", gerade dazu führe, sie unzulässigerweise gegeneinander auszuspielen.[32]

Auch zweifelt man daran, dass durch ein Schöffensystem die Qualität der Rechtsprechung tatsächlich verbessert würde. Die Alltagserfahrungen der Schöffen stimme in der Regel mit denen der Berufsrichtern überein, weil beide aus denselben Bevölkerungsgruppen stammten.[33] Gleiches soll auch für den Aspekt der Fortentwicklung des Rechts gelten. Hinzukomme, dass es nicht Aufgabe der Rechtsprechung sei, gesetzgeberische Entscheidungen anhand des „gesunden Menschenverstandes" zu korrigieren. Bei Formulierungen könne der Schöffe ebenfalls nicht helfen, weil er die juristische Fachsprache nicht verstehe.[34] Eine Plausibilitätskontrolle sei also nicht möglich. Schließlich könne auch der „volkspädagogische" Aspekt nicht überzeugen, weil dazu die Anzahl der Schöffen zu gering sei.[35]

## 6. Stellungnahme

Nachdem die Argumentation für ein Schöffensystem so feingliedrig aufgebaut wurde (o. II.) scheint sie nach der teilweise harten Kritik wieder in sich zusammenzufallen.

Auffällig ist aber, dass gegen ein Schöffensystem kaum rechtliche Argumente vorgebracht werden. Vielmehr wird der Mehrwert eines Schöffensystems bezweifelt bzw. werden Gefahren durch den nicht ausgebildeten Laienrichter bei der Urteilsfindung aufgezeigt.

Zuzugeben ist, dass der Berufsrichter nicht ein Bürger sui generis ist. Er

---

30 *Villmow*, in: Pongratz-FS, 1986, S. 306 (318).
31 *Jescheck*, in: Schultz-FG, 1977, S. 229 (238 f.).
32 *Volk*, in: Dünnebier-FS, 1982, S. 373 (377).
33 *Kühne*, ZRP 1985, 237 (238).
34 *Volk*, in: Dünnebier-FS, 1982, S. 373 (387); *Kühne*, ZRP 1985, 237 (238).
35 *Wolff*, Gerichtsverfassungsgesetz, 6. Aufl., S. 229; *Villmow*,in: Pongratz-FS, 1986, S. 306 (323).

repräsentiert das Volk ebenso wie der Schöffe. Die juristische Ausbildung steht in Deutschland jedermann frei. Indem man im Schöffensystem die repräsentierende Rolle des Schöffen hervorhebt, wird die des Berufsrichters geradezu herabgestuft. Demokratie wird also innerhalb eines Berufsrichtersystems nicht weniger gelebt, als in einem Schöffensystem. Richtig ist sicherlich auch, dass aufgrund der Komplexität des Rechts, dem gegebenenfalls umfangreichen Prozessstoff, den schwierigen Beweisregeln und nicht zuletzt der Fachsprache dem Schöffen mit seinem „gesunden Menschenverstand" häufig der Zugang zur Materie fehlen wird. Im Extremfall wird er sich seine Überzeugung nur „aus dem Bauch" heraus bilden können oder er zieht sich zum „stummen Schöffen" zurück und entflieht seiner Verantwortung durch einen Rückzug hinter die Berufsrichter, um der Komplexität des Falles zu entkommen.

Aber auch das sind alles Argumente, die sich widerlegen lassen, wenn man die abstrakte Geeignetheit eines Schöffensystems ins Feld führt, um den genannten Sinn und Zweck zu bestätigen. Kühne hat das Pro und Contra auf eine Glaubensfrage reduziert: „Die gesamte Diskussion kann nach alledem auf jeweils einen Glaubenssatz der Befürworter bzw. Gegner der Laienbeteiligung im Strafverfahren reduziert werden. Die Befürworter glauben an die unverfälschte moralische Kraft des Laien gleichermaßen wie an die moralische und intellektuelle Entfremdung des Spezialisten. Die Gegner glauben an die Erhöhung der Kompetenz durch fachspezifische Bildung".[36]

Was bleibt ist also die empirische Forschung: In Deutschland wurden mehrere Studien angefertigt, um den Einfluss der Schöffen auf das Strafverfahren nachvollziehen und sichtbar machen zu können. Im Folgenden sollen die Ergebnisse dieser Forschungen vorgestellt werden.

## IV. Laienbeteiligung in der Praxis[37]

Vor dem Hintergrund des heftig geführten Streites um die Laienbeteiligung wurden in den 1970er Jahren erste Untersuchungen durchgeführt, um auf empirisch gesicherte Befunde zurückgreifen zu können. In einer Studie von *Casper* und *Zeisel*[38] aus dem Jahr 1979 wurde von den Berufsrichtern bestätigt, dass

---

36 *Kühne*, ZRP 1985, S. 237 (239).
37 *Kühne*, ZRP 1985, S. 237 (239).
38 *Casper/Zeisel*, Der Laienrichter im Strafprozess – Vier empirische Studien zur Rechtsver-

Schöffen in Strafsachen mit genügender Vorinformation in der Lage seien, einer Verhandlung zu folgen und diese zu begreifen.[39] Demgegenüber haben die Vorsitzenden Richter nur in wenigen Fällen den Schöffen bescheinigt, ein eigenes Urteil zu fällen.[40] In den Untersuchungen von *Rennig* (1993) und *Machura* (2000) wurde deutlich, dass die Mehrheit der Schöffen davon überzeugt war, dass ihr Einfluss zu einem anderen Urteil geführt habe. Jedenfalls, so ergab die Studie, haben sich mehr als zwei Drittel der Befragten ziemlich oder sehr oft in die Beratung mit dem Richter eingebracht.[41] Machura fand in einer Studie aus dem Jahr 2007 heraus, dass immer dann, wenn der Richter den Schöffen als gleichberechtigten Partner behandelt habe, der Schöffe sich stärker in die Urteilsberatungen eingebracht habe.[42]

Trotz dieser positiven Trends kommt *Rennig*[43] zu dem Fazit: „Der allgemeine Einfluss der Laienrichter wurde also (...), auch von den Schöffen selbst, für relativ gering gehalten". Im Einzelnen lassen sich die wichtigsten Ergebnisse seiner Studie wie folgt zusammenfassen:

→ Rund ein Viertel (22.2%) der Schöffen in der Untersuchung gab an, sich selbst um eine Aufnahme in die Auswahlliste beworben zu haben. Lediglich 7.7% der befragten Personen gaben an, dass sie die Wahl abgelehnt hätten, wenn ihnen dies rechtlich möglich gewesen wäre.

→ Die überwiegende Mehrheit der befragten Schöffen (92.7%) hat angegeben, durch ihr Ehrenamt weder berufliche Nachteile erlitten noch Vorteile erlangt zu haben. Nur 6% sahen mehr oder weniger geringe Nachteile. Tendenziell berichten selbständige Handwerker und Landwirte die vergleichsweise größten beruflichen Nachteile. Die Mehrheit der befragten

---

gleichung, 1979.
39 Vgl. auch *Klausa*, Ehrenamtliche Richter, 1972; sowie *Schiffmann*, Die Bedeutung der ehrenamtlichen Richter bei Gerichten der allgemeinen Verwaltungsgerichtsbarkeit, 1974, mit entsprechenden Selbsteinschätzungen von Schöffen bzw. ehrenamtlichen Verwaltungsrichtern.
40 Vgl. *Klausa*, Ehrenamtliche Richter, 1972, S. 73.
41 Vgl. *Rennig*, Die Entscheidungsfindung durch Schöffen und Berufsrichter in rechtlicher und psychologischer Sicht, 1993; *Machura*, Eine Kultur der Kooperation zwischen Schöffen und Berufsrichtern, Richter ohne Robe, 2000.
42 Vgl. *Machura*, Lay assessors of German Administrative Courts: Fairness, Power Distance Orientation and Deliberation Activity, 2007.
43 *Rennig*, Die Entscheidungsfindung durch Schöffen und Berufsrichter in rechtlicher und psychologischer Sicht, 1993, S. 488.

Schöffen (58.4%) sah sich noch nie in dem Konflikt, dass das Gesetz zwingend eine Entscheidung erforderte, die sie persönlich als äußerst ungerecht empfanden. 15.5% hatten dies nur einmal, 24.0% bereits einige Male und nur 1% häufiger erlebt.

→ Zum Verhalten in der Hauptverhandlung befragt, gaben rund ein Drittel der befragten Schöffen (32.7%) an, zumindest eine Frage gestellt zu haben. Überwiegend betrafen die Fragen den Tatablauf (64.7%) und die Lebensumstände der befragten Personen (17.7%). Was die Aktivitäten der Schöffen in der Beratung angeht, so berichteten 20% der befragten Berufsrichter von spontanen Äußerungen der Schöffen, 30% von Äußerungen nach Aufforderung und 50% gaben an, die beteiligten Schöffen hätten sich trotz Aufforderung kaum geäußert. Der Verhandlung selbst konnten die Schöffen nach ihrer eigenen Wahrnehmung beim Amtsgericht in 90% der Fälle und beim Landgericht zu 78% uneingeschränkt folgen. Die Berufsrichter sahen hinsichtlich der Schöffen bei Verhandlungen vor dem Amtsgericht zu 92% keine Verständnisprobleme, bei Verhandlungen vor dem Landgericht zu 70%.

→ In den untersuchten Fällen zeigte sich, dass die Vorsitzenden in 65% der Fälle wie die Schöffen votierten, und nur in 23% strenger beziehungsweise12% milder als diese. Die Untersuchung ergab auch, dass sich bei Meinungsverschiedenheiten in den Verfahren die Vorsitzenden nur in 4% der Fälle, die Schöffen dagegen in 31% der Fälle nicht durchsetzen konnten.

→ In der Urteilsberatung strebten lediglich 13.3% der Schöffen einen Konsens unter den Laienrichtern an, während 43.3% einen solchen für unerheblich hielten. Je wichtiger einem Schöffen der Konsens unter den Laienrichtern war, desto wichtiger war ihm eine Entscheidung gemäß dem Rechtsgefühl der Allgemeinheit. Meinungsverschiedenheiten zwischen Schöffen und Berufsrichtern waren den Schöffen eher unwichtig, höchstens ein Drittel konnte dem etwas Positives abgewinnen.

→ Die Schöffen nahmen ganz überwiegend ein starkes Interesse der Berufsrichter an ihren Ansichten wahr. 87.1% gaben an, der Vorsitzende habe sie zur Äußerung ermuntert, und 95.6% fanden, der Vorsitzende sei durchweg auf ihre Äußerungen eingegangen.

Experimentelle Daten zum tatsächlichen Entscheidungsverhalten lagen bis zum Jahr 2010 nicht vor.[44] Diese Lücke schließt nun die jüngste Studie zum Entscheidungsverhalten von Schöffen aus dem Jahr 2010. Sie wurde von *Andreas Glöckner, Stephan Dickert, Marie Landsberg, Selina Scholz* und *Kristina Schönfeldt* am Max-Planck-Institut zur Erforschung von Gemeinschaftsgütern, Bonn erarbeitet.

In dieser Studie gehen die Autoren drei Fragen nach: Erstens, ob sich Persönlichkeitsmerkmale nachweisen lassen, in denen sich Schöffen vom Bevölkerungsdurchschnitt unterscheiden, und ob diese Eigenschaften zu einem effizienten Entscheidungsprozess im Rechtssystem beitragen? Zweitens, ob und in welchem Maße Schöffen Urteilsverzerrungen bei ihren Entscheidungen unterliegen, und wie groß der Einfluss von Richtern und Medien auf deren Entscheidungsverhalten ist? Drittens gehen sie der Frage nach, wie Schöffen Entscheidungen bei Gericht und ihre Zusammenarbeit mit Richtern wahrnehmen und subjektiv beurteilen.

Die Befunde beruhen auf der Auswertung einer umfangreichen, aus sieben Fragebogen-Studien bestehenden Erhebung, an der insgesamt 67 Schöffen teilgenommen haben.[45]

## 1. Gerechtigkeit

Um herauszufinden, ob Schöffen sich gerechter verhalten als der Durchschnitt der Bevölkerung, wählten die Autoren die Gerechtigkeitsnorm der Gleichverteilung. Die Schöffen sollten 12 Fußballtickets an drei Personen verteilen. Während bei einer Auswahl von 381 Personen über eine Zeitungsannonce nur 42% der Probanden die Tickets gerecht aufteilen würden,[46] haben 93% der Schöffen die Tickets über die drei Personen gleich verteilt.[47]

Sie formulieren daher folgendes Fazit: „Bei der Verteilung eines Gutes wählten Schöffen ausgesprochen häufig eine Gleichverteilung, anstatt sich

---

44 Vgl. *Glöckner/Dickert/Landsberg/Scholz/Schönfeldt*, Entscheidungsverhalten bei Schöffen, 2010, S. 6.
45 Vgl. *Glöckner/Dickert/Landsberg/Scholz/Schönfeldt*, Entscheidungsverhalten bei Schöffen, 2010, S. 4 u. 7.
46 Vgl. *Fagin/Piazolo*, Fairness und WM-Tickets, Beeinflussen Emotionen ökonomische Entscheidungen? Forschungsbericht, 2006.
47 *Glöckner/Dickert/Landsberg/Scholz/Schönfeldt*, Entscheidungsverhalten bei Schöffen, 2010, S. 9.

einen persönlichen Vorteil zu verschaffen. Legt man die Gerechtigkeitsnorm der Gleichverteilung zugrunde, verhielten sich Schöffen in ausgesprochen hohem Maße gerecht und gerechter als der Durchschnitt der Bevölkerung".[48]

## 2. Gerechtigkeitssensitivität

Um die Aussagen über die Gerechtigkeitssensitivität treffen zu können, wurden die Schöffen befragt, wie sie eine Ungleichverteilung bei der Ticketvergabe empfinden. Hier zeigte sich, dass Schöffen äußerst sensitiv für gegen die dritte Person gerichtete Ungerechtigkeiten sind. 68% der Teilnehmer lehnten eine ‚Koalition der Mächtigen' ab, in der sie persönlich relativ gut abschneiden, aber die dritte Person ausgebeutet wird.[49] Im Vergleich zur Normalbevölkerung (sh. o. 381 Personen; 54% nahmen davon eine Koalition der Mächtigen an)[50] verhielten sich die Schöffen auch hier gerechter.

## 3. Weitere persönliche Eigenschaften

Die Untersuchung ergab weiterhin, dass Schöffen überdurchschnittlich gewissenhaft sowie emotional deutlich stabiler und verträglicher sind als der Durchschnitt der Bevölkerung.[51] Außerdem schätzen sie sich subjektiv als weniger risikobereit ein als die Vergleichsgruppe. Objektive Maße zur Bestimmung der Risikoaversion deuten allerdings darauf hin, dass Schöffen bereit sind, größere Risiken einzugehen und Verluste weniger stark zu vermeiden.[52]

Durch weitere Tests haben die Autoren herausgefunden, dass es Schöffen nur zum Teil gelingt, spontan einleuchtende, aber falsche Lösungen durch bewusste Überlegung zu korrigieren. Allerdings sind sie dabei deutlich besser als eine vorwiegend studentische Vergleichsgruppe, und auch als eine Vergleichsgruppe US-amerikanischer Richter.[53] Die Studie zeigt auch, dass sich Schöffen durch

---

48 *Glöckner/Dickert/Landsberg/Scholz/Schönfeldt*, Entscheidungsverhalten bei Schöffen, 2010, S. 9.
49 *Glöckner/Dickert/Landsberg/Scholz/Schönfeldt*, Entscheidungsverhalten bei Schöffen, 2010, S. 10.
50 Vgl. *Fagin/Piazolo*, Fairness und WM-Tickets, Beeinflussen Emotionen ökonomische Entscheidungen? Forschungsbericht, 2006.
51 *Glöckner/Dickert/Landsberg/Scholz/Schönfeldt*, Entscheidungsverhalten bei Schöffen, 2010, S. 11.
52 *Glöckner/Dickert/Landsberg/Scholz/Schönfeldt*, Entscheidungsverhalten bei Schöffen, 2010, S. 12.
53 *Glöckner/Dickert/Landsberg/Scholz/Schönfeldt*, Entscheidungsverhalten bei Schöffen,

eine hohe Präferenz für Konsistenz auszeichnen.[54]

Hinsichtlich des Entscheidungsverhaltens der Schöffen in rechtlich gestellten Szenarien kann hier nur insgesamt auf die o.g. Studie verwiesen werden.[55] Da diese Entscheidungsszenarien gerade außerhalb einer Beratung, also außerhalb der Kommunikation stattfinden, scheinen sie nur von begrenzter Aussagekraft zu sein.

### 4. Entscheidungen von Schöffen bei Gericht

Interessanter sind demgegenüber die Ergebnisse der Studie hinsichtlich gesammelter Erfahrungen und Entscheidungen der Schöffen.[56]

Wurde der Angeklagte verurteilt und für schuldig befunden, so deckte sich die Einschätzung der Schöffen nahezu mit denen der Berufsrichter. In 79.5% der Fälle wurde der Angeklagte verurteilt. Die Schöffen hatten den Angeklagten in 79.3% der Fälle für schuldig gehalten.

Selbstverständlich ist hier zu berücksichtigen, dass dieses Ergebnis nach der Beratung zustande gekommen ist, also nach einem Kommunikationsprozess.

In 9% der gesamten Fälle gaben die Schöffen an, tendenziell anderer Meinung als der/die Berufsrichter gewesen zu sein. In ca. der Hälfte dieser Fälle (4.5%) hätten sie diese auch durchsetzen können.

Von ihrem Fragerecht machten die Schöffen durchschnittlich 1 bis 3 Mal Gebrauch (57%), 25% der Schöffen fragten seltener bzw. machten keine Angaben.

Daraus leiten die Autoren ab, dass Schöffen in relativ wenigen Fällen eine Meinung entwickeln, die von der Meinung des Richters abweicht.

## V. Würdigung

Die von *Kühne* gestellte Glaubensfrage vermag auch diese Studie nicht zu ent-

---

2010, S. 13.
54 *Glöckner/Dickert/Landsberg/Scholz/Schönfeldt*, Entscheidungsverhalten bei Schöffen, 2010, S. 13.
55 *Glöckner/Dickert/Landsberg/Scholz/Schönfeldt*, Entscheidungsverhalten bei Schöffen, 2010, S. 13-17.
56 *Glöckner/Dickert/Landsberg/Scholz/Schönfeldt*, Entscheidungsverhalten bei Schöffen, 2010, S. 17 ff.

scheiden, das war auch nicht ihr Ziel.[57] Sie zeigt aber, dass sich das Miteinander von Laien und Berufsrichtern bewährt hat. Signifikante Fehlentscheidungen *aufgrund* der Schöffenbeteiligung sind nicht nachgewiesen. Urteilsverzerrungen bei den Schöffen scheinen durch die Berufsrichter kompensiert zu werden. Eine Behinderung, Verzögerung oder Verflachung des juristischen Diskurses und der Dogmatik durch eine Laienbeteiligung ist ebenfalls nicht zu erkennen. Was bleibt ist der erhoffte Mehrwert - Die Gesamtwahrnehmung des Rechtssystems durch die Schöffen ist sehr positiv. Das kann die Akzeptanz der Rechtsprechung fördern. Insoweit hat die Laienbeteiligung im deutschen Strafverfahren eine stabilisierende Funktion.

# VI. Anhang:

Ehrenamtliche Richterinnen und Richter zum 1. Januar 2014
Geschlechtsstruktur
Erwachsenen- und Jugendspruchkörper insgesamt

| Spruchkörper | Hauptschöffen insgesamt | davon Männer | Frauen |
|---|---|---|---|
| Erwachsenenspruchkörper | | | |
| Landgerlchte - Strafkammern - | 15.068 | 8.030 | 7.038 |
| Amtsgerichte - Schoffengerichte - | 10.265 | 5.209 | 5.056 |
| Gesamt | 25.333 | 13.239 | 12.094 |
| Gesamt in % | 100.00 | 52.26 | 47.74 |
| Jugendspruchkörper | | | |
| Landgerichte - Jugendkammern - | 3.620 | 1.801 | 1.819 |
| Amtsgerichte - Jugendschöffengerichte - | 8.044 | 4.021 | 4.023 |
| Gesamt | 11.664 | 5.822 | 5.842 |
| Gesamt in % | 100.00 | 49.91 | 50.09 |
| Insgesamt | 36.997 | 19.061 | 17.936 |
| Insgesamt in % | 100.00 | 51.52 | 48.48 |

---

57 *Glöckner/Dickert/Landsberg/Scholz/Schönfeldt*, Entscheidungsverhalten bei Schöffen, 2010, S. 24.

# 量 刑 問 題

鈴 木 彰 雄[1]

## I. 量刑をめぐる問題状況

　わが国の刑法典は，量刑に際していかなる事情をいかなる基準で判断するべきかについて規定を置いておらず，その判断を広く裁判所の評価に委ねている．また，刑罰法規の法定刑の幅が広く，任意的減軽または免除を認める規定が多く，再犯を理由として刑の長期が 2 倍まで加重され，執行猶予が広く認められていることなどから，裁判所は量刑に際して非常に広い裁量の幅をもっている．実務においては，起訴便宜主義の規定（刑訴法 248 条）にあらわれた諸事情，すなわち「犯人の性格，年齢及び境遇，犯罪の軽重及び情状並びに犯罪後の情況」を参考にして，それらを総合的に判断して量刑が行われているといわれるが，その総合判断の内実は必ずしも明らかでない．そのため，量刑のプロセスをどのように合理的にコントロールするべきかについて，これまで多くの議論が積み重ねられてきた．

　そこで，以下において，個別的・具体的な事情をどのような基準で評価するかという「量刑基準」の問題と，いかなる事情を評価の対象とするかという「量刑事情」の問題について，近年の学説と実務の一般的な状況を簡単に紹介する[2]．

---

1) 本稿はセッション 2「量刑問題」における報告のための原稿として執筆したものである．
2) 裁判員裁判における量刑の一般的な問題状況について，井田良「裁判員裁判と量

## 1. 量刑基準

罪刑法定主義，行為主義，責任主義が支配する刑法においては，犯罪行為それ自体が処罰の根拠となり，犯罪行為の重さが量刑の大枠を形成する．とりわけ，個別行為責任主義の立場からは，刑量が個別行為の責任の量を上回ってはならないとされる[3]．

量刑基準について，1974年の改正刑法草案48条1項は，「刑は，犯人の責任に応じて量定しなければならない」と規定した．その趣旨は，刑の適用におけるもっとも重要な原理は犯人の責任に応じた量刑にあり，犯罪の抑制という一般予防の目的や犯人の改善更生という特別予防の目的は責任の枠の中で考慮されるとするところにある[4]．これは，責任には一定の幅があり，その幅の範囲内で刑事政策的な要請を考慮するべきであるという「幅の理論」を採用し，「責任を基礎として，予防がこれを修正する」という考え方に基づくものである[5]．司法研究報告書も，行為，結果，計画内容等で決定される責任刑を原則として，一般予防的考慮や特別予防的考慮はそれを修正するものとして位置づけることが「使いやすい枠組み」であるとする[6]．

---

刑」季刊ジュリスト No. 02（2012年）59頁以下，原田國男「量刑論」法学教室 No. 418（2015年）34頁以下等参照．

3) 量刑と行為責任主義の関係について詳しくは，井田良「量刑事情の範囲とその帰責原理に関する基礎的考察(1)―西ドイツにおける諸学説の批判的検討を中心として―」法学研究55巻10号（1982年）87頁以下，小池信太郎「量刑における消極的責任主義の再構成」慶應法学1号（2004年）233頁以下参照．

4) 法務省刑事局『改正刑法草案の解説』（1975年）93頁以下参照．

5) 「幅の理論」について，井田良『変革の時代における理論刑法学』（2007年）221頁以下，小池信太郎「量刑における犯行均衡原理と予防的考慮(1)―日独における最近の諸見解の検討を中心として―」慶應法学6号（2006年）12頁以下参照．

6) 前田雅英・合田悦三ほか「平成15年度司法研究：量刑に関する国民と裁判官の意識についての研究―殺人罪の事案を素材にして―」司法研究報告書57輯1号（2007年）199頁．

この量刑基準の法的性質については，これを責任主義という刑法の基本原則に基づく法令上の基準と解する説と，裁判所の裁量に関する指針を提供するにすぎないものと解する説があり，その相違は実効性にあらわれる．すなわち，前者によれば，量刑基準に反する量刑は違法であり，当事者は法令違背を主張することができるが[7]，後者によれば，この指針に反しても直ちに違法な量刑とはならず，量刑不当とされる余地があるにすぎない[8]ことになる．もっとも，実務的観点からみれば，わが国は量刑不当という独立した上訴制度をもつので，あえて法令違反として救済する必要はなく，違法な量刑であっても量刑不当としてよいという指摘がある[9]．

　実務においては，長年の裁判例の蓄積によって形成されてきた「量刑相場」（ないし「量刑傾向」）が一定の指針になっている．これは，同種・同性質・同程度の行為を内容とする犯罪に対しては同程度の刑罰を科すのが妥当であるという考え方に根拠をもち，熟達した裁判官であれば一応身に付けている認識であるといわれている．量刑手続において重要な役割を果たす検察官の求刑も量刑相場を前提とするものであり，裁判例の一般的傾向としては，実刑の刑期は求刑の約2割低く，執行猶予の場合には求刑どおりとする例が多いと思われる．この量刑相場は，規範的な拘束力をもつものではなく，事実的な拘束力をもつにすぎないというのが，実務の一般的な考え方である[10]．

　量刑基準を法令上の基準と解する説に対しては，その基準が具体的に何によって決定されるのか，という疑問が提起される．行為責任を上限とするとしても，その基準は抽象的であり，刑が法定刑の下限近くで言い渡されることの多いわが国においては，量刑の基準としてあまり役に立たないのではないかという指摘もある．この説の意義は，むしろ，その基礎となる責任主義の観点か

---

[7] たとえば，阿部純二「刑事責任と量刑の基準」福田＝大塚編『刑法総論Ⅱ 刑罰と刑事政策の新様相』（1982年）100頁．

[8] たとえば，鈴木義男「量刑の審査」熊谷弘ほか編『公判法体系Ⅳ』（1975年）157頁．

[9] 原田國男『量刑判断の実際［第3版］』（2008年）3頁参照．

[10] 原田・前掲書注9）3頁参照．

ら，個々の量刑事情がどのような意味で行為責任を基礎づけ，あるいはその軽重に影響するかを吟味することによって，責任と予防の混同を防ぎ，量刑判断の合理性を確保する機能をもつ点にあると思われる．他方で，量刑相場を裁判所の指針とする実務に対しては，相場は相場にすぎず，個々の事件にふさわしい量刑を導きうるのか，例えば執行猶予を付すべきか否かの限界的な事案において，その判断を合理的に説明しうるか疑わしいという意見がある．また，相場は固定的なものではなく，時代とともに変化しうるものであるから，法改正による構成要件や法定刑の変更があった場合や，新たな手口の犯罪に対して強い社会的非難が向けられている場合に，必ずしも有効な指針とはなりえないという指摘もある．こうした場合には，法改正の趣旨を明らかにし，あるいは同種事案の量刑相場を考慮して，新たな評価の幅を設定することが必要になる[11]．

## 2．量 刑 事 情

量刑事情について，改正刑法草案 48 条 2 項は，「犯人の年齢，性格，経歴及び環境，犯罪の動機，方法，結果及び社会的影響，犯罪後における犯人の態度その他の事情」をあげており，かなり広い範囲の事情を対象とした．最高裁の判例も，「事実審たる裁判所は，犯人の性格，年齢及び境遇並に犯罪の情状及び犯罪後の情況等を審査してその犯人に適切妥当な刑罰を量定する」[12]と説示して，ほぼ同様の事情を列挙している[13]．

実務の一般的傾向としては，量刑の幅は，犯罪行為それ自体とそれに直接関

---

11) 原田・前掲書注 9) 34 頁以下参照．
12) 最大判昭和 23 年 10 月 6 日刑集 2・11・1275；最判昭和 25 年 5 月 4 日刑集 4・5・756 も同旨．
13) なお，最大判昭和 41 年 7 月 13 日刑集 20・6・609 は，「刑事裁判における量刑は，被告人の性格，経歴および犯罪の動機，目的，方法等すべての事情を考慮して，裁判所が法定刑の範囲内において，適当に決定すべきものであるから，その量刑のための一情状として，いわゆる余罪をも考慮することは，必ずしも禁ぜられるところではない」と判示した．最大判昭和 42 年 7 月 5 日刑集 21・6・748 も同旨．

係する「犯情」により決まり，その幅の中で，一般予防・特別予防という刑事政策的考慮に関する「一般情状」を考慮して，具体的な刑を決定していると思われる[14]．

こうした実務のあり方について，学説から，実行行為の評価ないしその法益侵害性とは無関係な事情がなぜ刑量を基礎づけうるのかという疑問[15]や，犯人の年齢，性格，経歴及び環境が責任評価の対象として考慮される根拠が明らかでないという批判[16]が提起されている．さらに，刑事政策的観点からする量刑は常に刑を軽くする方向のものに限定しなければならないという主張[17]や，犯罪後に生じた事由を加重原由とすることは罪刑法定主義の本旨からいって許されないという主張[18]もある[19]．

14) なお，井田・前掲論文注2) 62頁以下は，行為責任に影響する事情でも予防的考慮に関わる事情でもないが，それに準じて刑量を大きく左右する要素があることを承認すべきであるとして，財産犯実行後の損害賠償，行為者が社会的制裁を受けたこと，懲戒処分を課されたこと，犯人自身が受傷するなど大きなダメージを負ったこと等の「事後的に応報的科刑の必要性（要罰性）を減弱させる要素」を挙げる．
15) 井田・前掲論文注3) 95頁．
16) 岡上雅美「責任刑の意義と量刑事実をめぐる問題点(1)」早稲田法学68巻3・4号（1993年）82頁．
17) 西原春夫『刑法総論』(1977年) 455頁．
18) 団藤重光『刑法綱要総論［3版］』(1990年) 524頁［ただし累犯加重についての見解］．城下裕二『量刑基準の研究』(1995年) 243頁以下も同旨．
19) 以上の諸問題について，『新しい時代の刑事裁判：原田國男判事退官記念論文集』(2010年) 所収の，朝山芳史「量刑における結果無価値と行為無価値」同書499頁以下，井田良「量刑判断の構造について」同書453頁以下，鹿野伸二「刑法50条（確定裁判の余罪の処断）における量刑について」同書559頁以下，林正彦「構成要件外の結果と量刑」同書521頁以下，松山昇平「量刑判断過程の分析」同書539頁以下参照．

## II. 裁判員裁判における量刑傾向

　裁判員制度が始まる前には，わが国の刑事裁判は専門家としての刑事裁判官により非常に安定的な量刑がなされているので，裁判員として参加が予定されている国民は，平均値をとれば裁判官より若干重めの量刑を行いそうだが，裁判官との人数比なども勘案すれば，現状を大きく変更するものとはならないであろう，という見通しが示された[20]．では，実際にどのように変化したであろうか．

　裁判員裁判の全体的な量刑傾向の特色として，量刑の幅が上にも下にも広がったことがあげられる．『裁判員裁判実施状況の検証報告書』では，裁判員制度施行から平成24年5月末までのデータとして，殺人未遂，傷害致死，強姦致傷，強制わいせつ致傷および強盗致傷の各罪で，実刑のうち最も多い人数の刑期が重い方向へシフトしており，他方で，殺人既遂，殺人未遂，強盗致傷および現住建造物等放火については，執行猶予に付される率が上昇していること，また，求刑との関係をみると，裁判官裁判と比較して，裁判員裁判の方が求刑以上の判決となる割合が高くなっていることが示されている[21]．

　上への広がりについては，一部ではあるが，強姦未遂の既遂化，強制わいせつの強姦化，傷害致死の殺人化という現象がみられ，下への広がりについては，一部の犯罪で短期自由刑が活用されているという指摘もある[22]．

　死刑適用の動向について，裁判員裁判の施行前と施行後を比較することは現時点では困難であるが，最高裁HPの「裁判員裁判の実施状況」によれば，制度施行から2015年9月末までに，死刑が言い渡された人員は25人，うち殺人

---

20)　前田雅英・合田悦三ほか・前掲報告書注6）参照．
21)　最高裁判所事務総局『裁判員裁判実施状況の検証報告書』(2012年) 22頁以下．
22)　原田國男『裁判員裁判と量刑法』(2011年) 267頁以下，同「裁判員裁判における量刑傾向―見えてきた新しい姿―」慶應法学27号 (2013年) 169頁以下参照．

が 10 人，強盗殺人が 15 人となっている．

　量刑の幅が広がったことの要因として，被害感情の重視が（特に強姦致傷について）重罰化に結びついていることと，被告人の更生への関心が高まっていることが考えられる[23]．

## III. 注目される裁判例

　まず，① 最判平成 26 年 7 月 24 日刑集 68 巻 6 号 925 頁（「寝屋川事件」）は，夫婦である被告人両名が，共謀の上，自宅において，夫が当時 1 歳 8 か月の三女の頭部を平手で 1 回強打して床に打ち付けさせる暴行を加えて死亡させたという傷害致死の事案について，裁判員裁判の量刑が最高裁によって否定された初めての裁判例となったものである．

　検察官は，被告人両名に各懲役 10 年を求刑したが，第一審判決（裁判員裁判）は，犯情および一般情状を示した上で，児童虐待事犯に対しては，今まで以上に厳しい罰を科すことが近時の法改正や社会情勢に適合すると考えられることなどから，傷害致死罪の法定刑の上限に近い各懲役 15 年の刑が相当であるとした．

　控訴審判決は，第一審の量刑判断が直ちに不当であるということはできず，傷害致死罪の法定刑の広い幅の中で，なお選択の余地のある範囲内に収まっているとして，被告人両名の量刑不当の主張を排斥して控訴を棄却した．

　被告人両名の上告を受けた最高裁第一小法廷は，「親による幼児に対する傷害致死の事案において，これまでの量刑の傾向から踏み出し，公益の代表者である検察官の懲役 10 年の求刑を大幅に超える懲役 15 年という量刑をすることにつき，具体的，説得的な根拠を示しているとは言い難い第一審判決及びその量刑を是認した原判決は，量刑不当により破棄を免れない」として，夫に対し懲役 10 年，妻に対して懲役 8 年とする自判をした．

---

23)　原田・前掲書注 22) 273 頁参照．

次の2件は，死刑選択の是非が争われた事案である．裁判員制度施行後の5年間で，第一審で死刑が言い渡された事件が21件，これを破棄した控訴審判決が3件あるが，これらの控訴審判決に対して検察官が上告したものがこの2件である．

② 最決平成27年2月3日裁判所時報1621号1頁（「青山事件」）は，殺人等による懲役20年の服役前科を有していた被告人が，出所半年後，強盗目的で，被害者方マンション居室に侵入し，被害者を発見して同人を殺害して金品を強奪しようと決意し，同人の頸部を包丁で突き刺して殺害したという住居侵入，強盗殺人の事案である．

第一審判決（裁判員裁判）は，殺意が強固で殺害の態様等が冷酷非情なものであり，その結果が極めて重大であること，2人の生命を奪った前科がありながら，出所後半年で金品を強奪する目的で被害者の生命を奪ったことは量刑上特に重視すべきであることを指摘して，死刑を言い渡した．

これに対して，控訴審判決は，被害者が1名であり，当初から殺意をもって臨んだものとはいえないこと，被告人の前科は無期懲役に準ずる有期懲役であり，その内容は利欲目的によって人の命を奪ったものではなく，社会的にみて本件強盗殺人とは異なる犯罪類型であり，前科の評価に関して留意し酌量すべき点があることから，前科を除けば死刑を選択し難い本件において，その前科を重視して死刑を選択することには疑問があるとして，第一審判決を破棄して無期懲役の自判をした．

検察官および被告人の上告に対して，最高裁第二小法廷は，「……本件犯行とは関連が薄い……前科があることを過度に重視して死刑に処した裁判員裁判による第一審の量刑判断が合理的でなく，被告人を死刑に処すべき具体的，説得的な根拠を見いだし難いと判断して同判決を破棄し無期懲役に処したものと解される原判決の量刑は，甚だしく不当で破棄しなければ著しく正義に反するということはできない」とした．

また，③ 最決平成27年2月3日裁判所時報1621号4頁（「千葉事件」）は，

被告人が，被害女性方マンション居室に侵入し，帰宅した同女から金品を強取するとともに，胸部を包丁で突き刺すなどして殺害したという住居侵入・強盗殺人，同女の居室に再度侵入した上，死体周辺に火を放って死体を焼損し，かつ，同居室内を焼損したという建造物侵入・現住建造物等放火・死体損壊等からなる事件（「松戸事件」）のほか，その前後の約2か月間に繰り返した女性5名に対する強盗致傷，強盗強姦等からなる事案について，「千葉事件」とほぼ同様の訴訟経過をたどったものである．

　すなわち，第一審判決（裁判員裁判）は，松戸事件は，殺意が極めて強固で，殺害態様も執ようで冷酷非情であり，放火も類焼の危険性が高い悪質な犯行であり，その結果が重大であること，松戸事件以外の犯行も重大かつ悪質なものであり，累犯前科等の存在にもかかわらず，直近の服役を終えて出所後3か月足らずの間に本件各犯行に及んだことは強い非難に値し，被告人の反社会的な性格傾向は顕著で根深いこと，松戸事件では殺害された被害者が1人であり，その殺害自体に計画性は認められないが，これらの点も死刑回避の決定的事情とはいえないことなどをあげて，被告人の刑事責任は誠に重く，死刑をもって臨むのが相当であるとした．

　これに対して，控訴審判決は，「松戸事件」における被害女性の殺害行為は計画的なものではなく，松戸事件以外の事件は人の生命を奪って自己の利欲等の目的を達成しようとした犯行ではないこと，殺害された被害者が1名の強盗殺人の事案において，その殺害行為に計画性がない場合には死刑は選択されないという先例の傾向がみられるところ，第一審判決はその傾向に沿った判断を排した上で死刑を選択することについて，合理的かつ説得力のある理由を示したものとはいい難いことなどを指摘して，第一審判決を破棄して無期懲役の自判をした．

　検察官および被告人の上告に対して，最高裁第二小法廷は，「青山事件」と同日の決定において，「……女性の殺害を計画的に実行したとは認められず，また，殺害態様の悪質性を重くみることにも限界があるのに，同女に係る事件以外の事件の悪質性や危険性，被告人の前科，反社会的な性格傾向等を強調し

て死刑に処した裁判員裁判による第一審判決の量刑判断が合理的ではなく，被告人を死刑に処すべき具体的，説得的な根拠を見いだし難いと判断して同判決を破棄し無期懲役に処したものと解される原判決の刑の量定は，甚だしく不当で破棄しなければ著しく正義に反するということはできない」と判示して，その上告を棄却した．

## IV. 検討すべき課題

　これらの裁判例は，裁判員制度の趣旨を踏まえ，量刑に関する裁判員の視点や感覚とこれまでの量刑傾向をどのように調和させていくべきか，そのためには量刑評議はどのように行われるべきか，また，控訴審は第一審の量刑をどのように審査するべきかという重要な問題を提起している．

### 1．量刑評議のあり方

　いうまでもなく，裁判員裁判の量刑においては，ある程度の幅をもった量刑が許容されなければならず，そのことの了解なしには裁判員制度は成り立たないと思われる．

　裁判員裁判の評議では，当事者の主張が証拠上採用できるか，当事者の主張がどのように評価されるべきかが議論され，評決されることになる．そのためには，量刑理論の基本的な枠組みが裁判官と裁判員に共有されることが必要となるので，裁判官は裁判員に対して，責任主義，行為責任の原則，罪刑均衡の原則，あるいは裁判における公平性の要請等について解りやすく説明し，犯情と一般情状の考慮の仕方についても適宜説明を加えるべきであると考えられる[24]．

---

24) 波床昌則「傷害致死の事案につき，懲役 10 年の求刑を超えて懲役 15 年に処した第一審判決及びこれを是認した原判決が量刑不当として破棄された事例」刑事法ジャーナル No. 43（2015 年）178 頁以下参照．これについて，原田國男「裁判員裁判の量刑のあり方―最高裁平成 26 年 7 月 24 日判決をめぐって―」刑事法ジャーナ

「寝屋川事件」最高裁判決が示したように,「評議に当たっては,これまでのおおまかな量刑の傾向を裁判体の共通認識とした上で,これを出発点として当該事案にふさわしい評議を深めていくことが求められ」,これまでの傾向から踏み出した重い量刑が相当であると考えた場合には,「従来の量刑の傾向を前提とすべきではない事情の存在について,裁判体の判断が具体的,説得的に判示されるべきである」といえる[25]。

こうした量刑評議の在り方については,同判決における白木勇裁判官の補足意見がより具体的に述べている。すなわち,「量刑判断の客観的な合理性を確保するため,裁判官としては,評議において,当該事案の法定刑をベースにした上,参考となるおおまかな量刑の傾向を紹介し,裁判体全員の共通の認識とした上で評議を進めるべきであり,併せて,裁判員に対し,同種事案においてどのような要素を考慮して量刑判断が行われてきたか,あるいは,そうした量刑の傾向がなぜ,どのような意味で出発点となるべきなのかといった事情を適切に説明する必要がある」という意見である[26]。

もっとも,死刑の適用については,一定の幅のある懲役刑の刑期に関する判

---

ル No. 42(2014 年)49 頁以下は,従来の量刑相場を考慮することは処罰の公平を図る上で重要であるから,裁判員に対して,行為責任主義といった難しい法概念を説明するよりも,刑罰は公平でなければならないといったほうが,はるかに説得力があると指摘する。

25) これについて,小池信太郎「裁判員裁判における量刑傾向—最高裁平成 26 年 7 月 24 日判決の意義」法律時報 86 巻 11 号(2014 年)2 頁以下は,「具体的,積極的な論拠」を示す必要があるとしたのは,裁判体に,量刑傾向から踏み出す際の根拠提示義務を課したものであり,求められる根拠の具体性,説得性の程度は,量刑傾向から踏み出す程度に応じるものであると指摘する。

26) 量刑評議のあり方について,楡井英夫「最高裁判所判例解説:傷害致死の事案につき,懲役 10 年の求刑を超えて懲役 15 年に処した第一審判決及びこれを是認した原判決が量刑不当として破棄された事例」法曹時報 67 巻 8 号(2015 年)2437 頁(注 9)は,「裁判官による裁判員へのいわゆる説明型の評議は適切なものとは思われないから,当事者の主張,立証の結果として裁判員が量刑の考え方を踏まえた意見を述べられるような審理が目指されるべきであろう」と指摘する。

断とは異なり，いわば点の判断が求められること，また，いわゆる「永山判決」（最判昭和 58 年 7 月 8 日刑集 37・6・609）以後の多くの裁判例によってその考慮要素が比較的明確にされていることから，事案ごとの裁量の幅は相当狭いものになると考えられる．死刑の選択において，犯情と一般情状をどのように考慮すべきかという問題は，現在もっとも盛んに論じられているテーマの 1 つになっている[27]．

## 2．控訴審における量刑審査について

控訴審が裁判員裁判による第一審判決をどのように審査するべきかという問題は，裁判員法の立法段階から議論されてきた．わが国の控訴審は事後審として構成されたが，実際の運用は続審の傾向を強めてきた．

しかし，裁判員制度の施行に際して控訴審の規定が変更されなかったことから，控訴審が第一審判決を破棄できるのはどのような場合かが改めて問われることになった．

この問題については，刑事裁判に国民の視点や感覚を取り入れるという裁判員制度の趣旨に鑑み，控訴審は事後審としての性格を徹底するとともに，裁判員裁判の判断を尊重し，第一審判決を破棄するには慎重な姿勢をとるべきであるといわれている．そうであれば，控訴審における量刑審査は「幅による審査」，すなわち原判決の量刑判断が一定の幅を逸脱したときに初めて量刑不当とされるべきことになる．

これまでの裁判官裁判においては，量刑相場が事実上の量刑基準として機能

---

[27] 死刑選択の基準について，川崎一夫「死刑と無期刑の選択基準」創価法学 25 巻 1・2 号（1996 年）33 頁以下，城下裕二「最近の判例における死刑と無期懲役の限界」ジュリスト 1176 号（2000 年）66 頁以下，原田國男『裁判員裁判と量刑法』135 頁以下，前田雅英「死刑と無期の限界（上）（下）—5 件の最高裁判例の意味」判例評論 506 号（2001 年）162 頁以下，507 号（2001 年）164 頁以下，同「死刑と無期刑との限界」『新しい時代の刑事裁判：原田國男判事退官記念論文集』（2010 年）469 頁以下，渡邊一弘「死刑の適用基準をめぐる最近の動向」刑事法ジャーナル No.14（2009 年）58 頁以下等参照．

していたので，その幅はかなり狭いものであったと思われるが，裁判員裁判の量刑判断を尊重するならば，より広い幅の量刑判断が控訴審でも支持されることになると思われる．実務の運用をみても，量刑不当を理由とする検察官控訴が減少し，量刑不当を理由とする被告人控訴を控訴審が認めて原判決を破棄する例も減少している[28]．

　死刑の選択が問題になる事案については，「青山事件」と「千葉事件」の最高裁決定が，いずれも，「死刑が究極の刑罰であり，その適用は慎重に行われなければならないという観点及び公平性の確保の観点からすると，同様の観点で慎重な検討を行った結果である裁判例の集積から死刑の選択上考慮されるべき要素及び各要素に与えられた重みの程度・根拠を検討しておくこと，また，評議に際しては，その検討結果を裁判体の共通認識とし，それを出発点として議論することが不可欠であ」り，「死刑の科刑が是認されるためには，死刑の選択をやむを得ないと認めた裁判体の判断の具体的，説得的な根拠が示される必要があり，控訴審は，第一審のこのような判断が合理的なものといえるか否かを審査すべきである」と説示している．実務においては，こうした方向性が次第に定着していくものと思われる．

---

28) 最高裁判所事務総局・前掲報告書注21) 33頁によれば，裁判員裁判施行後の3年間における実施状況として，控訴審が量刑不当により原判決を破棄した率は，裁判官裁判では5.3％であったところ，裁判員裁判では0.6％と低下しており，第一審の量刑が尊重されている状況がうかがわれる．

# Der Einfluss der Laienrichter auf die Strafzumessung aus deutscher Sicht

Marc TULLY

## I. Einleitung

Die Analyse der Legitimation und des Ausmaßes des Einflusses der Laienrichter auf die Strafzumessung in Deutschland bliebe gänzlich ohne eine historische Verortung der Laienbeteiligung in Deutschland nicht hinreichend plausibel. Der nachfolgende Beitrag zeichnet daher mit wenigen groben Strichen den historischen Hintergrund der Laienbeteiligung in Deutschland nach und stellt sodann den Stand der Laienbeteiligung im geltenden Recht dar. Sodann analysiert er mit einer Kurzübersicht über das Strafzumessungsrecht und das Gerichtsverfassungsrecht den formalrechtlichen Rahmen, der den Einfluss der Schöffen auf die Bestimmung der Rechtsfolgen umschließt. Schließlich werden empirische Analysen und erlebnisfundierte Beobachtungen zur strafgerichtlichen Beratung thematisiert.

## II. Historischer Hintergrund der Laienbeteiligung in Deutschland

Während bereits frühmittelalterliche, zunächst merowingische und später karolingische Staatsstrukturen zur Steigerung der Legitimität und Akzeptanz auf die Beteiligung von freien Männern zur Streitbeilegung und Streitentscheidung setzten,[1] verdrängten die absolutistischen Monarchien mit ihrem Konzept des Regenten als oberstem Rechtssetzer sowie oberster Exekutiv- und Judikativinstanz zunehmend jegliche Form der Bürgerbeteiligung an der Rechtsprechung.[2]

---
1 Vgl. etwa *Willoweit*, Deutsche Verfassungsgeschichte, 3. Aufl. 1997, S. 35 f., 44.
2 Vgl. LR-Kühne, Einl. J Rn. 27.

Allerdings war bereits im Mittelalter in England das „trial by jury" gegen die Willkürjustiz des Königs erkämpft und in Art. 39 (in späteren Fassungen Art. 29) der Magna Carta Libertatum von 1215 niedergelegt worden („. . . nisi per legale judicium parium suorum . . ."). Von hier aus wurde dieses Recht in den amerikanischen Kolonien rezipiert, später in Art. 3 der US-Amerikanischen Verfassung von 1781 niedergelegt und – wegen des starken Einflusses des US-amerikanischen Verfassungsrechts auf die französische Revolution – auch Bestandteil der französischen Verfassung von 1791.

Die Rezeption des Prinzips der „Jury-trial" in Deutschland erfolgte mit der Institutionalisierung des Schwurgerichts im Jahre 1848.[3] Die Wiedereinführung der Laienbeteiligung in Deutschland gehörte dabei zusammen mit den Postulaten von Anklageprozess – der damit zusammenhängenden Einführung der Staatsanwaltschaft als Anklagebehörde –, Mündlichkeitsprinzip und Unmittelbarkeit zu den zentralen rechtspolitischen Forderungen bei der Überwindung des Inquisitionsprozesses und der Schaffung des reformierten Strafprozesses.[4] Der in Deutschland zunächst bestehende Dualismus zwischen dem anglo-amerikanischen Vorbildern entspringenden echten Schwurgericht und dem Schöffengericht, in dem sich der einheitlich für alle Entscheidungen zuständige Spruchkörper als gemischtes Kollegium aus Berufsrichtern und Laien zusammensetzt, hat dabei die kontroversen Beratungen bei Schaffung des einheitlichen Gerichtsverfassungsrechts maßgeblich geprägt und beeinflusst.[5] Sie mündeten schließlich – neben dem gänzlichen Fehlen jeglicher Laienbeteiligung bei der Verhandlung von Hoch- und Landesverratssachen beim Reichsgericht – in der Beibehaltung des dualistischen Systems durch Gründung des Schöffengerichtssystems für die kleinere Kriminalität und der Schaffung von echten Schwurgerichten für die Schwerkriminalität.[6] Bei der Aburteilung der mittleren Kriminalität und bei den Berufungsverfahren gegen Urteile der Schöffengerichte wurde eine Laienbeteiligung nicht verwirklicht, weil die Strafkammern des Landgerichts aus reinen Berufsrichterkollegien bestanden.[7]

Trotz vielfältiger Reformdiskussionen blieb dieser Rechtszustand bis 1924

---

3 Vgl. etwa *Rüping*, Funktionen der Laienrichter im Strafverfahren, JR 1976, 269 ff.
4 LR-*Kühne*, Einl. J, Rn. 27 m.w.N.
5 *Kühne*, a.a.O. m.w.N.
6 *Kühne*, a.a.O, Rn. 28.
7 *Kühne*, a.a.O.

nahezu unverändert. Erst durch die *Emminger*'sche Reform, so benannt nach dem damaligen Reichsjustizminister Erich Emminger, wurden die Geschworenengerichte durch Verordnung der Reichsregierung „über Gerichtsverfassung und Strafrechtspflege" vom 4. Januar 1924 abgeschafft. Sie bestanden zwar dem Namen nach (Schwurgericht) als bedarfsweise zusammentretende Spruchkörper fort (vgl. § 82 GVG a.F.), doch mit einheitlicher Richterbank, also ohne die charakteristische Trennung von Schuld- und Straffrage. Erhalten blieben allerdings zunächst Sonderregelungen über die Besetzung der Schwurgerichte – drei Berufsrichter und nun nur noch sechs „Geschworene" – im 6. Titel des Gerichtsverfassungsgesetzes.[8] Erst 1975 wurde das „Schwurgericht" zu einer sowohl ständig vorgehaltenen als auch regulär wie alle anderen Großen Strafkammern des Landgerichts besetzten Strafkammer. Gleichwohl hat sich der Begriff „Schwurgericht" als historische Reminiszenz im allgemeinen Sprachgebrauch wie auch im Gesetzestext (§ 74 Abs. 2 GVG) gehalten.

## III. Das geltende Laienrichtersystem in Deutschland

Nach der kurzen Darstellung des historischen Kontextes der Entwicklung der Laienbeteiligung im deutschen Recht ist nunmehr – wiederum überblickartig – die Verwirklichung der Laienbeteiligung de lege lata in den Blick zu nehmen.

### 1. Grundlagen der Laienbeteiligung im deutschen Recht

Im deutschen Recht ist die Beteiligung von Laien an der Rechtsfindung in allen fünf Zweigen der Rechtsprechung fest verankert. Selbst bei einigen Landesverfassungsgerichten – z.B. in Berlin oder Brandenburg – ist die Beteiligung von Nichtjuristen an der Verfassungsgerichtsrechtsprechung vorgesehen. Mit wenigen Ausnahmen namentlich im Bereich des berufsgerichtlichen Verfahrens[9] findet eine Laienbeteiligung bei den ganz überwiegend ausschließlich als Revisionsgericht tätigen Obersten Gerichtshöfen des Bundes der ordentlichen Gerichtsbarkeit (Bundesgerichtshof), der Verwaltungsgerichtsbarkeit (Bundesverwaltungsgericht) und der Finanzgerichtsbarkeit (Bundesfinanzhof) hingegen nicht statt.

---

8 *Kühne*, a.a.O.
9 Siehe etwa die beim Bundesgerichtshof gebildeten Senate für Anwaltssachen, für Notarsachen, für Steuerberater- und Steuerbevollmächtigtensachen oder für Wirtschaftsprüfersachen.

Grundsätzlich lässt sich die Laienbeteiligung in den Fachgerichten außerhalb der ordentlichen Justiz danach einteilen, ob die Laienrichter „aus der Mitte des Volkes" rekrutiert werden, oder aber eine bestimmte berufs- oder sozialspezifische Provenienz aufweisen müssen. Im verwaltungsgerichtlichen Verfahren (vgl. §§ 19 ff. VwGO) und vor den Finanzgerichten (vgl. §§ 16 ff. FGO) werden die Laien nach den im Wesentlichen gleichlautenden Bestimmungen der jeweiligen Gerichtsordnungen aus der Mitte der erwachsenen Einwohner des Gerichtsbezirks gewählt. In der Arbeits- und in der Sozialgerichtsbarkeit findet hingegen eine Bestellung der Laienrichter danach statt, aus wessen Interessensphäre sie herrühren. So ist im arbeitsgerichtlichen Verfahren jeweils ein ehrenamtlicher Richter aus dem Kreis der Arbeitgeber (vgl. § 22 ArbGG) und ein ehrenamtlicher Richter aus dem Kreis der Arbeitnehmer (vgl. § 23 ArbGG) hinzuzuziehen. In der Sozialgerichtsbarkeit (vgl. § 12 SGG) werden die jeweils betroffenen Interessengruppen ebenfalls paritätisch besetzt.[10] Diese „paritätische" Laienbeteiligung wird in der Arbeits- und Sozialgerichtsbarkeit auch bis zu den Obersten Gerichtshöfen des Bundes (Bundesarbeitsgericht und Bundessozialgericht) durchgehalten.

Innerhalb der Ordentlichen Gerichtsbarkeit ist – neben den Schöffen im Strafverfahren – besonders auf die Handelsrichter im Zivilverfahren hinzuweisen. Handelsrichter sind an den Kammern für Handelssachen der Landgerichte tätig. Sie tragen als einzige Gruppe der ehrenamtlichen Richter in der ordentli-

---

10 In den Kammern für Angelegenheiten der Sozialversicherung, der Grundsicherung für Arbeitsuchende einschließlich der Streitigkeiten auf Grund des § 6a des Bundeskindergeldgesetzes und der Arbeitsförderung gehört je ein ehrenamtlicher Richter dem Kreis der Versicherten und der Arbeitgeber an. Sind für Angelegenheiten einzelner Zweige der Sozialversicherung eigene Kammern gebildet, so sollen die ehrenamtlichen Richter dieser Kammern an dem jeweiligen Versicherungszweig beteiligt sein. In den Kammern für Angelegenheiten des Vertragsarztrechts wirken je ein ehrenamtlicher Richter aus den Kreisen der Krankenkassen und der Vertragsärzte, Vertragszahnärzte und Psychotherapeuten mit. In Angelegenheiten der Vertragsärzte, Vertragszahnärzte und Psychotherapeuten wirken als ehrenamtliche Richter nur Vertragsärzte, Vertragszahnärzte und Psychotherapeuten mit. In den Kammern für Angelegenheiten des sozialen Entschädigungsrechts und des Schwerbehindertenrechts wirken je ein ehrenamtlicher Richter aus dem Kreis der mit dem sozialen Entschädigungsrecht oder dem Recht der Teilhabe behinderter Menschen vertrauten Personen und dem Kreis der Versorgungsberechtigten, der behinderten Menschen im Sinne des Neunten Buches Sozialgesetzbuch und der Versicherten mit; dabei sollen Hinterbliebene von Versorgungsberechtigten in angemessener Zahl beteiligt werden. In den Kammern für Angelegenheiten der Sozialhilfe und des Asylbewerberleistungsgesetzes wirken ehrenamtliche Richter aus den Vorschlagslisten der Kreise und der kreisfreien Städte mit.

chen Gerichtsbarkeit während der mündlichen Verhandlung die schwarze Richterrobe. Handelsrichter urteilen mit berufsspezifischer Qualifikation, da sie nach §109 GVG Kaufmann, Vorstandsmitglied oder Geschäftsführer einer juristischen Person oder Prokurist sein müssen.

## 2. Schöffenbeteiligung im deutschen Strafverfahren

Der Begriff „Schöffe" ist singulär dem Strafverfahren vorbehalten. Strafgerichte mit Schöffenbeteiligung existieren am Amtsgericht – als sogenanntes Schöffengericht – sowie am Landgericht in den Großen Strafkammern (als erstinstanzliche Gerichte) und in den Kleinen Strafkammern, den Berufungsgerichten gegen Urteile des Strafrichters und des Schöffengerichts. Weder an den Strafsenaten der Oberlandesgerichte (die in bestimmten Staatsschutzsachen auch als erstinstanzliches Tatgericht tätig werden können), noch an den Strafsenaten des Bundesgerichtshofs sind Schöffen vorgesehen. Durch die mit dem Rechtspflegeentlastungsgesetz von 1993 eingeführte Ausweitung der Kompetenzen des Strafrichters am Amtsgericht (mit einer Strafgewalt von nunmehr bis zu vier Jahren Freiheitsstrafe) finden in Deutschland nur noch rund 13% aller Strafverfahren unter Beteiligung von Schöffen statt.

Im Strafverfahren üben Schöffen neben dem Berufsrichter „das Richteramt in vollem Umfang und mit gleichem Stimmrecht" aus (§ 30 GVG). Das Betrifft sowohl die Beweisaufnahme, bei der den Schöffen zu gestatten ist, Fragen an Angeklagte, Zeugen und Sachverständige zu stellen, wie auch die Urteilsfindung (Schuld/Unschuld und ggfs. Festsetzung der Rechtsfolgen).

## 3. „Spezialisierte" Schöffen

Schöffen werden – wie die ehrenamtlichen Richter der Verwaltungs- und Finanzgerichtsbarkeit aus „der Mitte" der erwachsenen deutschen Bevölkerung des jeweiligen Gerichtsbezirks gewählt. Nicht nur dass sie keine juristische Ausbildung haben dürfen, sie sollen auch sonst nicht irgendwie „spezialisiert" sein. Eine Ausnahme zu dem Grundsatz, dass Schöffen keine bestimmte Ausbildung, Spezialisierung oder sonstige schöffenspezifische Qualifikation haben sollen, findet sich allerdings im Jugendgerichtsgesetzt. In Strafverfahren gegen Jugendliche und – soweit wegen ihrer Reifeverzögerung Jugendstrafrecht auf sie Anwendung findet auch gegen Heranwachsende – werden sogenannte Jugendschöffen eingesetzt. Als zusätzliche Anforderung sollen die Jugendschöffen „erzieherisch befähigt und in der Jugenderziehung erfahren sein" (§ 35 JGG).

## IV. Strafzumessung und Schöffenbeteiligung

Eine nähere Analyse des Einflusses von Schöffen auf die Bestimmung der Rechtsfolgen im geltenden deutschen Strafverfahren erfordert zunächst eine kursorische Betrachtung der Grundzüge des Strafzumessungsrechts (unten a). Sodann sind die gesetzlichen Grundlagen für das Beratungs- und Abstimmungsverfahren im Kollegialgericht in den Blick zu nehmen (unten b). Schließlich sind soziologische und beratungsdynamische Einflüsse auf die kollegialgerichtliche Entscheidungsfindung zu skizzieren (unten c).

### 1. Grundzüge des Strafzumessungsrechts

Zu den Rechtsfolgen einer Straftat zählen neben der eigentlichen Kriminalstrafe auch Nebenstrafen und Nebenfolgen, die verhängt werden können oder kraft Gesetzes eintreten. Nebenstrafen sind z.B. die Bekanntgabe der Verurteilung, die Einziehung (soweit sie nicht Sicherungsmaßregel ist) und das Fahrverbot (§ 44 StGB), inhaltlich auch die Aberkennung von Rechten und Fähigkeiten, d. h. der Amtsfähigkeit oder des aktiven und passiven Wahlrechts (§ 45 Abs. 2 und Abs. 5 StGB). Nebenfolgen sind insbesondere die Amtsunfähigkeit und der Verlust des passiven Wahlrechts, die bei Verurteilung zu Freiheitsstrafe von mindestens einem Jahr wegen eines Verbrechens eintreten (§ 45 I StGB). Darüber hinaus kommen weitere Rechtsfolgen (etwa der Verfall nach § 73 StGB) sowie Maßregeln der Sicherung und Besserung (z.B. Unterbringung in einem psychiatrischen Krankenhaus nach § 63 StGB oder das Berufsverbot nach § 70 StGB) in Betracht. Aus Gründen der Vereinfachung soll im hiesigen Kontext jedoch der Blick allein auf die Kriminalstrafe gerichtet werden.

Das materielle deutsche Strafrecht enthält für erwachsene Straftäter in den einzelnen Tatbeständen – mit den wenigen Ausnahmen absoluter Strafe, etwa lebenslang bei Mord nach § 211 StGB – relativ weite Strafrahmen. Bei Vergehen (§ 12 Abs. 2 StGB) liegt der Strafrahmen regelhaft zwischen Geldstrafe und Freiheitsstrafe nicht über fünf Jahren. Verbrechen (§ 12 Abs. 1 StGB) werden hingegen mit einer Mindeststrafe von einem Jahr und einer Höchststrafe von zehn Jahren bis lebenslänglich geahndet. Je nach Schwere des Verbrechens hat der Gesetzgeber auch erhöhte Mindestmaße von z.B. fünf Jahren festgesetzt. Daneben gibt es benannte und unbenannte Strafschärfungs- und Strafmilderungsgründe, die zu einer Verschiebung des jeweils konkret in den Blick zu nehmenden Strafrahmens führen. Für bestimmte Konstellationen – etwa erheblich verminderte Schuldfähigkeit (§ 21 StGB), Nichtvollendung des Delikts (§ 23 Abs. 2 StGB), Beteiligung nur als Gehilfe (§ 27 Abs. 2 Satz 2 StGB) – sieht das Gesetz darüber hinaus fakultative und verpflichtende Verschiebungen des Strafrahmens nach § 49 Abs. 1 StGB vor.

Innerhalb der jeweils festgelegten – vergleichsweise weiten – Strafrahmen ist die verwirkte Strafe im Wege eines wertenden Strafzumessungsaktes zu finden. Anders als etwa das anglo-amerikanische Recht mit seinen durchaus rigiden „sentencing-guidelines", ist der deutsche Richter in der Findung der angemessenen Strafe relativ frei. Ausgangspunkt und Leitlinie der Strafzumessung ist dabei die Tatschuld des Angeklagten (§ 46 Abs. 1 Satz 1 StGB), wobei die Wirkungen, die von der Strafe für das künftige Leben des Täters in der Gesellschaft zu erwarten sind, Berücksichtigung finden müssen (§ 46 Abs. 1 Satz 2 StGB).

Nach § 46 Abs. 2 StGB hat das Tatgericht die für und gegen den Angeklagten sprechenden Umstände gegeneinander abzuwägen. Wesentliche Abwägungskriterien sind dabei die Beweggründe und die Ziele des Täters, die Gesinnung, die aus der Tat spricht, der bei der Tat aufwendete Wille, das Maß der Pflichtwidrigkeit, die Art der Ausführung und die verschuldeten Auswirkungen der Tat, das Vorleben des Täters, seine persönlichen und wirtschaftlichen Verhältnisse, sowie sein Verhalten nach der Tat, besonders das Bemühen des Täters, einen Ausgleich mit dem Verletzten zu erreichen.

Teilweise abweichend hiervon bestimmt das JGG für Jugendliche (und ggf. – soweit anwendbar – auch für Heranwachsende) einen deliktsunabhängigen Strafrahmen für die Jugendstrafe von sechs Monaten bis zu fünf Jahren, bzw. – bei Verbrechen – von bis zu zehn Jahren (§ 18 JGG). Die Anwendung des Jugendstrafrechts soll dabei vor allem erneuten Straftaten des Jugendlichen entgegenwirken (§ 2 Abs. 1 Satz 1 JGG). Zur Zielerreichung sind die Rechtsfolgen vorrangig am Erziehungsgedanken auszurichten (§ 2 Abs. 1 Satz 2 JGG).

Der Wertungsakt, der der Zumessung der Strafe im konkreten Fall zugrunde liegt, ist dabei grundsätzlich Aufgabe des Tatgerichts. Eine in Einzelne gehende Richtigkeitskontrolle durch das Revisionsgericht ist daher nach ständiger Rechtsprechung des Bundesgerichtshofs ausgeschlossen. Das Revisionsgericht (anders aber das Berufungsgericht als Tatsacheninstanz) darf nur nachprüfen, ob dem Tatgericht bei seiner in den schriftlichen Urteilsgründen dargelegten Entscheidungsfindung Rechtsfehler unterlaufen sind, insbesondere also, ob das Tatgericht die rechtsfehlerfrei festgestellten Strafzumessungstatsachen ohne Rechtsfehler unter die Zumessungskriterien des § 46 StGB subsumiert hat.[11]

## 2. Beratung, Stimmenverhältnis und Abstimmungsreihenfolge

Die §§ 192 ff. des GVG enthalten für die Strafzumessung und namentlich auch für den Einfluss der Schöffen auf die Strafzumessung bedeutende Regelungen. Auch diese gilt es mit wenigen Bemerkungen zum besseren Verständnis in Erinnerung zu rufen.

a) Nach § 192 Abs. 1 GVG leitet der Vorsitzende des Kollegialgerichts die Beratung, stellt die Fragen und sammelt die Stimmen. Bereits diese auch in der Beratung formal herausgehobene (vgl. zur hervorgehobenen Rolle des Vorsitzenden in der Hauptverhandlung § 238 Abs. 1 StPO) Position eröffnet dem Vorsitzenden besonderen Einfluss auf das Ergebnis der Beratung.

b) Nach § 196 Abs. 1 GVG entscheidet das Gericht grundsätzlich mit der absoluten Mehrheit der Stimmen. Hiervon macht § 263 StPO für das Strafverfahren – insofern abweichend von allen anderen Verfahrensarten – eine für die vorliegende Betrachtung durchgreifend bedeutsame Ausnahme. Dort wird bestimmt, dass zu jeder für den Angeklagten nachteiligen Entscheidung über die Schuldfrage und die Rechtsfolgen der Tat eine Mehrheit von zwei Dritteln der Stimmen erforderlich ist.

Das bedeutet, dass beim Schöffengericht und in der Kleinen Strafkammer des Landgerichts im Regelfall (Ausnahme ist das sogenannte – selten vorkommende – erweiterte Schöffengericht nach § 29 Abs. 2 GVG und als dessen Berufungsgericht die mit zwei Berufsrichtern und zwei Schöffen besetzte Kleine Strafkammer nach § 76 Abs. 6 GVG) die Schöffen eine qualifizierte Mehrheit dergestalt haben, dass sie theoretisch gegen den Vorsitzenden jedes Ergebnis allein bestimmen können.

Bei der nach § 76 Abs. 1 GVG mit drei Berufsrichtern und zwei Schöffen besetzten Strafkammer haben die Schöffen hingegen nur eine Sperrminorität, weil für alle dem Angeklagten nachteiligen Entscheidung über die Schuldfrage

---

11 Vgl. die Nachweise bei *Fischer*, StGB, 62. Aufl. 2015, § 46 StGB Rn. 146 ff.

und die Rechtsfolgen der Tat – bei unterstellter Einstimmigkeit der Berufsrichter – mindestens ein Schöffe zur Gewährleistung der Zweidrittelmehrheit mit den Berufsrichtern stimmen muss, so dass rechnerisch sogar eine Dreifünftelmehrheit gegeben ist. Gleiches gilt im Ergebnis auch dann, wenn die Große Strafkammer nach § 76 Abs. 2 GVG zu der „reduzierten" Besetzung mit zwei Berufsrichtern und zwei Schöffen optiert (Dann liegt rechnerisch eine Dreiviertelmehrheit vor.).

In § 196 GVG ist geregelt, wie die notwendige gesetzliche Mehrheit bei unterschiedlichen Auffassungen innerhalb des Kollegialgerichts zu erreichen ist. Dabei bestimmt § 196 Abs. 3 Satz 1 GVG für die Festsetzung der Rechtsfolgen im Strafverfahren dann, wenn sich etwa hinsichtlich der Höhe der Strafe innerhalb der Beratung mehr als zwei Meinungen bilden, von denen keine die notwendige Mehrheit für sich hat, dass die dem Angeklagten nachteiligsten Stimmen den zunächst minder nachteiligen solange hinzugerechnet werden, bis sich die erforderliche Mehrheit ergibt. Diese nicht leicht verständliche Gesetzesbestimmung lässt sich dabei mit einem einfachen – freilich praktisch völlig unwahrscheinlichen – (Schreck-) Beispiel illustrieren: In einer mit drei Berufsrichtern und zwei Schöffen besetzten Großen Strafkammer halten der Schöffe S 1 eine Freiheitsstrafe von einem Jahr, der Schöffe S 2 eine Freiheitsstrafe von zwei Jahren und die Berufsrichter R 1 bis R 3 Freiheitsstrafen von drei, vier und fünf Jahren für tat- und schuldangemessen. Die an § 196 Abs. 3 GVG orientierte Abstimmung ergibt dann, dass eine Freiheitsstrafe von zwei Jahren zu verhängen ist, weil eine dem § 263 Abs. 1 StPO entsprechende Zweidrittelmehrheit nur insoweit vorhanden ist, als vier Mitglieder des Spruchkörpers für eine mindestens zwei Jahre betragende Freiheitsstrafe stimmen. Da im Übrigen eine Zweidrittelmehrheit nicht zu gewinnen ist, fingiert § 196 Abs. 3 Satz 1 GVG, dass diejenigen, die eine über zwei Jahre hinausgehende Strafe für tat- und schuldangemessen halten, wenigstens für zwei Jahre stimmen.[12]

Die Bestimmung des § 196 Abs. 3 Satz 2 GVG trifft eine entsprechende Regelung für den Fall, dass sich nur zwei Meinungen gegenüberstehen und damit keine Meinung eine Zweidrittelmehrheit erreicht. Hiernach gilt dann die mildere Meinung. Um im obigen Beispiel zu bleiben: Wenn S 1 und S 2 eine Freiheitsstrafe von einem Jahr für erforderlich halten, die R 1 bis R 3 aber auf

---

12 Vgl. dazu LR-*Wickern*, 25. Aufl. § 196 GVG Rn. 6.

eine Freiheitsstrafe von zwei Jahren votieren, dann ist auf eine Freiheitsstrafe von einem Jahr zu erkennen. Insoweit fingiert § 196 Abs. 3 Satz 2 GVG wiederum die Zustimmung derjenigen, die eine höhere Strafe fordern, zu der in der höheren Strafe liegenden niedrigeren Strafe.[13]

c) Die Analyse des den Gang der Beratung und Abstimmung leitenden Gerichtsverfassungsrechts belegt einerseits einen formell bestimmenden Einfluss der Gerichtsvorsitzenden, andererseits aber auch – namentlich vor allem beim Schöffengericht und der Kleinen Strafkammer – eine formell besonders starke Stellung der Schöffen bei der Bestimmung der Rechtsfolgen. Im Folgenden wird daher noch der Frage nachzugehen sein, inwieweit jenseits des formellen Rechts soziologische und beratungsdynamische Einflüsse die Entscheidungsfindung beeinflussen können.

## 3. Soziologische und beratungsdynamische Einflüsse auf die Strafzumessung

„Der Richter hat über den Hergang bei der Beratung und Abstimmung auch nach Beendigung seines Dienstverhältnisses zu schweigen." Dieses in § 43 normierte, auch sanktionsbewehrte „Beratungsgeheimnis" gilt gleichermaßen für die Schöffen. Aus diesem Grunde sind detaillierte, empirisch fundierte Analysen zum Beratungs- und Abstimmungsverhalten der Richter und Schöffen in einzelnen Strafverfahren aus Rechtsgründen nicht möglich. Gleichwohl liegen mehrere empirische Studien zur Beteiligung von Schöffen an der gerichtlichen Entscheidungsfindung vor. Diese gilt es im vorliegenden Zusammenhang kurz vorzustellen. Sodann folgen – gänzlich empirisch-methodisch angreifbar – einige Anmerkungen und Beobachtungen aus mehr als zehnjähriger berufsrichterlicher Praxis als Beisitzer und Vorsitzender von Großen und Kleinen Strafkammern.

a) Empirische Studien zur Schöffenbeteiligung

In – allerdings schon älteren – systematisch angelegten empirischen Studien ist die rechtstatsächliche Zusammenarbeit von Berufsrichtern und Schöffen und insbesondere der Einfluss letzterer auf das Verfahrensergebnis eingehend untersucht worden. Ende der 1970er Jahre befragten *Caspar* und *Zeisel* die Vorsit-

---

13 Vgl. *Wickern*, a.a.O.

zenden von mit Schöffen besetzten Kollegialgerichten zum gerichtlichen Entscheidungsprozess in Verfahren von 341 Schöffengerichten, 200 Großen Strafkammern und 22 (früheren[14]) Schwurgerichten.[15] Anfang der 1990er Jahre wurde anhand von 67 konkreten Strafverfahren unter Befragung der an ihnen beteiligten Berufsrichter und Schöffen der Prozess der Entscheidungsfindung analysiert.[16] Im Rahmen derselben Studienreihe wurde darüber hinaus in einer umfassenden Befragung aller in dem Bundesland Hessen in erstinstanzlichen Sachen tätigen Berufs- und Laienrichter die allgemeinen Erfahrungen mit und die Einstellung zu der Mitwirkung von Schöffen beleuchtet.[17] Schließlich wurde Anfang des Jahrtausends im Rahmen einer schriftlichen Befragung von Schöffen mit mündlichen Interviews deren konkrete Erfahrungen als Gerichtsmitglieder erfragt.[18]

Auf der Grundlage einer zusammenfassenden Analyse[19] dieser empirischen Studien lassen sich ganz grob skizziert folgende Tendenzen ableiten:

Rund Zweidrittel der befragten Schöffen hatten den Eindruck, dass sie sich von den Berufsrichtern in der Beratung zu einer Äußerung ermuntert fühlten und rund Dreiviertel der befragten Schöffen brachten zum Ausdruck, dass die Berufsrichter durchweg auf ihre Äußerungen in den Beratungen eingingen.[20] Umgekehrt erbrachte die Befragung der Berufsrichter eher, dass rund die Hälfte der Schöffen trotz Aufforderung nicht aktiv an der Beratung teilnahmen und nur ein Fünftel der Schöffen von sich aus ohne dezidierte Aufforderung mitdiskutierten.[21] Rund drei Viertel der befragten Schöffen gab an, nur manchmal oder noch seltener eine von der Meinung des Vorsitzenden abweichende Auffassung dargelegt zu haben.[22] Rund ein Drittel der Schöffen hielt es sogar explizit nicht

---

14  Vgl. zu den Schwurgerichten der *Emminger*'schen Reform oben II.
15  *Casper/Zeisel* in: *Dies.* (Hrsg.): Der Laienrichter im Strafprozess. Vier empirische Studien zur Rechtsvergleichung, Studie zur Bundesrepublik Deutschland, 1979, S. 21 ff.
16  *Rennig*, Die Entscheidungsfindung durch Schöffen und Berufsrichter in rechtlicher und psychologischer Sicht, 1993, Teilstudie 2.
17  *Rennig*, a.a.O., Teilstudie 1.
18  *Machura*, Fairness und Legitimität, 2001; Vgl. auch ders., Eine Kultur der Kooperation zwischen Schöffen und Berufsrichtern, Richter ohne Robe 2000, 111 ff.
19  *Rennig*, Aktivität, Zusammenarbeit und Einfluss von Schöffen und Berufsrichtern, Vereinigung der ehrenamtlichen Richterinnen und Richter Mitteldeutschlands (VERM), online www.dvs-verm.de.
20  *Rennig*, a.a.O., S. 6.
21  *Rennig*, a.a.O., S. 7.
22  *Rennig*, a.a.O.

für wünschenswert, eine andere Meinung als die der Berufsrichter zu vertreten.[23] Insgesamt erachteten sowohl die befragten Berufsrichter als auch die befragten Schöffen einen Dissens in der Beratung mit knapp einem Viertel der Fälle als eher seltenes Ereignis.[24] Dabei könnte eine Ursache für die geringe Inzidenz von Dissensfällen aber auch daran liegen, dass die betreffenden Gerichtsmitglieder ihre abweichende Meinung nicht hinreichend geäußert oder verteidigt haben.[25] Als alternatives Erklärungsmodell bietet *Rennig*[26] unter Hinweis auf die Ergebnisse experimenteller Simulationen von Jury-Beratungen an, dass die Befragten nach der Beratung das Ausmaß des Einvernehmens innerhalb der Gruppe während der Beratung zu überschätzen neigten.[27]

Unter weiterer Auswertung der vorliegenden Studien kommt *Rennig* zu dem Befund, dass eine gleichberechtigte Zusammenarbeit von Schöffen und Berufsrichtern in den Beratungen und den Beratungsergebnisse nur in einem geringen Teil der untersuchten Fälle gewährleistet war. Hiernach hätten selbst solche Schöffen, die am Schöffengericht erkennbar übereinstimmend anderer Auffassung als der Vorsitzende waren, trotz ihrer Zweidrittelmehrheit allenfalls eine 50%ige Chance, das Urteil im Ergebnis zu beeinflussen.[28] Mithin gelinge es den Berufsrichtern, die Entscheidung des Spruchkörpers in stärkerem Maße zu bestimmen, als dies aufgrund ihrer formalen Position zu erwarten wäre.

b) Erklärungsversuche und eigene Beobachtungen

Worauf ist diese manifeste Divergenz zwischen den empirischen Befunden und des formal-rechtlich starken Einflusses der Schöffen auf das Ergebnis der gerichtlichen Entscheidungsfindung zurückzuführen? *Rennig*[29] liefert dazu einen soziologischen Erklärungsansatz, der sich mit meinen – eher erfahrungsgespeisten – Beobachtungen in weiten Teilen deckt.

---

23 *Rennig*, a.a.O.
24 *Rennig*, a.a.O., S. 9.
25 *Rennig*, a.a.O.
26 *Rennig*, a.a.O.
27 *Rennig*, a.a.O., unter Verweis auf *Davis/Holt/Spitzer/Stasser*, The Effects of Consensus Requirements and Multiple Decisions on Mock Juror Verdict Preferences, Journal of Experimental Social Psychology, Bd. 17 (1975), S. 1, 9.
28 *Rennig*, a.a.O., S. 10 unter Verweis auf *Casper/Zeisel* a.a.O., S. 80 ff.
29 *Rennig*, a.a.O., S. 10 ff.

(1) Soziologische Erklärungsmodelle

Einen ersten Erklärungsansatz liefert danach das sogenannte genetische Modell sozialen Einflusses, das Bedingungen formuliert, unter den Minderheiten, ihre Auffassung erfolgreich gegen die Mehrheit durchsetzen können.[30] Minoritäten haben hiernach vor allem dann gute Chancen, sich innerhalb eines Kollektivs durchzusetzen, wenn sie ihre Auffassung konsistent und widerspruchsfrei vertreten und aktiv an der Diskussion innerhalb des Kollektivs mitwirken.[31] Hinzu kommt, dass nach den Ergebnissen experimenteller sozialpsychologischer Untersuchungen es Angehörigen eines Kollektivs umso eher gelingt, andere Mitglieder von der eigenen Auffassung zu überzeugen, je größer der Fundus an allseits als valide angesehenen Argumenten ist, auf den sie in der Auseinandersetzung zurückgreifen können.[32]

Vor dem Hintergrund dieser Erkenntnisse offenbart sich die Bedeutung und der Einfluss namentlich des Vorsitzenden in der Beratung des mit Schöffen besetzten Kollegialgerichts. Nicht nur dass der Vorsitzende qua der ihm nach § 194 Abs. 1 GVG anvertrauten Leitung der Beratung sowohl in die Diskussion einführt und die Beratung strukturiert, er ist auch qua der von ihm geleiteten Abstimmung schon formal ein primus inter pares.

(2) Eigene Beobachtungen

Meine eigenen Beobachtungen aus über zehnjährige tatrichterlicher Tätigkeit und der Zusammenarbeit mit einer Vielzahl von Schöffen bestätigen im Wesentlichen diese soziologischen Erkenntnisse. Ich will ihnen im Folgenden mit einigen groben Strichen noch weitere erfahrungsgespeiste Gedanken hinzufügen:

(aa) Zunächst zu „intuitiven" Strafmaßvorstellungen der Schöffen:

Entgegen landläufiger Umfrageergebnisse, bei denen die Befragten regelmäßig

---

30 *Rennig*, a.a.O., unter Hinweis auf *Moscovici*, Sozialer Wandel durch Minoritäten, 1975, S. 82 ff.
31 *Rennig*, a.a.O. unter weiterem Verweis auf *Mass/Clark*, Hidden Impact of Minorities: Fifteen Years of Minority Influence Research, Psycological Bulletin Bd. 95 (1984), S. 428 ff., sowie *Nemeth/Wachtler*, Creating the Perceptions of Consistency and Confidence: A Necessary Condition of Minority Influence, Sociometry Bd. 37 (1974), S. 529 ff.
32 *Rennig*, a.a.O., S. 11 mit Verweis u.a. auf *Kaplan*, Discussing Polarization Effects in a modified Jury Paradigm: Informational Influences, Sociometry Bd. 40 (1977), S. 262 ff.; *ders./Miller*, Judgements and Group Discussion: Effects of Presentation and Memory Factors on Polarization, Sociometry Bd. 40 (1970), S. 337.

eine zu große Milde der deutschen Strafgerichte beklagen, neigen Schöffen häufiger dazu, sich für eine unangemessen milde Bestrafung des Angeklagten einzusetzen. Dies mag damit zusammenhängen, dass die Schöffen bei der Urteilsverkündung Auge in Auge dem Angeklagten gegenüberstehen und dadurch ihre persönliche Mitverantwortung für das sozialethische Unwerturteil und die mitunter massiv in die Freiheitsrechte des Angeklagten eingreifende Sanktion auch äußerlich erkennbar zum Ausdruck kommt. Dieses Phänomen zeigt sich nach meiner Beobachtung verstärkt dann, wenn bei der zu verhandelnden Strafsache keine Individualrechtsgüter eines Geschädigten betroffen sind (wie etwa bei der Steuerhinterziehung oder bei der Untreue gegenüber juristischen Personen) oder wenn – etwa in Folge eines Geständnisses – auf die Vernehmung der Tatopfer verzichtet werden kann.

Gleiches – eine Neigung zu unangemessener Milde – ist häufig auch dann zu beobachten, wenn es dem Angeklagten gelingt, durch geschicktes Agieren in der Hauptverhandlung von sich das Bild einer sympathischen, durch unglückliche Zufälle in Straftaten verstrickten Person zu inszenieren. Umgekehrtes – eher eine aus Intuition gespeiste Neigung zu hohen Strafen – ist gelegentlich dann anzutreffen, wenn es zu einer intensiven Befragung eines sympathisch und glaubwürdig wirkenden, durch die Straftat schwer geschädigten Opfers gekommen ist.

(bb)   Sodann noch ein paar Gedanken zur soziologischen Beratungsdynamik und Interaktion mit den Schöffen:

Die Bereitschaft von Schöffen, ihre formale Gleichstellung mit den Berufsrichtern auch „auf Augenhöhe" aktiv mit Leben zu füllen, hängt zu einem großen Teil – neben ihrer Persönlichkeitsstruktur – auch von ihrem Bildungsgrad sowie ihrer sozioökonomischen und schichtenspezifischen Verortung in der Gesellschaft ab. Nach meinen Beobachtungen sind Schöffen mit einem eher „bildungsfernen" Hintergrund eher passiv und häufig darum bemüht, sich der Auffassung der Berufsrichter weitgehend unreflektiert unterzuordnen. Schöffen mit vorwiegend naturwissenschaftlicher akademischer Ausbildung können qua des erworbenen Abstraktionsvermögens die mitunter komplexen rechtlichen Fragen hingegen relativ schnell erfassen und beteiligen sich durch intensives Nachfragen an der Beratung; sie respektieren das höhere fachspezifische Wissen der Berufsrichter, versuchen dies aber durch ihre Fragen bruchlos in ein für sie verständliches Erklärungsmodell einzufügen. Schöffen mit einer eher geisteswissenschaftlichen – namentlich vor allem einer sozialwissenschaftlichen – akademischen Bildung haben hingegen häufig sehr verfestigte – teilweise dabei auch dezidiert rechtlich unzutreffende – Vorstellungen über das Strafrecht und den Strafprozess und versuchen diese Fehlvorstellungen gelegentlich in der Beratung durchzusetzen. Nur beispielhaft gilt dies etwa für den „In-dubio-pro-reo-Grundsatz", der entgegen landläufiger Auffassung nur eine Beweisregel für das Gesamtergebnis der Beweisaufnahme darstellt und nicht etwa abschnittsweise auf jedes einzelne Indiz Anwendung finden darf. Vergleichbarer Diskussionsstoff entsteht durch die häufig anzutreffende Fehlvorstellung, eine Verurteilung sei nur dann möglich, wenn die Einlassung des Angeklagten – mag sie auch noch so abenteuerlich sein – im Wege eine quasi-mathematischen Gegenbeweises widerlegt werden kann.

Noch stärker als Ausbildung und Herkunft der Schöffen bestimmt aber die Ausübung der Verhandlungs- und Beratungsleitung durch den Vorsitzenden, ob die Schöffen in einer dem Gerichtsverfassungsrecht entsprechenden Weise als gleichwertige Richter agieren können. In völliger Übereinstimmung mit den Erkenntnissen des genetischen Modells sozialen Einflusses kann der Vorsitzende die Beratung dominieren und das Ergebnis beeinflussen. Je stärker er – oder gegebenenfalls der Berichterstatter in der Großen Strafkammer – das von ihm gewünschte Ergebnis als zwingende Folge der Maßgaben nur den Berufsrichtern bekannter höchstrichterlicher Rechtsprechung oder Normexegese darstellt und gegen notwendigerweise laienhafte Hinterfragung verteidigt, desto höher ist die Wahrscheinlichkeit, dass er sich gegen die Schöffen durchsetzen kann. Verstärkt wird diese Position dadurch, wenn er den ohnehin bestehenden „Amtsbonus" mit Autorität und Bestimmtheit ausfüllt. Das ist freilich nicht das Bild, dass der Gesetzgeber von gleichwertiger Schöffenbeteiligung im Auge hatte. Vorsitzende, die das Prinzip der Laienbeteiligung an der Rechtsfindung ernst nehmen, werden vielmehr im offenen Dialog mit den Schöffen die inmitten stehenden Rechts- und Tatsachenfragen umfassend und ergebnisoffen erörtern, auch ihre eigenen Zweifel offenbaren und der dialektischen Struktur der Hauptverhandlung auch in der Beratung Geltung verschaffen.

## V. Fazit

Die vorstehende Analyse hat gezeigt, dass die Laienbeteiligung an der Rechtspflege trotz sehr früher historischer Vorläufer im Wesentlichen eine historische Errungenschaft der Aufklärung in ihrer Abkehr vom Absolutismus darstellt. Sie ist jedenfalls zum Teil auch die Legitimationsquelle dafür, dass alle Urteile in Deutschland mit der Eingangsformel „Im Namen des Volkes!" beginnen.

Im Strafverfahren ist der formale Einfluss der Schöffen durch die gerichtsverfassungsrechtliche und strafprozessuale Ausgestaltung des Abstimmungsprozesses und der für eine Verurteilung notwendigen qualifizierten Mehrheiten stark. Soziologische Prozesse steuern aber auch die gerichtliche Entscheidungsfindung im Wechselspiel zwischen Schöffen und Berufsrichtern. Es gehört daher zu den vornehmsten Aufgaben der Berufsrichter, im Ringen um das gerechte Ergebnis in der Beratung durch offenen Dialog und transparente Beratung eine bestmögliche Einbindung der Schöffen in die Urteilsfindung zu gewährleisten.

# 控訴裁判所による事実誤認の審査のあり方

柳 川 重 規

## I. 裁判員制度の導入と控訴制度

　我が国で裁判員制度が導入された際，刑訴法の控訴に関する部分に改正は加えられなかったため，一審の公判裁判所の裁判体は，裁判員と職業裁判官で構成され，他方で，二審の控訴裁判所の裁判体は，職業裁判官のみで構成されることとなった．また，「事実誤認」も控訴理由として残り，これにより，裁判員が加わってなされた事実認定が職業裁判官のみの判断によって覆されうることとなった．そのため，国民に裁判員として審理に参加するという負担を強いて裁判員制度を実施しても，結局は，従来通り職業裁判官の判断のみによって有罪・無罪が決められることになり，国民の健全な社会常識を刑事裁判に反映させ，刑事裁判に対する国民の信頼を向上させるという裁判員制度の趣旨・目的が損なわれることになるのではないか，との懸念も生じたところである．

　裁判員制度の導入に際して控訴審に関する規定が現行法のままとされた経緯については，裁判員制度・刑事検討会の井上正仁座長の説明によると，控訴裁判所が第一審裁判所の判決を前提とし，その内容に誤りがないかを記録に照らして事後的に点検するという事後審査を行うだけであると位置付ければ，職業裁判官のみで構成される控訴裁判所による審査や第一審判決の破棄を正当化できるので，制度としては控訴審を事後審とする現行法の枠組みを裁判員制度との関係でも基本的に維持するだけでよいとされ，なお，あくまで裁判員の加わってなされた第一審の裁判を尊重するという意味から，事後審であるという控

訴審本来の趣旨を運用上より徹底させることが望ましい,として議論がまとまったとのことである[1].とはいえ,控訴審が基本的に事後審であるとしても,第一審判決に対する審査の在り方については見解の対立もあり,どのような審査方法を採ることが第一審の判決を尊重し裁判員制度導入の趣旨に適合することになるのか,という観点から活発に議論がされるようになった.

## II. 刑訴法の控訴に関する規定の特徴と裁判員制度導入前の実務の運用

1. 我が国の刑訴法では控訴理由は「判決に影響を及ぼすことが明らか(な誤り)」であることを要件とする相対的控訴理由と,これを要件としない絶対的控訴理由に分かれる.絶対的控訴理由は全て手続上の違反についてのものであり(377条,378条),相対的控訴理由は,訴訟手続の法令違反(397条),法令適用の誤り(380条),量刑不当(381条)と続き,事実誤認はその最後に規定されている(刑訴法382条).このことから刑訴法は控訴審を基本的には法律審と位置付けていることが窺える.しかし,実際の運用を見ると事実誤認を理由とする控訴は,控訴全体の約25%を占めており[2],相当程度事実審としても機能している.

また,事実誤認についての審査は,刑訴法には「控訴趣意書に,訴訟記録及び原裁判所において取り調べた証拠に現れている事実……を援用しなければならない」(382条)とあることから,第一審判決の当否を審査する事後審として行われるのが基本であり,「やむを得ない事由によって第一審の弁論終結前に取調べを請求することができなかった証拠」がある場合には,例外的に第一審の手続・資料にこの新たな証拠を加えた続審として審査を行うこととなっている(刑訴法382条の2)[3].しかし,実際の実務の運用については,続審としての

---

[1] 司法制度改革推進本部裁判員制度・刑事検討会井上正仁座長の説明「考えられる刑事裁判員制度の概要についての説明」ジュリスト1257号133頁以下.

[2] 石井一正『刑事控訴審の理論と実務』(判例タイムズ社,2010年)109-110頁.

性格が強く現れているとの見方も有力に主張されてきた[4]。

2. さらに，何をもって「事実誤認」というかということについては，大別して，論理則・経験則に反するものを事実誤認とするという論理則・経験則違反説と，第一審判決に示された心証が控訴裁判所の心証と一致しない場合を事実誤認とし，この場合に控訴裁判所の心証が優先されるとする心証比較説（心証優先説）の対立がある，といわれている．論理則・経験則違反説は，事後審としての控訴裁判所による事実誤認の審査と親和性があると考えられるが，実務家の中には「これまでの控訴審実務では，事案によっては，第一審と同様の方法で記録から独自に心証を形成し，論理則違反・経験則違反といいながら，実際には自らの心証と異なる第一審判決の認定を事実誤認として破棄することもあったのではないか．また，自ら事案の真相を追求するという見地から，第一審の当事者の責任による主張・立証の枠を離れて，新たな証拠を調べるなどし

---

3) さらに刑訴法393条1項但書は，「第382条の2の疎明があったものについては，刑の量定の不当又は判決に影響を及ぼすべき事実の誤認を証明するために欠くことのできない場合に限り，これを取り調べなければならない．」と規定している．また，393条1項本文は「控訴裁判所は，前条の調査をするについて必要があるときは，検察官，被告人若しくは弁護人の請求により又は職権で事実の取調べをすることができる．」と規定しているが，最決昭和59・9・20刑集38巻9号2810頁は，「第一審判決以前に存在した事実に関する限り，第一審で取調べないし取調べ請求されていない新たな証拠につき，右「やむを得ない事由」の疎明がないなど同項但し書きの要件を欠く場合であっても，控訴裁判所が第一審判決の当否を判断するにつき必要と認めるときは裁量によってその取調べをすることができる旨定めていると解すべきである」と判示している．この判示については，控訴裁判所は「第一審判決の当否を判断するにつき必要と認めるときは」請求によると職権によるとを問わず，自由に新たな証拠を取り調べ得るとの立場，あるいは，当事者の請求による場合は一定の制限に服するが，職権による場合は制限なく新たな証拠を取り調べ得るとの立場に立ったものと理解する見解が有力である．司法研修所編『裁判員裁判における第一審の判決書及び控訴審のあり方』（法曹会，2009年）123頁参照．

4) 河上和雄＝中山善房＝古田佑紀＝原田國男＝河村博＝渡辺咲子編『大コンメンタール　刑事訴訟法　第2版　第9巻』（青林書院，2011年）75頁以下〔原田國男執筆〕参照．安廣文夫・最判解刑昭和59年度406頁．

て，第一審の事実認定に積極的に介入することもあったのではないか」[5]との指摘もあり，一部の事案では，心証比較説に基づく審査が行われていたのではないかと思われる．

このように心証比較説に基づく事実誤認の審査が行われた要因・背景としては，従来は，① 判断主体が第一審と控訴審で同じ職業裁判官であったこと，② 第一審で直接主義・口頭主義が採られているといっても，それは建前のことであり，実際は，法廷外で書面を読み込む作業も含めて心証を取っていることも少なくなかったため，事実認定の資料とその作業形態に第一審と控訴審に実質的に大きな差がなかったこと，③ 裁判官の間に，事実認定に関しては控訴審が最終審であるとの自負の下，自ら事案の真相を追求するという意識が強かったこと，などが指摘されている[6]．

## III. 裁判員制度の導入と実務における「事実誤認」の理解の変化及びその内容

1. 裁判員制度を導入する際には，裁判員が加わった第一審での事実認定を控訴裁判所は尊重しなければならないとの理解は，実務においても広く共有されていたといってよいと思われる．そこで，実務家の間からも，供述の信用性判断が客観的証拠や事実と矛盾したり，間接事実から主要事実を推認するについて重要な客観的証拠や事実が見落とされたり，考慮されなかったりするなど，第一審判決の事実認定が論理則・経験則に照らして明らかに不合理であり，これが結論に重大な影響を及ぼす場合に限って，第一審判決を破棄できるとの見解が表明された[7]．その際，裁判員制度の導入により，① 判断主体は第一審と

---

5) 東京高等裁判所刑事部部総括裁判官研究会「控訴審における裁判員裁判の審査のあり方」判例タイムズ1296号6頁．また，司法研修所・前掲注3) 書94-95頁．
6) 司法研修所・前掲注3) 書95頁．東京高等裁判所刑事部部総括裁判官研究会・前掲注5) 6-7頁．
7) 司法研修所・前掲注3) 書107-108頁．東京高等裁判所刑事部部総括裁判官研究会・前掲注5) 8頁．東京高等裁判所刑事部陪席裁判官研究会〔つばさ会〕「裁判

控訴審で当然に異なることとなり，②第一審で直接主義・口頭主義が徹底され，③第一審は事案の真相を追求するのではなく，検察官の主張が弁護人の主張を踏まえつつもなお合理的な疑いを容れない程度まで証明されているかを判断するという立場にその重点を移していくべきものと考えられたことから，控訴審も原則として第一審の判決が弁護人の主張を踏まえた検察官の主張の評価として合理的なものであるかどうかについて判断すれば足りるようになり，先に述べた心証比較説に基づく事実誤認の審査が行われた要因・背景も変化することになると考えられたことも根拠として挙げられた[8]．

また，裁判員が加わった方がより適切な事実認定ができるとして裁判員制度を導入するのに，その事実認定を職業裁判官のみで構成された裁判体が，自身の認定と異なるという理由だけで破棄することを認めるのは，理論的にも困難であるとする見方もあった[9]．

2．このような議論状況の中，最高裁は，裁判員裁判で行われた第一審の無罪判決下に対し，控訴裁判所が事実誤認を理由に破棄した事案である平成24年2月13日判決[10]において，控訴審の事実誤認の審査のあり方について次のように述べた．「刑訴法は控訴審の性格を原則として事後審としており，控訴審は，第一審と同じ立場で事件そのものを審理するのではなく，当事者の訴訟活動を基礎として形成された第一審判決を対象とし，これに事後的に審査を加えるべきものである．第一審において直接主義・口頭主義の原則が採られ，争点に関する証人を直接調べ，その際の証言態度等も踏まえて供述の信用性が判断され，それらを総合して事実認定が行われることが予定されていることに鑑みると，控訴審における事実誤認の審査は，第一審が行った証拠の信用性評価や証拠の総合判断が論理則，経験則等に照らして不合理といえるかという観点か

---

員制度の下における控訴審の在り方について」判例タイムズ1288号8頁．
8) 司法研修所・前掲注3) 書96-97頁．また，東京高等裁判所刑事部部総括裁判官研究会「控訴審における裁判員裁判の審査のあり方」判例タイムズ1296号7頁．
9) 河上ほか・前掲注4) 書82-84頁，271-272頁〔原田國男執筆〕．
10) 最判平24・2・13刑集66巻4号482頁．

ら行うべきものであって，刑訴法382条の事実誤認とは第一審判決の事実認定が論理則，経験則等に照らして不合理であることをいうものと解するのが相当である．したがって，控訴審が第一審判決に事実誤認があるというためには，第一審の事実認定が論理則，経験則等に照らして不合理であることを具体的に示すことが必要である．このことは，裁判員裁判の導入を契機として，第一審において直接主義・口頭主義が徹底された状況においては，より強く妥当する．」と．このように，最高裁は，我が国の刑訴法が第一審で直接主義・口頭主義を採用し，そして，控訴審を事後審と性格付けていることから，控訴審における事実誤認の審査は，第一審の事実認定が論理則・経験則等に照らして不合理といえるかという観点から行うべきであるとし，さらに，第一審の判決に事実誤認があるとするには，論理則，経験則等に照らして不合理であることを具体的に示さなければならないとした．裁判員裁判である第一審の判断も，裁判員裁判では直接主義・口頭主義が徹底されているから尊重すべきであるとしており，したがって，この判示は第一審が裁判員裁判によらない場合にも妥当するものと思われる．

3．この平成24年2月13日判決以降，最高裁は，そこで示された事実誤認の認定方法に沿って具体的事案についての判断を積み重ねていくことになる．事例をいくつか紹介すると，

(1) 平成25年4月16日決定[11]は，覚せい剤営利目的輸入の事例で，第一審が被告人の公判での自白をもとに覚せい剤輸入の故意を認定しながら共謀を認定せず無罪としたのに対し，控訴審が第一審判決を破棄したものである．最高裁は，控訴審判決は，被告人が犯罪組織関係者から日本に入国して輸入貨物を受け取ることを依頼され，その中に覚せい剤が隠匿されている可能性を認識しながらこれを引き受けたという本件事実関係の下では，特段の事情がない限り，覚せい剤輸入の故意だけでなく共謀をも認定することが相当である旨を具体的に述べた上，本件では特段の事情がなく，むしろ共謀を裏付ける事情があると

---

11) 最決平25・4・16刑集67巻4号549頁．

しており，第一審判決の事実認定が経験則に照らして不合理であることを具体的に示している，として控訴審の判断を是認した．

(2) 平成25年10月21日決定[12]も，覚せい剤の営利目的輸入罪の事例で，被告人が自身のスーツケースの中に覚せい剤が収納されていたことを知らなかった，いわゆる知情性がなかったと主張したため，この知情性の有無が争点となった．第一審は，この事件には密輸組織が関与しており，密輸組織は，目的地到着後に運搬者から覚せい剤を回収するために必要な措置をあらかじめ講じているはずであるが，そのような措置としては様々なものが考えられるから，被告人がスーツケースを自己の手荷物として持ち込んだことから通常その中身を知っていると推測することはできない，などの理由から被告人の知情性を否定し，被告人を無罪とした．これに対して控訴審は，密輸組織によるこの種の密輸事案において，運搬者が誰からも何らの委託も受けていないとか，受託物の回収方法について何らの指示も依頼も受けていないということは，現実にはありえないなどとして，被告人の知情性を認め，第一審判決を破棄した．最高裁は，控訴審判決は，この種の事案に適用されるべき経験則等を示しつつ，被告人は覚せい剤が隠匿されたスーツケースを日本に運ぶように指示又は依頼を受けて来日したと認定などした上，被告人の覚せい剤に関する認識を肯定し，第一審判決の結論を是認できないとしたもので，第一審判決の事実認定が経験則等に照らして不合理であることを具体的に示したものである，として控訴審の判断を是認した．

(3) 平成26年3月10日決定[13]も，覚せい剤の密輸入の事件で，被告人は密輸入の共謀で起訴された．第一審は，運搬役の共犯者の供述が，被告人とこの共犯者の通話記録と整合しない部分も少なからずあり，また，被告人以外にこの共犯者に指示を与えていた第三者の存在が強くうかがわれるなどの理由から，被告人を無罪とした．控訴審が第一審判決を破棄したのに対し，最高裁は，控訴審判決は，第一審判決が，送信のみで受信は記録されていないなどの通話記

---

12) 最決平25・10・21刑集67巻7号755頁．
13) 最決平26・3・10刑集68巻3号87頁．

録の性質に十分配慮せず，それと共犯者供述との整合性を細部について必要以上に要求するなどしたことや，共犯者に指示を与えていた第三者の存在の抽象的な可能性をもって共犯者供述の信用性を否定したことなどを指摘して，その判断は経験則に照らして不合理であるとしており，第一審判決の事実認定が経験則に照らして不合理であることを具体的に示したものである，として控訴審の判断を是認した．

(4) 平成26年3月20日判決[14]は，保護責任者遺棄致死事件であるが，控訴審は，第一審が被害者の衰弱状態等を述べた医師や，第三者である目撃者の証言を信用できることを前提に有罪判決を下したのを，事実誤認があるとして破棄した．これに対して最高裁は，本件の医師には，被害者の身体状況等についてあえて虚偽を述べるような事情は認められず，また，第三者である目撃証人の証言も食い違いは周辺部分であり重要部分について食い違いがないので，控訴審判決は，証言の信用性を支える証拠があるのにこれを考慮しないなど，証言の信用性判断を誤っており，第一審判決が論理則・経験則に照らして不合理であることを十分に示していない，として控訴審の判断を破棄した．

以上，簡略にではあるが，「第一審の事実認定が論理則・経験則に照らして不合理であることを具体的に示しているか」という基準を最高裁が適用して処理した事例を紹介した．平成25年4月16日決定では，犯罪組織関係者から日本に入国して輸入貨物を受け取ることを依頼され，その中に覚せい剤が隠匿されている可能性を認識しながらこれを引き受けたというのであれば，通常は被告人に覚せい剤輸入の故意だけでなく共謀をも認定することができる旨が判示され，また，平成25年10月21日決定では，密輸組織による密輸事案において，運搬者が誰からも何らの委託も受けていないとか，受託物の回収方法について何らの指示も依頼も受けていないということは通常ない旨判示され，平成26年3月20日判決では，被害者を診断した医師は事件の第三者であり，被害者の身体状況等について虚偽を述べることは通常ない旨判示されるなど，事案

---

14) 最判平26・3・20刑集68巻3号499頁．

に即して経験則といいうるようなものを提示している事例もあった[15]。とはいえ，この基準にはまだまだ不明確なところがある．たとえば，控訴審ではなく上告審における事実誤認の審査のあり方について扱った判例ではあるが，最高裁平成21年4月14日判決[16]では，被害者供述の信用性についての第一審及び控訴審の判断を，ともに「論理則・経験則」に照らして審査しながら，法廷意見と反対意見で結論を異にした[17]．「経験則には，確実なものから，蓋然的なもの，さらに単なる可能性にとどまるものまで，種々の程度のものが含まれる」とする見方もあるところであり[18]，経験則の用い方次第では，控訴審の裁判官が自身の心証を経験則であるとして第一審の認定を否定するという，心証比較説を用いたのと異ならない結果となる可能性もある．この点に関しては，平成24年2月13日判決の白木勇裁判官の補足意見が「裁判員裁判においては，ある程度の幅を持った認定，量刑が許容されるべきことになるのであり，そのことの了解なしには裁判員裁判は成り立たないのではなかろうか．裁判員制度の下では，控訴審は，裁判員の加わった第一審の判断をできる限り尊重すべきであるといわれるのは，このような理由からでもある．」と述べていることに留意する必要があるように思われる．

また，一方で，一定の心証を取らずに事実誤認の審査をすることは可能か，とか，心証比較説と論理則・経験則違反説との実務的な差異は大きくないので

---

15) 金谷曉・刑事判例批評「覚醒剤の密輸入事件について，共犯者供述の信用性を否定して無罪とした第一審判決には事実誤認があるとした原判決に，刑訴法382条の解釈適用の誤りはないとされた事例」刑事法ジャーナル43号153頁参照．
16) 最判平21・4・14刑集63巻4号331頁．
17) もっとも，この事件はいわゆる痴漢事件であり，痴漢事件には，犯罪の証明の際に被害者の供述以外の客観的な証拠が乏しいという特徴がある．法廷意見は，被害者の供述の信用性判断に慎重さを求める趣旨であるともいえ，この事件での「論理則，経験則」の具体的適用の仕方を，参考にすべき例として見ることがそもそも適切ではないのかもしれない．というのは，仮に，被害者供述の信用性判断に慎重さを求める趣旨であったとして，それを「論理則，経験則」の内容に含めて判断したことは適切さを欠いていたのではないかと思われるからである．
18) 河上ほか・前掲注4) 書268-269頁．

はないかとの問題提起もなされている[19]．第一審判決や控訴趣意書を考慮せずに記録のみに基づいて心証を形成し，その結果を第一審判決と比較するというやり方が，経験則・論理則違反説からは否定されることが明らかであるとしても[20]，それ以外にどのような心証の利用の仕方が許されないのかということについては，さらに検討が必要であるように思われる．

また，最高裁は，「第一審の事実認定が論理則，経験則等に照らして不合理であることを「具体的に示す」ことが必要である」としているが，どの程度の説明を行えば具体的に示されたことになるのかという点も，今後さらに明らかにしていかなければならないと思われる．ちなみに，この点については，最高裁平成25年4月16日決定の寺田逸郎裁判官の補足意見では，「控訴審としては，事実誤認を説明するに当たって，事案に応じ，第一審判決の判断の誤りが看過できないレベルにあるとする具体的理由を客観的な立場にある人にも納得のいく程度に示すことで足ると解するのが相当ではないか」との見解が提示されている[21]．さらなる判例の蓄積が望まれるところである．

---

19) 石井・前掲注2) 359頁，広瀬健二・刑事判例批評「覚せい剤輸入事件における故意と共謀の認定，控訴審における事実誤認の審査方法」刑事法ジャーナル39号145頁，植村立郎「最近の薬物事犯を中心とした最高裁判例に見る刑事控訴事件における事実誤認について」刑事法ジャーナル40号46頁以下など．

20) 植村教授は，「心証比較説では，原審から記録が送られてくると，一審判決も，控訴趣意書も（その時点ではまだ提出されていないから不存在であるが）見ないまま，記録のみによって心証を形成し，その結果を一審判決と対比して，一審判決の事実誤認の有無を検討することが，その徹底した姿として想定される．……しかし，このような審査手法は，一審判決を読んでいる点を措けば，一審の弁論終結時に控訴審の裁判体を置くのと同様であって，続審としての審査手法に準じたものといえ，事後審の審査とはいえないように考えている．」と述べている．植村・前掲注19) 46-47頁．

21) この点については，また，金谷・前掲注15) 153-154頁参照．

# Berufsrichterliche Kontrolle der mit Laienbeteiligung erfolgten Tatsachenfeststellung in der Revision

Henning ROSENAU

## I. Einführung zur japanischen Rechtslage

2009 hat es in Japan mit der Einführung des Saibanin-Systems eine epochale Wende im japanischen Strafverfahren gegeben.[1] Damals – genau am 21.5.2009 – trat das Laienrichtergesetz vom 28.5.2004 in Kraft, mit dem nach einer kurzen Periode in den Jahren 1928 bis 1943 wieder Laien in die Entscheidungsfindung im Strafprozess integriert wurden. In einer Art Hybrid- oder Mischsystem aus Schöffengericht und jury trial sind bei schwerer Kriminalität in der ersten Instanz sechs Laienrichter beteiligt. Ihnen sitzen drei Berufsrichter zur Seite.[2] Die erste Hauptverhandlung mit Laienbeteiligung erfolgte am 3.8.2009.

Nach anfänglicher großer Skepsis in Bevölkerung und Wissenschaft[3] wird heute das Saibanin-System als Erfolg verbucht. Die Dauer der Hauptverhandlung konnte reduziert werden, weil konzentriert an drei bis fünf Tagen hintereinander verhandelt wird, wobei das neu eingeführte Vorbereitungsverfahren zur Straffung beiträgt, allerdings seinerseits durchaus lange (6 Monate bis zu 2 Jahre) andauern kann. Über 90 % der Verfahren sind innerhalb dieses Zeitrau-

---

1  So Duttge/Erler/Tadaki, ZStW 127 (2015), 225, 233.
2  Zum Saibanin-System s. Kato, Journal of the Faculty of Law, Aichi Universität, Nr. 170 (Februar 2006), S. 1 ff. Bei unstreitigen Fällen, in denen ein volles Geständnis vorliegt, das das Gericht als tragfähig ansieht, und in denen die Parteien keine Einwände erhoben haben, kann auch in der Besetzung 1 Berufsrichter – 4 Laien verhandelt werden ( § 2 Abs. 2 ff. LaienRG).
3  Murai, in: Rosenau/Kim (Hrsg.), Straftheorie und Strafgerechtigkeit, Frankfurt am Main 2010, S. 3, 13.

mes beendet worden. Die in Japan traditionell hohe Verurteilungsquote von über 99 % – allerdings bei Geltung des Opportunitätsprinzips, welches den Staatsanwaltschaften ein extrem weites Ermessen einräumt, ob überhaupt eine Anklage erfolgen soll – ist auf ca. 96 % abgesunken. Die Befürchtung, dass die Bürger den physischen Belastungen des einen Prozesses, an dem sie teilnehmen, nicht gewachsen wären, hat sich nicht bewahrheitet. Über 80 % der Kandidaten nehmen an der Auswahl der Laienrichter teil. Diejenigen, die die Verfahren hinter sich haben, sehen ihre Beteiligung positiv.

## II. Rechtsmittel und Saibanin-System

Gleichwohl gibt es Kritik an einzelnen Aspekten der Laienbeteiligung in Japan. Eine der offenen Fragen betrifft die Rechtsmittel. Denn auch bei schwerer Kriminalität, die in erster Instanz vor dem Landgericht mit Laien verhandelt wird, kennt Japan die Berufung. Die Obergerichte, die als zweite (Berufungs-) Instanz fungieren, sind aber nur mit drei oder fünf Berufsrichtern besetzt. Eine Laienbeteiligung ist dort nicht vorgesehen. In der Berufung kann in bestimmten Fällen auch in Japan die Tatsachenfeststellung und die Strafzumessung angegriffen werden. Zwar ist die Berufung in großen Teilen anders als in Deutschland nur eine rechtliche Überprüfung des erstinstanzlichen Urteils, aber eben nicht ausschließlich. Damit sind Fälle in Japan denkbar, in denen über die Tatsachenfeststellung und die Strafzumessung letztlich ohne jegliche Laienbeteiligung allein Berufsrichter entscheiden. Das wird als inkonsistenter Systemfehler begriffen. Die Staatsanwaltschaft hat es in der Hand, jedenfalls teilweise über die Einlegung der Berufung die im Jahr 2004 eingeführte Laienbeteiligung auf der Ebene der zweiten Instanz aufzuheben.

Auch auf der Ebene der dritten Instanz, der Revision, gibt es keine Laienbeteiligung. Der Oberste Gerichtshof entscheidet entweder als Kleine Strafkammer mit fünf oder als Große Strafkammer mit fünfzehn Berufsrichtern. Allerdings erscheint dies für das japanische Modell durchaus stimmig gelöst zu sein. Denn das Saibanin-System weist noch eine weitere augenfällige Besonderheit auf. Zwar sind Laienrichter und Berufsrichter gleichberechtigt. Bei Beratung und Abstimmung haben die Laienrichter ein volles Stimmrecht, ihnen obliegen dieselben Befugnisse und Aufgaben wie auch den Berufsrichtern und sie entscheiden gleichberechtigt über die Schuldfrage und die Strafzumessung – mit einer bemerkenswerten Differenz: über die Auslegung von Gesetzen bestimmen allein die Berufsrichter (§ 6 Abs. 2 LaienRG). Wenn aber Rechtsfragen den Laien vorenthalten werden, erscheint es nur konsequent, wenn in der Revision, die ihrem Wesen nach ohne Einschränkung (anders als die japanische Berufung) an sich reine Rechtsprüfung ist, eine Laienbeteiligung nicht vorgesehen wird.

Damit bleibt als offene Flanke des japanischen Modells die Berufungsinstanz. Sollte es hier auch eine Laienbeteiligung geben?

## III. Laienbeteiligung und Rechtsmittel in Deutschland

Das Schöffengericht in Deutschland muss sich nicht erst noch bewähren. Es ist fest etabliert. Nur allenfalls am Rande wird vereinzelt überlegt, ob der Einfluss der Laien auf die Entscheidungsfindung nicht derart gering ist, dass man es mit bloßem Zierat zu tun hätte, der nur Kosten verursacht und besser aufgegeben werden sollte.[4] Aber eine breite Debatte findet nicht statt.

Wenn über die Schöffen diskutiert wird, werden Einzelfragen aufgegriffen. Beispielsweise ist noch nicht abschließend geklärt, ob die Schöffen ein Recht auf Akteneinsicht haben. Das ist in Deutschland gesetzlich nicht geregelt. Mit dem Hinweis, dass die Schöffen sich von den Akten blenden ließen und nicht mehr unbeeinflusst aus dem Inbegriff der Hauptverhandlung urteilen, hatte die Rechtsprechung dies lange Zeit verneint.[5] Die Berufsrichter seien gegen solche inertia- und Perseveranzeffekte dagegen geschult und beruflich ausgebildet. Später hat der BGH eine Sympathie für die gegenteilige Ansicht durchklingen lassen, weil die Laien alle, auch schwierige Fragen gemeinsam und gleichberechtigt mit den Berufsrichtern zu beurteilen hätten.[6] Das steht so auch in § 30 Abs. 1 StPO. Der 1. Strafsenat hat dann aber nur das Überlassen von Tonbandprotokollen abgehörter Telephonate für zulässig erachtet, ohne die Frage grundsätzlich zu beantworten.

Nicht mehr diskutiert wird allerdings das Verhältnis der Rechtsmittel zur Laienbeteiligung. Seit 1924 besteht dazu auf der Ebene der Berufung auch kein Anlass. Mit der *Emminger*-Reform, die insbesondere die Schwurgerichte besei-

---

4 Vgl. Löwe-Rosenberg (LR)[26]-Kühne, Einleitung J Rn. 30.
5 BGHSt 5, 261, 262; BGHSt 13, 73, 75.
6 BGHSt 43, 36, 39. Zur richtigen Lösung dieser Frage s. unten Fn. 48.

tigte und in das Große Schöffengericht umwandelte, ist auch die Gerichtsgesetzbesetzung der Berufungskammern geändert worden. Aus reinen Berufsrichterkollegien wurden Strafkammern, die mit Schöffen besetzt waren.[7] Damit sind im Bereich der mittleren Kriminalität mit dem Schöffengericht beim Amtsgericht als erster Tatsacheninstanz und bei der Strafkammer am Landgericht (LG) als zweiter Tatsacheninstanz einheitlich Laien in Deutschland beteiligt. Das Deutsche Reich hat also im Jahr 1924 vollzogen, worüber derzeit in Japan diskutiert wird.

Wir können also festhalten: Keinerlei Debatte in Deutschland mit Blick auf die Laienbeteiligung in der Berufung; denn diese ist realisiert. Darüberhinaus gilt aber auch: es gibt keinerlei Debatte mit Blick auf die Laienbeteiligung in der Revision. Dass dort die Laien fehlen, wird wie selbstverständlich hingenommen.

Ich werde im folgenden zeigen, dass
(1) wir uns auch in Deutschland der Debatte um die Laienbeteiligung in den Rechtsmitteln stellen müssen – im übrigen ist das ein schönes Beispiel dafür, dass der Deutsch-Japanische Rechtsdialog schon lange keine Einbahnstraße mehr darstellt und auch die deutsche Strafrechtswissenschaft Impulse aus Japan erfährt,[8]
(2) die Betrachtung des Rechtsmittelsystems Rückschlüsse auf den Sinn und Zweck der Laienbeteiligung erlaubt und
(3) Japan in der Tat hinsichtlich der Berufungsinstanz Reformbedarf in Bezug auf das Saibanin-System hat.

## IV. Revision und Laienbeteiligung

Ich hatte bereits gesagt, dass wir uns in Deutschland hinsichtlich der Berufung sorglos zurücklehnen können. Auch in der Berufungsinstanz kann gegen die Schöffen kein Urteil gefällt werden. Die Laienbeteiligung ist hier, wo es wiederum um den Sachverhalt wie auch die Strafzumessung geht, umfänglich gewährleistet.

Wie ist es aber mit der Revision zum Bundesgerichtshof (BGH) Bekanntlich

---

7 Vgl. LR[26]-Kühne, Einleitung J Rn. 28.
8 Zu defensiv daher Duttge/Erler/Tadaki, ZStW 127 (2015), 225, 228.

kennt die deutsche Prozessordnung bei schwerer Kriminalität, für die die Landgerichte die Eingangsinstanz darstellen, keine Berufung. Statthaft ist lediglich sogleich die Revision an den BGH als dann zweiter und letzter Instanz. Legt die Staatsanwaltschaft oder auch der Verurteilte Revision ein, so werde, könnte man sagen, die doch hochgeschätzte Laienbeteiligung wiederum neutralisiert. Nur Berufsrichter entscheiden. Der Tropfen Laieneinflusses auf die Entscheidung wird dadurch aufgehoben. Die Frage stellt sich in gleicher Weise, wenn nach dem Schöffengericht als erster Instanz und wenn nach dem Landgericht als Berufungsinstanz, wenn also nach zweimaliger Schöffenbeteiligung, in letzter Instanz in der Revision die Oberlandesgerichte (OLG) zuständig sind. Hier würde sogar ein zweimaliger Laieneinfluss durch drei Berufsrichter beim OLG eliminiert. Im folgenden werde ich mich auf die Revision zum BGH konzentrieren, zumal das Saibanin-System nur in den japanischen Landgerichten stattfindet. Die Fragen stellen sich beim Drei-Instanzenzug zu den Oberlandesgerichten aber in gleicher Weise.

1. Revision als Rechtsprüfung

Auf den ersten Blick erscheint selbstverständlich, dass der BGH nicht mit Schöffen besetzt ist. Denn es geht bei der Revision ausweislich der Zentralnorm des § 337 StPO nur um die Frage, ob das Urteil auf einer Verletzung des Gesetzes beruhe. Das ist nach § 337 Abs. 2 StPO der Fall, wenn eine Rechtsnorm nicht oder nicht richtig angewendet worden ist. Damit erscheint das Revisionsgericht als ein Gegenstück zu den Tatsacheninstanzen. Es soll sich weder mit der Feststellung von Tatsachen noch mit der Beweiswürdigung befassen.[9] Es ist relativ unbestritten, dass der Gesetzgeber der RStPO aus dem Jahre 1877 factum und ius, Tat- und Rechtsfrage, als klar trennbar angesehen hat.[10] Zwar findet sich das Begriffspaar Tat- und Rechtsfrage als solches nicht in der StPO und wird auch in keiner anderen Prozessordnung wörtlich ausgesprochen – das geltende Recht kennt nur den Begriff der Gesetzesverletzung.[11] Doch lassen die Gesetzesmaterialien erkennen, dass bei der Festlegung der Revisionsgrenzen an

---

9   KMR-Stuckenberg § 261 Rn. 146.
10  Naucke, in: Bemmann/ Manoledakis (Hrsg.), Der Richter in Strafsachen, Baden-Baden 1992, S. 107, 108, Fn. 3; Foth, DRiZ 1997, 201, 202; Krause, FS Peters[70], S. 323, 331.
11  Mannheim, Beiträge zur Lehre von der Revision wegen materiellrechtlicher Verstöße im Strafverfahren, Berlin 1925, S. 38.

die Unterscheidung von Tat- und Rechtsfrage gedacht war.[12] In den Motiven heißt es dazu, „daß dem Revisionsrichter eine Beurteilung des rein Tatsächlichen nicht zusteht".[13] Zusammenfassend lässt sich im vereinfachten Gegensatzpaar „Tatfrage – Rechtsfrage" eine Interpretation des „farblosen" Begriffes „Gesetzesverletzung" der StPO sehen, wie sie dem historischen Gesetzgeber selbst vorschwebte.[14]

Wenn das aber richtig ist, liegt es auf der Hand, dass zu diesen Fragen Laienrichter nichts Substantielles beitragen können. Sie sind rechtlich nicht geschult und wären mit einer solchen Rechtsprüfung wohl überfordert. Zum Gegensatzpaar factum – ius ließe sich das Gegensatzpaar Laiengericht – Berufsrichterkollegium hinzufügen. Geht es um die Fakten, ist die Laienbeteiligung angebracht. Geht es um Rechtsfragen, entscheiden allein Berufsrichter ohne Laien. Ein wenig findet sich dieser Gedanke auch noch in der Regelung des § 6 Abs. 2 des jap. LaienRG wieder: die Auslegung von Gesetzen, also die Rechtsanwendung, ist den Laien entzogen worden!

Eins zu eins ist diese Aufgabentrennung von Tatsachengericht einerseits und Revisionsgericht andererseits aber nur in den Anfangsjahren des Deutschen Reiches durchgeführt worden, und zwar zu den Zeiten des mit Laien besetzten Schwurgerichts.

Nach der RStPO von 1877 entschieden bei dem bedeutsamen Teil der Kriminalität echte Geschworenengerichte. Die Schwurgerichtsbarkeit umfasste die Verbrechen, die mit mehr als fünf Jahren Zuchthaus bedroht waren.[15] Hier urteilte die Jury ohne Mitwirkung von Berufsrichtern allein über die ihr vorgelegten Fragen zur Schuldfrage, und zwar in Form des sog. Wahrspruches nach § 305 Abs. 1 RStPO mit „Ja" oder „Nein". Eine Begründung für die Verdikte gab es nicht.[16] Das Revisionsgericht blieb grundsätzlich darauf beschränkt, die den

---

12 Frisch, Revisionsrechtliche Probleme der Strafzumessung, Köln u.a. 1971, S. 231; dslb., SK, § 337, Rn. 61 u. 76.
13 Hahn, Die gesamten Materialien zu den Reichs-Justizgesetzen Band 3, Materialien zur Strafprozeßordnung, Abteilung 1, 2.Auflage, Berlin 1885, (Neudruck Aalen 1983), S. 250f.
14 Frisch, Revisionsrechtliche Probleme der Strafzumessung, Köln u.a. 1971, S. 232.
15 § 80 GVG i.V.m. § 73 GVG i.d. Fassung vom 27. 1. 1877; vgl. v. Schledorn, Die Darlegungs- und Beweiswürdigungspflicht des Tatrichters im Falle der Verurteilung, Regensburg 1997, S. 18.
16 Luden, JW 1883, 230, 236; Nack, StV 2002, 510; Salditt, NStZ 1999, 420, 421; Jähnke, FS Hanack, S. 355, 357.

Geschworenen vorgelegten Fragen zu überprüfen.[17] Folglich war die tatsächliche Grundlage eines Schuldspruches einschließlich Beweiswürdigung und damit die darauf aufbauende Subsumtion einer Kontrolle durch die Revisionsgerichte gänzlich entzogen: Entscheidungen der Geschworenen waren mitsamt möglicher Irrationalitäten als unumstößliche Wahrsprüche hinzunehmen.[18] Eine Nachprüfungsmöglichkeit bestand nur insoweit, als sich aus dem Sitzungsprotokoll ein Verfahrensverstoß ergab oder die gestellten Fragen an die Geschworenen die unentbehrlichen Merkmale des in Betracht zu ziehenden Tatbestandes unrichtig wiedergaben.[19] Zwar gab es noch die Möglichkeit nach § 317 RStPO den Wahrspruch bei schwerwiegenden Bedenken zu vernichten. Die Berufsrichter konnten die Sache an das Schwurgericht der nächsten Periode verweisen, sofern sie einstimmig der Ansicht waren, dass sich die Jury geirrt hätte.[20] De facto ist von dieser Sicherung so gut wie nie Gebrauch gemacht worden.[21] Zusammenfassend charakterisieren die deutlichen Worte von *v. Kries* die Situation in Schwurgerichtsfällen „... das ganze materielle Strafrecht (wird) den Geschworenen zur schrankenlosen Verfügung gestellt, ...."[22] Das bedeutete aber auch, dass die Entscheidung der Laien von den Berufsrichtern gerade nicht neutralisiert werden konnte. Was diese an Tatsachen festgestellt hatten, war im Grunde nicht mehr angreifbar. Über die Aussage eines schlichten „Ja" oder „Nein" lässt sich schwer eine Rechtsprüfung stülpen.

## 2. Der Weg zur „erweiterten Revision"

Das änderte sich im Jahre 1924 mit der sog. *Emminger*-Verordnung.[23] Am 4.1.1924 erließ der Reichsjustizminister *Emminger* die nach ihm benannte Verordnung, die tiefgreifende und bis heute fortwirkende Strukturveränderungen

---

17 RG, Urteil v. 7.4.1880 – Rep. 496/80, RGSt 2, 136, 137; 138, 139; v. Kries, Lehrbuch des Deutschen Strafprozeßrechts, Freiburg 1892, S. 614f.
18 Paeffgen, FS Peters[80], S. 61, 80; vgl. Alsberg, Justizirrtum und Wiederaufnahme, Frankfurt am Main 1913, S. 35.
19 Alsberg, Justizirrtum und Wiederaufnahme, Frankfurt am Main 1913, S. 41.
20 Rieß, GA 1978, 257, 267.
21 v. Kries, Lehrbuch des Deutschen Strafprozeßrechts, Freiburg 1892, S. 632. Verweisungen aufgrund des § 317 RStPO kamen in den Jahren 1881 bis 1889 durchschnittlich zwei bis drei Mal vor; vgl. die berichteten Zahlen aus der Justizstatistik bei v. Kries, Lehrbuch des Deutschen Strafprozeßrechts, Freiburg 1892, S. 632, Fn. 1.
22 v. Kries, Lehrbuch des Deutschen Strafprozeßrechts, Freiburg 1892, S. 615, Fn. 2.
23 Verordnung über Gerichtsverfassung und Strafrechtspflege vom 4.1.1924; RGBl. I, S. 15.

im Strafverfahrensrecht und in der Strafgerichtsverfassung mit sich brachte.[24] Das alte Schwurgericht wurde abgeschafft. Zwar blieb der Name erhalten, der Sache nach entstand ein beim LG zusammentretendes großes Schöffengericht, in dem drei Berufsrichter und sechs Geschworene gemeinsam über die Schuld- und Straffrage entschieden.[25] Die zahlreichen weitreichenden Neuerungen der *Emminger*-Verordnung haben bei vielen zeitgenössischen Kritikern der Reform den Blick für den eigentlichen Paradigmenwechsel verstellt, der mit der Verordnung eingeleitet wurde. Denn mit der Abschaffung der alten Schwurgerichte war auch der Wahrspruch des § 305 RStPO abgeschafft worden. Stattdessen hatte über die Schuld- und Straffrage ein aus Berufsjuristen und Laienrichtern zusammengesetztes Kollegialgericht zu entscheiden, und zwar in einem schriftlich begründeten Urteil. Mit dem Zwang, Schwurgerichtsurteile schriftlich zu begründen, ergaben sich erstmals Ansatzpunkte für das Revisionsgericht, eine Nachprüfung auch auf den festgestellten Sachverhalt zu erstrecken.[26]

Diese Möglichkeit haben die Revisionsgerichte, also vornehmlich RG und BGH, zunächst nur tastend und vorsichtig, dann aber in zunehmendem und intensiverem Maße aufgegriffen. Im einzelnen kann ich das hier nicht nachzeichnen. Es ging damit los, dass die Unvereinbarkeit der Feststellungen mit den Erfahrungen des täglichen Lebens als Verstoß gegen Denkgesetze oder Erfahrungssätze eingestuft und dadurch revisibel gemacht wurde.[27] Einen Schub bekam die Entwicklung in den siebziger Jahren des 20. Jahrhunderts.[28] Auch hieran dürfte eine gerichtsverfassungsrechtliche Strukturänderung ihren Anteil haben. Seit dem 1.1.1975 sind die Schwurgerichte des Jahres 1924 in große Strafkammern bei den Landgerichten umgewandelt worden. Damit wurde das Übergewicht der Laien von 6:3 in sein Gegenteil verkehrt: zwei

---

24 LR[25]-Rieß, Einl. Abschn. E, Rn. 36; Müller, KJ 1992, 228, 229. Zum gesellschaftspolitischen Hintergrund Braum, Geschichte der Revision im Strafverfahren von 1877 bis zur Gegenwart. Zugleich eine Kritik der Kontinuität politischer Macht im Recht, Frankfurt am Main 1996, S. 107f.
25 LR25-Rieß, Einl. Abschn. E, Rn. 37.
26 Jähnke, FS Hanack, S. 355, 357; Hamm, Die Revision in Strafsachen, 7. Auflage, Berlin/New York 2010, S. 3.
27 RG, Urteil v. 27.6.1930 – I 435/30, RGSt 64, 250, 251; RG, Urteil v. 3.7.1939 – 3 D 191/39, RGSt 73, 246, 248; Loddenkemper, Revisibilität tatrichterlicher Zeugenbeurteilung. Eine Auseinandersetzung mit der neueren Rechtsprechung der Strafsenate des BGH, Baden-Baden 2003, S. 99; Jähnke, FS Hanack, S. 355, 358.
28 Schlothauer, StraFo 2000, 289.

Schöffen saßen nun drei Berufsrichtern gegenüber, weswegen aufgrund der Zwei-Drittel-Regelung[29] bei Abstimmungen eine Verurteilung nicht mehr allein von den Laienrichtern getragen sein konnte, sondern der Zustimmung von zumindest zwei akademisch vorgebildeten Berufsrichtern bedurfte. Der Wandel der Gerichtsverfassung hat auf diese Weise die Tendenz zur Verwissenschaftlichung der Rechtsprechung und zur Objektivierung auch der Tatsachenfeststellung verstärkt. Das wiederum trug zur Erweiterung der Revisionsmöglichkeiten bei.[30] Der BGH hat den Kontrollbereich im Laufe der Zeit stetig weiter ausgedehnt[31] und damit einhergehend die Anforderungen an die Begründung des Beweisergebnisses im Urteil deutlich angehoben.[32] Er befasst sich ausführlich mit der Richtigkeit und Vollständigkeit der Tatsachenfeststellungen. In zunehmendem Maße sind tatsächliche Feststellungen und Beweiswürdigung Gegenstand der revisionsrechtlichen Prüfung geworden.[33]

Heute hat sich eine revisionsrechtliche Praxis etabliert, die den Zugriff auf die tatrichterlichen Feststellungen mittelbar mit einschließt, indem die Kontrolle der Revisionsgerichte zu einer umfassenden Überprüfung der Urteilsdarstellung ausgedehnt worden ist.[34] Die Revision hat sich von einem Instrument zur Kontrolle der Rechtsanwendung zu einem Instrument zur Kontrolle auch der Sachverhaltsfeststellung, Beweiswürdigung und Rechtsfolgenbestimmung gewandelt.[35] Dieses Phänomen der Ausweitung der Revision zur sog. „erweiterten Revision" ist unbestritten.[36] Grob umrissen eröffnet die durch Richterrecht[37] geschaffene erweiterte Revision den Strafsenaten des BGH eine umfassende

---

29 § 20 II der (Emminger)Verordnung über Gerichtsverfassung und Strafrechtspflege vom 4.1.1924; RGBl. I, S. 15, 18; vgl. heute § 263 Abs. 1 StPO.
30 Peters, FS Schäfer, S. 137, 147.
31 Arzt, FS Trifferer, S. 527, 535; Schröer, Die Einheitsrechtsmittel der reformierten Revision. Ein Beitrag zur Beschleunigung des Strafverfahrens, Baden-Baden 2001, S. 75; Schünemann, JA 1982, 123, 125; Schäfer, StV 1995, 147, 148.
32 Detter, FS 50 Jahre BGH, S. 679, 681 m.w.N.; Foth, DRiZ 1997, 201, 204.
33 Fezer, Strafprozeßrecht, 2. Auflage, München 1995, S. 274; dslb., Die erweiterte Revision – Legitimierung der Rechtswirklichkeit? - , Tübingen 1974, S. 53.
34 Fezer, FS Hanack, S. 331.
35 Maul, FS Pfeiffer, S. 409, 418; vgl. Kühne, Strafprozessrecht, 7. Auflage, Heidelberg 2007, Rn. 1080.
36 Rieß, JR 2000, 253, 256, Fn. 43; dslb., JZ 2000, 813, 818; Tolksdorf, FS Meyer-Goßner, S. 523.
37 LR[25]-Hanack, § 337, Rn. 125 u. 128; Dahs, NStZ 1999, 321, 324; Schlothauer, StraFo 2000, 289.

Vertretbarkeitskontrolle der tatrichterlichen Urteilsfeststellungen[38] wie der Strafzumessung.[39] Die im Urteil wiederzugebende Beweiswürdigung wird nicht nur im Hinblick auf die Beachtung von Denkgesetzen, Erfahrungssätzen und offenkundigen Tatsachen, sondern schlechthin auf ihre Plausibilität nachgeprüft.[40] Die ursprünglich als irreversibel eingestuften tatrichterlichen Feststellungen unterliegen nunmehr mittelbar dem Zugriff des BGH.

### 3. Konsequenzen aus der „erweiterten Revision" für die Laienbeteiligung

Damit liegt aber auf der Hand, was uns hier interessiert. *Nur* Berufsrichter in der Revisionsinstanz beurteilen auch die Tatsachenfeststellungen und urteilen damit über Ergebnisse, die in der ersten Instanz *mit* Laienbeteiligung zustande gekommen sind. Zu welchen Konsequenzen führt uns dieser Befund?

#### a) Laienrichter beim BGH

Als erste Frage drängt sich auf, ob uns der aufgezeigte Befund zwingt, auch in den Revisionsgerichten Laienrichter zu installieren. Es ließe sich argumentieren, dass nur unter Beteiligung von Laienrichtern auch über Entscheidungen gerichtet werden kann, wenn zuvor Laienrichter an dieser Entscheidung beteiligt waren. Anderenfalls wäre die Laienbeteiligung ein erstinstanzliches Feigenblatt, welches durch die schwarzen oder beim BGH durch die bordeauxroten Roben im Schulterschluss der Berufsjuristen auf der nächsten Ebene ohne viel Federlesens eliminiert werden könnte.

Nun ist diese Argumentation schon deswegen nicht gänzlich schlüssig, weil die Schöffen in Deutschland nicht allein zur Tatfrage gefragt werden, sondern auch bei allen rechtlichen Fragestellungen wie der Subsumtion und beim Schuldspruch mitentscheiden. Sie sind den Berufsrichtern gleichgestellt. Wer nun mit dem Gleichlauftopos vorbringt, die Laien sollten stets in den Fragen präsent sein, wo auch in den unteren Instanzen Laien sich einbringen, würde ohne weiteres einen BGH-Senat mit Schöffen fordern müssen. Er würde aber an der Realität vorbei argumentieren. Denn tatsächlich sind es bei Rechtsfragen die Berufsjuristen, die die Entscheidungen vorprägen. Nur diese haben die Qua-

---

38 Rieß, JR 2000, 253, 256.
39 Rieß, JZ 2000, 813, 818.
40 Schünemann, JZ 1982, 123, 125.

lifikation, über Rechtsprobleme sachkundig zu befinden. Die Berufsrichter vermitteln ihre Erkenntnisse den Laien, die von diesen in den Spruchkörpern auch regelmäßig mitgetragen werden. Insoweit steht die gleichberechtigte Stellung von Schöffe und Berufsrichter nur auf dem Gesetzespapier.

Anders stellen sich die Tatsachenfeststellungen dar. Hier liegt das Feld, in dem sich die Laien einbringen können; denn die Bewertung von Zeugen und anderen Beweismitteln und die Würdigung der Informationen zur Tatfrage lassen sich regelmäßig ohne rechtliche Vorbildung vornehmen. Auch der Nichtjurist vermag zu beurteilen, ob der Angeklagte der Täter war oder nicht. In diesem ureigenen Terrain des Laienrichters bewegt sich nun auch der BGH, indem er im Rahmen der heutigen „erweiterten Revision" nach der Plausibilität der Feststellungen fragt und Urteile aufhebt, wenn den sich aufdrängenden Tatsachenfragen nicht nachgegangen worden ist.

Trotz dieser Entwicklung im Revisionsrecht hat sich die Revision nicht zur Berufung entwickelt. Eine eigene Beweisaufnahme zur Schuldfrage findet beim BGH weiterhin nicht statt. Zeugen werden nicht gehört, nicht einmal der Angeklagte hat ein Recht auf Anwesenheit. Der BGH greift zwar in das frühere Reservat des Tatgerichts ein, indem er dessen Tatsachenfeststellungen auf den Prüfstand stellt. Er belässt es aber bei einer Plausibilitätsprüfung. Das Urteil muss sich auf eine objektive Grundlage stützen und auf nachvollziehbaren und rational vermittelbaren Gründen beruhen.[41] Der BGH stellt sich aber nicht – wie es das Berufungsgericht tut – an die Stelle des Tatgerichts. Zwar wirkt der BGH in die Tatsachenfeststellung ein, aber lediglich mittelbar. Was die Laien dort eingebracht haben, wird in der Revision nicht unmittelbar aufgehoben. Vielmehr wird das Urteil an dieses oder ein anderes Landgericht zurückverwiesen, und wiederum unter Laienbeteiligung werden neue tragfähigere Feststellungen getroffen. Es geht folglich bei der Revision nur um eine Qualitätskontrolle und Qualitätssicherung.[42] In der Konsequenz sehe ich daher nicht, dass der Laiengedanke dazu zwingt, für die Revision ebenfalls Laienrichter vorzusehen. Dazu ist auch der heutige revisionsrechtliche Zugriff auf die Urteilsfeststellungen nicht intensiv genug.

---

41  Rieß, JZ 2000, 813, 818.
42  Dazu Rosenau, FS Widmaier, S. 521, 538ff.

b) Sinn und Zweck der Laienbeteiligung im Strafprozess

Die zweite Konsequenz lässt sich auf der Metaebene ziehen, wenn wir darüber streiten, welchen Sinn und Zweck die Laienbeteiligung im Strafverfahren hat. Von der Warte des Rechtsmittelsystems aus betrachtet scheidet damit das auch historisch überholte Bedürfnis aus, dass die Laien das Vertrauen in die Unabhängigkeit und Urteilsfähigkeit der Justiz gewährleisten sollen. Dieses in Umbruchzeiten sowie nach Systemwechseln häufig anzutreffende Motiv[43] hätte für die Revisionsinstanz in gleichem Maße zu gelten. Tatsächlich ist die richterliche Unabhängigkeit aber nicht nur beim BGH, sondern in allen Instanzen in Deutschland gesichert.

In gleicher Weise entfällt damit das Partizipationsargument, das wohl auch in Japan Pate gestanden hat, wenn in der Denkschrift des Rats für die Reform des Justizwesens ziemlich blumig davon die Rede ist, dass mittels der Laienbeteiligung eine nationale Basis für die Rechtspflege festgelegt werden solle. In Deutschland würde man wohl formulieren, dass die Justiz sich auf dem Boden der freiheitlichen Grundordnung zu bewegen habe. Es fragt sich indes, ob die Revisionsgerichte, weil gänzlich ohne Laien, außerhalb der nationalen Basis agieren sollen. Die Frage ist natürlich zu verneinen. Auch die Revisionsurteile ergehen „Im Namen des Volkes!", so dass auch dieser Ansatz nicht überzeugt. Gleiches hat für das Demokratieprinzip zu gelten, das gelegentlich in diesem Zusammenhang genannt wird.

Schließlich wird der volkspädagogische Effekt betont, der durch die Laienbeteiligung erreicht wird. Schöffen erzögen zum staatspolitischen Denken und brächten Rechtskenntnisse unter das Volk.[44] Aber gerade das wäre in besonderer Weise Aufgabe auch der höchsten Gerichte, haben diese doch auch die Aufgabe, Streitfragen von grundsätzlicher Bedeutung zu klären, das Recht fortzubilden und eine einheitliche Rechtsanwendung im gesamten Land herzustellen.[45] Revisionsgerichte müssten danach erst recht mit Laien besetzt sein: da das nicht der Fall ist, erscheint dieser Ansatz eher fraglich.

Damit bleibt ein letztes Argument, welches vor der revisionsrechtlichen Folie auch Bestand haben wird. Dieses Argument geht dahin, dass die Beteiligung

---

43 Koch, in: Rosenau/Kim (Hrsg.), Straftheorie und Strafgerechtigkeit, Frankfurt am Main 2010, S. 15, 22.
44 Kritisch Radbruch, Einführung in die Rechtswissenschaft, 13. Aufl. 1980, S. 207.
45 S. § 132 Abs. 4 StPO.

der Laien dazu führt, dass die Urteile auf besserer Tatsachengrundlage gefällt werden, kurz: dass die Urteile richtiger werden. Allein die Teilnahme von Laien zwingt nämlich die Berufsrichter dazu, auch eine nicht von der déformation professionelle beeinflusste Perspektive einzunehmen. Die Berufsrichter werden gezwungen, die eigene Meinung vor der Sicht der Laien zu rechtfertigen, verständlich zu machen und zu begründen.[46] Eine derartige Kontrolle[47] und Rückvergewisserung bedeutet Selbstkontrolle und bewahrt vor vorschnellen Entscheidungen, noch dazu unter dem Einfluss der Aktenkenntnis.[48] Da die Laien aber nun bewusst als rechtlich Unbewanderte an den Verfahren teilnehmen, können sie bei *rechtlichen* Fragestellungen eine solche Kontrollfunktion nicht wahrnehmen. Dazu fehlt ihnen die Rechtskenntnis. Bei den *tatsächlichen* Fragestellungen hingegen sind die juristischen Konnotationen zweitrangig. Man wird nicht so weit wie *Radbruch* gehen müssen, der mit Blick auf die Laien formulierte, „auf ein Gramm Rechtskenntnis kommt ein Zentner Menschenkenntnis". Aber der unverstellte Blick, der gesunde Menschenverstand ist ein Pfund, welches die Laien in den Strafprozess einbringen.

Für die Revision gilt das aus den bereits genannten Gründen weniger. Trotz der Eingriffe in die Tatsachenfeststellungen bleibt diese ein Qualitätssicherungsinstrument, das lediglich nach Plausibilitäten fragt. Dazu bedarf es der Laienbeteiligung nicht. Ich gebe aber zu, dass man hierüber durchaus streiten kann.

c) Saibanin an den japanischen Obergerichten

Die soeben erörterte Frage hat die japanische Strafprozesswissenschaft aufgeworfen, indem sie sich mit dem Laiengrundsatz in der Berufung auseinandersetzt. Sie zwingt damit auch die deutsche Wissenschaft, sich mit einer vernachlässigten Thematik auseinanderzusetzen. Wie Sie gesehen haben, habe ich im Ergebnis für Deutschland keinen Reformbedarf gesehen. Als Ergebnis meiner Überlegungen kann ich aber den japanischen Kollegen zurückspiegeln, dass sie in der Tat für eine Laienbeteiligung auch bei den Obergerichten eintreten

---

46 Koch, in: Rosenau/Kim (Hrsg.), Straftheorie und Strafgerechtigkeit, Frankfurt am Main, 2010, S. 15, 25.
47 LR[26]-Gittermann, § 29 GVG, Rn. 1.
48 Was im Übrigen ein starkes Argument für die Meinung darstellt, den Schöffen gerade keine Aktenkenntnis zu geben.

sollten, jedenfalls dann, wenn es dort um die Tatfrage geht. In diesen Fällen werden auch in der Berufung Tatsachen festgestellt, Beweise erhoben und gewürdigt. Die Laien würden zu qualitativ besseren Berufungsurteilen beitragen. Und deren wichtiger Beitrag aus der ersten Instanz wäre nicht länger verloren. Eine systematisch und teleologisch stimmige Lösung muss in der Berufungsinstanz in solchen Fällen eine Laienbeteiligung vorsehen. Die jetzige Regelung des Saibanin-Systems bleibt auf halbem Wege stehen.

# 第 2 部
## シンポジウム記録
（報告要旨・コメント・質疑応答）

# 開会の挨拶

伊 藤 壽 英

　本日は，独日法律家協会（DJJV）と日本比較法研究所合同開催による「裁判員裁判に関する日独比較法の検討」シンポジウムに，多数ご参集いただき，まことにありがとうございます．主催機関の一つである日本比較法研究所を代表して，一言，ご挨拶申し上げます．

　ご承知のように，裁判員裁判制度は，2009 年 5 月から実施されました．広く国民が刑事裁判に参加することにより，裁判が身近になる，司法に対する国民の信頼が向上する，といった制度目的が掲げられていました．それから 6 年がたち，統計によれば，2014 年 12 月までに，7,662 人の刑事被告人に，裁判員裁判による判決が下されたとのことです．この間，裁判員裁判制度の問題点や，制度自体への批判も指摘され，国民の関心は依然として大きいものがあるといえます．

　国民が裁判に関わる仕組みとしては，コモンロー圏の陪審制度がよく知られていますが，ドイツ法の参審制度も広く研究されており，わが国の裁判員裁判制度はその両者のハイブリッドと位置づけることもできます．本日，裁判員裁判制度について，ドイツ法や英米法の視点からの分析と検討を行うことは，比較法研究にとってきわめて意義のあるものであるとともに，裁判員裁判制度に対する国民の関心にも応えることになることは疑いありません．

　本日のシンポジウムについては，ご多忙のなか，前最高裁長官の竹﨑先生や稲田法務次官をはじめ，裁判員裁判制度の実務に深く関わっておられる方々のご協力を得られました．とくにこの場で厚く御礼を申し上げる次第です．また，グロテーア会長をはじめ，独日法律家協会のみなさまには，昨年の債権法

改正シンポジウムに引き続き，たいへんお世話になりました．本日は，当研究所の誇る第一線の研究者，ドイツからの専門家および実務家からの深甚な知見を持ちより，国民参加の刑事裁判のありかたを検討する貴重な機会を得ることになりました．ご出席された皆様とともに，その成果を大いに期待したいと思います．

　最後に，このシンポジウムを開催・運営するに当たり，ロバート・ボッシュ財団，公益財団法人社会科学国際交流江草基金，日本比較法研究所研究基金から，多大なご援助をいただいたことと，ジン教授が所長をされている欧州・国際刑事法センター（ZEIS）から多大なご協力をいただいたことをご紹介し，厚く御礼を申し上げて，私のご挨拶に代えさせていただきます．

　ありがとうございました．

# Begrüssung

Jan Grotheer

Sehr geehrter Herr Präsident Takesaki
sehr geehrter Herr Vizeminister Inada,
sehr geehrter Herr Prof. Itoh,

Es ist mir eine besondere Freude und Ehre, Sie im Namen der Deutsch-Japanischen Juristenvereinigung begrüßen und die heutige Tagung eröffnen zu dürfen.

Ich bedanke mich bei der Chuo-Universität und Herrn Direktor Prof. Itoh, dass wir hier zu Gast sein dürfen und ebenso bedanke ich mich bei Prof. Tadaki und bei Prof. Sinn von der Universität Osnabrück für die gute und fruchtbare Zusammenarbeit bei der Vorbereitung dieses Symposiums. Nicht zuletzt danke ich der Bosch-Stiftung für die maßgebliche finanzielle Unterstützung dieser Veranstaltung.

Ganz besonders dankbar bin ich Herrn Präsidenten Takesaki und Herrn Vizeminister Inada. Es ist uns eine grosse Ehre, dass sie hier anwesend sind und zu uns sprechen werden. Und ich freue mich auch sehr, dass Herr Generalstaatsanwalt a.D. Ozu heute bei uns ist. Er ist ein alter Freund und hat maßgeblich zu der Gründung der Deutsch-Japanischen Juristenvereinigung beigetragen.

Die Idee zu dem Symposium wurde geboren vor mehr als einem einem Jahr, als wir in Tokyo gemeinsam mit der Chuo-Universität ein sehr erfolgreiches Symposium zur Schuldrechtsreform durchgeführt haben. Diese Veranstaltung war ein grosser Erfolg und hat den Wunsch erzeugt nach weiterer Zusammenarbeit mit der Chuo-Universität. Als Herr Prof. Tadaki und ich uns bei einem strafrechtlichen Symposium in Göttingen im August 2014 getroffen haben, haben wir uns schnell auf das Thema „Laienrichtersystem" geeinigt. Die Frage stellt sich, ob Japan und Deutschland bei der Beteiligung der Bürger an der Rechtsprechung vergleichbare Probleme haben, welche Lösungen beide Länder gefunden haben und ob sie voneinander lernen können. Dazu bietet sich ein solches Symposium mit hervorragenden Referenten und Kommentatoren sowohl aus der Wissenschaft als auch aus der Praxis an, denen ich bei dieser Gelegenheit herzlich danken möchte, dass Sie uns ihr Wissen und ihre Zeit zur Verfügung stellen. Denn die praktischen Erfahrungen von Richtern und Staatsanwälten auf der einen Seite und die wissenschaftliche Durchdringung des Themas von Seiten der Professoren werden –so erwarte ich- interessante neue Gedanken und fruchtbare Diskussionen hervorbringen. Die von mir vertretene Ansicht möchte ich an dieser Stelle nicht vortragen; dazu bleibt mir mein Kommentar heute am Nachmittag.

Lassen Sie mich noch einige wenige Worte sagen, warum die DJJV hier gerne mitwirkt: Die Gründung der DJJV erfolgte vor 27 Jahren mit dem Ziel, die Zusammenarbeit zwischen Japan und Deutschland auf dem Gebiet des Rechts zu verstärken. Und genau das tun wir mit diesem heutigen Symposium. Während früher die rechtlichen Informationen in Form einer Einbahnstraße von Deutschland nach Japan flossen, haben wir uns bemüht, daraus eine Autobahn zwischen Japan und Deutschland zu machen. Zu diesem Zweck haben wir über 60 Symposien veranstaltet und geben die Zeitschrift für Japanisches Recht heraus, die die einzige juristische Zeitschrift ausserhalb Japans ist, die praxisnah und wissenschaftlich fundiert über japanisches Recht berichtet und vielfältigen Rechtsvergleich zwischen Deutschland und Japan darstellt.

Ich wünsche uns ein interessante Symposium und fruchtbare Diskussionen.

# 挨　　　拶

　　　　　　　　　　　　　　　　　　　　　　　　　竹　﨑　博　允

　おはようございます．ご紹介いただきました竹﨑です．
　このたび，日本比較法研究所等の企画により，日独両国の法律家等によって，裁判員制度についてシンポジウムが開催されますことは，非常に意義の深いことであると思います．このような会にお招きいただき，挨拶の場を与えられましたことは大変光栄であり，深く感謝申し上げます．
　私は，十数年前，司法制度改革審議会で国民の司法参加が検討されていたころからこの問題に関わり，特に法制定後施行までの5年間は，裁判所の立場から準備に携わり，また，施行後退官するまでの5年近くの間，制度の実施に伴うさまざまな問題を見てきました．
　その間，幾つかの点で重要な差異はありますが，ドイツにおける参審制の経験は，我が国の裁判員制を考える上で極めて重要であると考え，多くの裁判官を派遣してドイツの実情の把握に努めてまいりました．また2012年には当時の連邦通常裁判所のトルクスドルフ長官をお招きしてお話を伺い，その翌年には私自身が同長官のお招きでドイツを訪問し，長官，連邦裁判事らからお話を伺い，ベルリンの地方裁判所では，刑事裁判の法廷を傍聴し，参審員の方とお話するなど貴重な経験をさせていただきました．その訪問の折，日本大使の設けてくれた晩餐会の席で，ここにいらっしゃるグロテーア会長ともお話ししました．グロテーア会長は，長年にわたって日独の法律家の交流に熱心に取り組んでこられ，それ以前にもいろいろな機会にお会いしていたわけですが，久し振りに楽しいお話をさせていただきました．
　さて，我が国で裁判員制が施行されてから6年余りが経過しました．本年

（2015年）6月までの間に，約8,000件の事件が判決され，参加した裁判員の数は，補充員を含め60,000名を超えております．戦前の陪審裁判が僅か500件足らずで，数年後からはほとんど利用されなかったことに比較しますと，我が国の裁判史上画期的な出来事であるということができると思います．

今日，あらゆる専門的な活動について，国民に対し説明責任を果たすことが求められておりますが，刑事裁判という強力な国の権限の行使について，その要請は特に強いものがあります．国民の参加を得て，その意見を裁判に反映させるとともに，刑事裁判にとどまらず，司法に対する国民の理解と信頼を強固なものとすることがこの制度の目指すところです．僅か数年ではありますが，大きな混乱もなく，これだけの数の裁判員の協力が得られてきたこと，そうしてこれらの裁判員経験者が，審理，評議に熱心に加わり，判決後は実に95％もの高い比率で貴重な経験であったと肯定的に評価していることは，あらためて国民の社会的な意識の高さ，責任感の強さを感じさせるものであります．この制度が今後我が国に定着し，先に述べた制度の趣旨を達成できるということを十分期待させるものであると思っています．

その意味で，施行から今日まで，裁判員制度はよいスタートを切ったということができるといってよいと思われます．

しかし，一歩踏み込んで実情をみてみますと，むしろ問題はこれからであろうと思います．法の解釈はもとより，刑事裁判の歴史の中で積み上げられてきた様々な原理，要請，言い換えれば専門的な知識や技術の中で，裁判員制の下でも尊重されなければならないものを維持するとともに，裁判員となる国民が審理を理解し，その意見，感覚を反映させることとの調和をどのようにして図っていくのかということが，裁判員制の最も大きな課題であると思います．この調和が崩れると，裁判が著しく情緒的なものとなったり，あるいは逆に国民が加わることの意義が大きく減じられることになりかねません．

まず，大前提として，裁判員の理解できる審理にするためには，書面に大きく依存していたこれまでの審理の方法を見直し，直接主義，口頭主義を実践していくことが不可欠です．そのためには，当事者も裁判所も法廷での審理を通

じて活動していくための技術を身につけなければなりません．これまでのところでは，公判前準備で細部に至るまで打ち合わせを行い，予定どおりの公判審理を行うことが最も重視されているように思われます．これが，将来，本当に公判を中心とする直接主義，口頭主義を実現したものとなるか，あるいは単なる形式として固定化するのか，今後の運用に係っていると思われます．参審制と異なり，裁判員は1件ごとに選ばれます．それはまさに1件ごとに，専門家である法律家と国民一般との相互理解を築いていくという大きな課題と向き合っているということにほかなりません．

　この度のシンポジウムで取り上げられる量刑問題及び控訴裁判所における事実誤認の審査の在り方は，いずれも裁判員制のもとにおける，刑事裁判に内在する普遍的な原理と国民が参加することの意義とをどのように調和させていくのかという根源に関わる問題であると思います．現在の法制はそれをどのように調整しようとしているのか，法律実務家，特に裁判官はその趣旨をどう裁判員に伝え，評議を進めていくのか，また，その結論をどのように国民に説明していくのか，日々の実務に直接関わっている問題です．

　このシンポジウムが十分な成果を挙げられ，裁判員制が次のステップに向けて着実な歩みを続けることを期待しています．

## 挨　　拶

稲　田　伸　夫

　法務省事務次官の稲田伸夫です．
　本シンポジウムの開会に当たり，一言，ご挨拶申し上げます．
　まず，今回，「裁判員裁判に関する日独比較法の検討」という，大変意義深いテーマを扱われるシンポジウムが盛大に開催されるに至ったことをお祝い申し上げますとともに，本シンポジウムにお招きいただきましたことにつきまして，心からお礼を申し上げます．
　また，開催の準備に当たられた日・独両国の関係者の方々の御尽力に，敬意を表します．
　さて，本シンポジウムのテーマであります裁判員制度は，我が国で2009年に導入されました．
　その導入から6年以上が経過しましたが，裁判員となられた方々や，法曹三者の努力などにより，裁判員制度は，これまで，おおむね順調に運営されてきたといって良いと感じております．
　この裁判員制度の導入は，日本の刑事裁判手続に大きな変革をもたらす非常にドラスティックなものでした．
　当然，その導入に当たっては，詳細な検討が積み重ねられた訳ですが，その際，ドイツの制度も大いに参考にさせていただきました．
　私の理解では，ドイツの制度はいわゆる参審制度と分類されるものであり，裁判官と参審員が共に審理・評議を行い，有罪・無罪の決定及び量刑を行うものであると承知しております．
　日本の裁判員制度も，裁判官と裁判員が共に審理・評議を行い，有罪・無罪

の決定及び量刑を行うものです．

このように，日本の裁判員制度とドイツの制度は，制度の骨格ともいうべき部分を同じくしているものと思われます．

他方，例えば，参審員の任期や，裁判官と参審員あるいは裁判員の構成人数，評決の要件など，日本の制度とドイツの制度とで，異なる部分も多くあるものと承知しております．

このように，制度の骨格とも言うべき部分を同じくしつつ，他方で，異なる部分も多く持つ，日本とドイツの両制度を比較しつつ，日本の裁判員制度について検討することは，大変有意義なことであると思います．

また，制度そのものだけでなく，日・独両国の実際の刑事裁判の運用状況についても，これを比較しつつ，裁判員制度について検討することは，大変意味のあることだと思います．

日本の裁判員制度の歴史はまだ浅いものといえますが，この間，4万5,000人以上の国民が裁判員となり，8,000件以上の事件が審理され，実績が積み重ねられてきました．

このように，裁判員制度の下での裁判が積み重ねられてくる中で，例えば，検察官の立証は，従前のものよりわかり易いものとなり，裁判に提出される証拠についても，真に必要な証拠が厳選されるようになるなど，刑事裁判の運用にも変化がもたらされてきました．

他方，日本に比べ，国民の司法参加の歴史が深いドイツの刑事裁判の運用状況も，非常に興味のあるところです．

私は，昨年10月に，ベルリンで開催されたドイツ連邦司法・消費者保護省との「日独意見交換会」に出席した際，同地の区裁判所において，参審員の参加した裁判を傍聴させていただきました．

その事件は，比較的軽微な性犯罪でした．

最終的に被告人も事実を認めたことから，争点は主として量刑にあったようですが，それでも，被害者の証人尋問を実施するか否かなどで，公判開始間際まで，関係者の間で厳しいやりとりがあったと聞きました．

法廷でのやりとりを聞いておりますと，我が国のそれと何か似たところがあるなと感じたところです．

　とりわけ，検察官や弁護人の弁論の組み立て方などは，私が慣れ親しんだ，日本の刑事裁判と変わらないのではないかと思いました．

　これは私だけの感想ではなく，同行した我が省の検事諸君も同じ感じを持ったようです．

　考えてみれば，我々の先輩が，100年以上にわたって築いてきた日本の刑事司法の実務は，かなりの部分をドイツの実務に倣ってきたわけであり，戦後，アメリカ法の当事者主義を導入しつつも，その根本にはドイツから学んだ実務があり，それが現在まで連綿とつながっているのかなと思った次第です．

　わずかな経験から大仰な結論を導き出してしまったかとも思いますが，我が国の刑事司法が，その多くをドイツに負っていることは確かだと思います．

　そのような関係にある，ドイツの専門家の皆様をお迎えして，ドイツの参審員制度も参考にしつつ，我が国の制度について議論していただくことは，今後の裁判員制度の成熟，発展のために，大いに参考になるものと思います．

　本日，このようなシンポジウムが開催され，日・独両国の研究者や実務家が一堂に会して，日本の裁判員制度における重要論点について，比較法的視点から，分析と検証が加えられるということは，誠に意義のある，素晴らしいものだと考えております．

　裁判員制度が，より良い制度として発展していくためにも，本日は，活発な御議論が行われることを期待しております．

　最後になりましたが，本日のシンポジウム開催のために，多大な御尽力をいただきました，日・独両国の関係者の皆様に改めて敬意を表し，私の御挨拶とさせていただきます．

# 基調報告
## Eröffnungsvortrag

# 比較法的に見た裁判員制度の特徴と
# その運用実態及び課題（要旨）

椎 橋 隆 幸

Ⅰ．英米と仏独を代表とする陪審・参審制度と日本の裁判員制度とはその創設時期も成立の理由も異なる．前者は，支配階層に独占されていた刑事裁判を民衆の手に取り戻すとか，政府の圧制から刑事被告人を保護するために同輩たる陪審員による裁判を受ける権利を獲得したものであったのに対して，後者は，国民がその自発的な意思によって刑事裁判に参加することを求めたものではなかった．むしろ，欧米の影響を受けて近代的な刑事裁判を成立・発展させてきた過程で，数次の法改正や法運用によって必ずしも克服できなかった問題点を解決するための一つの道具（起爆剤）として裁判員制度を導入したという色彩が強いものといえよう．1948年の改正刑事訴訟法が本来目指したはずの直接主義・口頭主義による当事者間での活発な論争を通じた事実認定，迅速かつ充実した第一審公判中心主義の刑事裁判は，運用の過程で，五月雨式の公判期日，調書の多用，控訴審の続審的運用という実態が形成されていた．また，一部の刑事事件における裁判の遅延（長期化）が迅速な裁判の実現を阻み，刑事裁判に対する国民の信頼を損ねていた．さらに，迅速かつ充実した公判を実現するためには両当事者の準備活動が必要で，そのための証拠開示が欠かせないが，証拠開示の規定が少なく，運用ではカバーできない限界もあった．加えて，法律専門家の間での論争，上訴審での審査に耐え得る判決書に使われる言語は国民には難解で，理解し難く，刑事裁判は国民に畏敬されるものの，少し距離を置いた存在になっていた．

Ⅱ．2009年5月に施行された裁判員制度の趣旨は，国民の中から選任され

た裁判員6名が裁判官3名と協働して事実認定と量刑に関与することにより国民の刑事手続に対する理解の増進と信頼の向上に資することであり，次に，公判前整理手続において争点と証拠を整理して審理計画を明確にして，必要な証拠開示を実現し，原則，連続的な開廷の下，直接主義・口頭主義を徹底することで迅速かつ充実した公判を実現し，その結果，国民の健全な常識が裁判に反映されることが期待された．裁判員制度は，欧米の陪審・参審制度を調査・研究した上で創設された制度であるが，陪審制度（裁判員の選任方法と一回の刑事裁判で任務を終了する点）と参審制度（事実認定と量刑を裁判官と協働して遂行する点）の混合形態であり，基本は参審制度に比重を置いている．

　Ⅲ．裁判員制度6年間の運用は概ね順調との評価が一般的である．しかし，課題も幾つか指摘されている．(1)公判前整理手続の長期化，(2)審理内容のわかり易さが法曹によって相当に異なること，(3)著しく長期にわたる審理を要する事件への対応，(4)裁判員裁判の事実認定を裁判官だけで構成する控訴審で破棄する場合の根拠とその基準，(5)国民の健全な常識を最も反映する可能性のある裁判員裁判の量刑判断を控訴審が破棄する根拠とその基準等である．これらの課題に対して日本の法曹はどのように対応しているのか．本シンポジウムにおいて現状を示した後，対応策について掘り下げた検討を試みたい．

# Charakter, Praxis und Aufgabe des japanischen Laienrichtersystems aus rechtsvergleichender Sicht (Zusammenfassung)

Takayuki SHIIBASHI

I.　Das Geschworenengericht in den Vereinigten Staaten von Amerika und im Vereinigten Königreich sowie das Schöffengerichtssystem in Deutschland und

Frankreich unterscheiden sich von dem japanischen Laienrichtersystem (Saibanin-System) sowohl historisch als auch hinsichtlich der Hinterggründe für die Einführung voneinander Das Geschworenengericht in den ersten beiden Ländern sollte vorrangig der Erlangung der Rechte der Geschworenen zwecks Beteiligung im Strafverfahren dienen und wurde vom jeweiligen Volk gefordert, um den Angeklagten vor Unterdrückung der Regierung zu schützen. Das japanische Laienrichtersystem entstand hingegen nicht aus eigenem Antrieb der Bürger, um am Strafverfahren teilnehmen zu können. Vielmehr wurde das Saibanin-System als ein Mittel (Zündstoff) zur Lösung von Problemen eingeführt, die das unter dem europäisch-amerikanischen Einfluss entwickelte japanische Strafverfahrenssystem durch seine etlichen Gesetzesreformen oder Rechtsanwendung nicht beseitigen konnte. Das Änderungsgesetz der japanischen Strafprozessordung (J-StPO) im Jahr 1948 hat eigentlich den Zweck verfolgt, das Unmittelbarkeits- und Mündlichkeitsprinzip zu schaffen, lebhafte Diskussionen zwischen den Parteien zur Tatsachenbestimmung zu ermöglichen und ein beschleunigtes und inhaltsreiches Gerichtsverhandlungsprinzip („Kouhan tyushin syugi") zu etablieren, wobei die erstinstanzliche Gerichtsverhandlung im Fokus des Strafverfahrens stehen sollte. Im Laufe der Jahre wiederholen sich jedoch in der Rechtspraxis die immer wieder unterbrochenen Verfahrenstermine, das häufige Zurückgreifen auf das Protokoll und die Inanspruchnahme des Berufungsgerichts als weiterführendes Gericht. Weiterhin hinderte die langsam laufende (langandauernde) Verfahrenszeit einiger Strafverfahren die Verwirklichung des beschleunigten Verfahrens und verletzte das Vertrauen der Bürger in ein gerechtes Strafverfahren. Wegen der fehlenden Vorschriften zur Akteneinsicht konnten nicht alle Fälle der Praxis abgedeckt werden, obwohl diese Einsicht einer Vorbereitung beider Parteien dient, die zur Verwirklichung des beschleunigten Verfahrens notwendig ist. Das Strafverfahren wird zwar von den Bürgern in Ehrfurcht respektiert, hat aber gleichzeitig einen gewissen Abstand zu ihnen, weil die Diskussion der Rechtsexperten und die Rechtssprache in den revisionstauglichen Urteilstexten für Laien nur schwer zu verstehen ist.

II. Der erste Zweck der Einführung des Saibanin-Systems besteht im erhöhten Verständnis und Vertrauen der Bürger in das Strafverfahren, indem die sechs ausgewählten Bürger und die drei Berufsrichter bei der Tatsachenbestimmung und Strafzumessung zusammenwirken. Zum zweiten wird erwartet, dass der Verfahrensplan durch das Aufzeigen der Argumentationspunkte und der Beweismittel im Vorverfahren („Kôhan zen sêri tetsuzuki") verdeutlicht werden und die notwendigen Einsichten in die Beweismittel vorgenommen werden. Zugleich sollen ununterbrochene Verfahrenstermine durch die gründliche Anwendung des Unmittelbarkeits- und Mündlichkeitsprinzips ein beschleunigtes und inhaltsreiches Verfahren verwirklichen und infolgedessen den gesunden Menschenverstand im Urteil widerspiegeln zu lassen.

Das Saibanin-System wurde unter Berücksichtigung des anglo-amerikanischen Geschworenen- und europäischen Schöffengerichtssystems eingeführt, so dass es sich hierbei um ein sog. gemischtes System handelt (zum einen liegt die Ähnlichkeit mit dem Geschworenengericht in der Auswahl der Laienrichter und in der Beschränkung der Aufgabentätigkeit für ein Strafverfahren und zum anderen mit dem Schöffengericht darin, dass Laienrichter bei der Tatbestimmung und Strafzumessung mit den Berufsrichter zusammenwirken). Grundsätzlich ist das System des Schöffengerichts aber schwerwiegender.

III.  Größtenteils werden die vergangenen sechs Jahre des Saibanin-Systems als gelungen angesehen. Jedoch werden auch einige Änderungen für die Zukunft gefordert:
(1)  die jeweilige Vorverfahren verlängern sich,
(2)  die Verständlichkeit des Verfahrensinhalts variiert erheblich je nach Volljurist,
(3)  die Situation der Verfahren, die erheblich lange Verfahrenszeiten erfordern, zwingt zu angemessenem Handeln,
(4)  die Begründung und Richtlinien bei der Aufhebung der Tatsachenbestimmung vom Berufungsgericht, welches nur aus Berufsrichtern besetzt wird, ist noch nicht klar und
(5)  es ist ungenügend geklärt, ob und nach welchem Kriterium die Strafzumessung von Saibanin-Verfahren, in der möglicherweise der gesunde Menschenverstand der Bürger am meisten zu sehen ist, durch den Berufungsrichter aufzuheben ist.

In diesem Symposium wird zunächst von den japanischen Vorträgen erörtert, wie die japanischen Juristen diese Problematiken zu lösen versuchen. Ich bin davon überzeugt, durch die Diskussion mit den deutschen Kollegen weitere

Lösungsmöglichkeiten finden zu können.

セッション 1：
刑事裁判への国民参加の意義およびその正当性

1. Sitzung:
Bedeutung und Berechtigung der Beteiligung
von Laien am Strafverfahren

# 刑事裁判への国民参加の意義
# およびその正当性（要旨）

小 木 曽　　綾

　日本の裁判員制度の創設根拠は，「司法の国民的基盤の確立」にあると説明されており，最高裁判所もこれを確認している．しかし，その目的を実現するために，なぜ国民に負担を強いて極めて一部の刑事裁判への参加を求めるのか，また，それまでの日本の刑事司法には「国民的基盤」がなかったのか，といったことは必ずしも明らかではない．

　裁判員法制定にあたっては，当然のことながら，コモン・ロー法系の陪審制度，大陸法系の参審制度が参考にされた．このうち陪審裁判は，Blackstoneや，"The Federalist", Duncan v. Louisiana, 391 U.S. 145, 156 (1968) などによれば，「国の処罰権から個人を守る盾」として発展した伝統をもつ．一方，フランスでは，1791年にイギリスにならって陪審制度が設けられたが，それは，アンシャン・レジームを覆し，特権階級に独占されていた司法を含む統治機構を国民のものとする革命の成果の一部と理解することができる．そのような文脈では，「司法の国民的基盤」と国民の裁判参加制度はよく符合する（ドイツにおける参審制度の理念については，ドイツの先生方からご教示いただけるものと思う）．

　刑事裁判のもっとも重要な課題は，正しい事実認定と適正な量刑判断であるが，陪審制度も参審制度も，事実認定の正確さを保証するための制度として発展したわけではない．また，実体法および手続法が民主的なプロセスを経て制定され，対審が公開されていれば，裁判の民主的な正当性は保たれていると考えられ，事実認定や法令適用，量刑判断に国民が参加することは必然ではない．事実，裁判員制度導入以前の裁判が国民主権を定めた憲法に違反するとい

う主張はなかった（上述の通り，裁判員制度の目的も司法の「民主的」基盤の確立とは表現されていない）．したがって，裁判員制度の導入は，政策的な判断によるものである．

　その政策的な判断を促すきっかけの一つが，平野龍一教授の論文であったように思われる．そこでは，日本の刑事手続は，綿密な捜査に基づいて国側が主張する公訴事実の真偽を，職業裁判官が，多くの場合に書面に基づいて「吟味する」というより「確認する」プロセスであり，公判中心主義が形骸化していると指摘された．たしかに，一般市民が理解できないような用語で語られる刑法や，専門家のみが進める裁判手続が，多くの国民に理解されにくいものであり，その意味で，従前の刑事手続やその結果言い渡される刑罰が「国民的基盤」の薄いものであったということはできるかもしれない．裁判制度は公共財であり，ある罪を犯した者に，国の名においてその生命や自由，財産を奪う刑罰を科すのであれば，その根拠と量刑は，その社会に生きる人々が理解し，納得できるものでなければなるまい．

　加えて，刑事裁判への国民参加が，犯罪を生む社会的な背景や，刑罰のもつ意味について人々が思いを致すきっかけともなるのであれば，そこにこの制度を維持するより積極的な意義が見出されることだろう．

　報告者は，司法の「国民的基盤」という言葉の意味をそのように理解しておきたい．

# Bedeutung und Berechtigung der Beteiligung von Laien am Strafverfahren (Zusammenfassung)

Ryo OGISO

Der Grund für die Einführung des japanischen Laienrichtersystems (Saibanin Systems) sei das Bedürfnis für die „Herstellung der bürgerlichen Basis in der Justiz", was auch so vom Obersten japanischen Gerichtshof bestätigt wird. Es wird aber nicht unbedingt deutlich, warum die Bürger dazu gezwungen werden sollen, an einem sehr begrenzten Teil von Strafverfahren teilzunehmen und ob die frühere japanische Strafjustiz überhaupt keine „bürgerliche Basis" hatte.

Bei der Gesetzgebung des japanischen Laienrichtergesetzes (Saibanin-Hou) wurden natürlich das Jury System im anglo-amerikanischen Recht und das Schöffensystem im kontinentaleuropäischen Recht näher betrachtet. Das Jury System entwickelte sich geschichtlich, so laut Blackstone und „The Federalist", Duncan v. Louisiana 391 U.S. 145, 156 (1968), als „das Schild zum Schutz Einzelner gegen das staatliche Sanktionsrecht". Auf der anderen Seite wurde 1791 in Frankreich das Schöffensystem unter Hinweis auf das System im vereinigten Königreich eingeführt. Dies ist als ein Ergebniss der Revolution zu verstehen, die das damalige Ancien Régime umwarf und den von der privilegierten Klasse monopolisierten Herrschaftsmechanismus wie etwa die Justiz dem Bürger zurückgab. In diesem Zusammenhang harmonisiert der Begriff „bürgerliche Basis der Justiz" mit dem Schöffensystem. (Ich hoffe von den deutschen Kollegen eine Unterweisung über das deutschen Schöffensystems zu bekommen.)

Die wichtigste Aufgabe im Strafverfahren ist die richtige Tatsachenfeststellung und die angemessene Strafzumessung. Allerdings gewährleisten weder das Geschworenengericht noch das Schöffengericht eine genauere Tatsachenfeststellung. Darüber hinaus ist die Beteiligung des Bürgers an der gerichtlichen Tatsachenfeststellung, Rechtsanwendung und Strafzumessung nicht unbedingt erforderlich, denn wenn das materielle und prozessuale Strafrecht durch demokratische Prozesse verabschiedet werden und das Verfahren an sich öffentlich stattfindet, ist die demokratische Gerechtigkeit des Verfahrens als aufrecht erhalten anzusehen. In der Tat wird nicht vertreten, dass das Verfahren vor der Einführung des Saibanin Systems hinsichtlich des Prinzips der Volkssouveränität verfassungswidrig gewesen sei (der Zweck des Saibanin Systems ist, wie oben angeführt, nicht als Herstellung der „demokratischen" Basis der Justiz formuliert). Daraus folgt, dass die Einführung des Saibanin Systems auf einer politischen Entscheidung basiert.

Einer der Anlässe, diese politische Entscheidung zu treffen, könnte die Abhandlung von Prof. *Ryuichi HIRANO sein*. In seiner Abhandlung weist er darauf hin, dass die Berufsrichter im japanischen Strafverfahren die Echtheit, der auf sorgfältigen Ermittlungen basierten Tatsachenbehauptungen des Staatsanwalts, eher „bestätigen" als „erforschen" und dadurch das Mündlichkeitsprinzip im Verfahren lediglich ein leeres Gerüst darstellt. Tatsächlich gibt es keinen Zweifel daran, dass das in juristischer Sprache geschriebene Strafgesetzbuch und das ausschließlich von Juristen geleitete Verfahren für die Allgemeinheit nur schwer zu verstehen ist. In dieser Hinsicht beinhaltet das alte Verfahrenssystem nur eine schwache „bürgerliche Basis". Da das Verfahrenssystem ein Gut der Öffentlichkeit ist und im Namen des Staats das Leben, die Freiheit oder das Vermögen einer straffälligen Person entzogen werden, müssen die Begründung und das Strafmaß verständlich und akzeptabel für die in der Gesellschaft lebenden Menschen sein.

Zudem erscheint es äußerst sinnvoll und positiv, wenn die Beteiligung der Bürger am Strafverfahren diese dazu bringt, über den soziale Hintergrund deliktischen Geschehens und die Bedeutung der Strafe nachzudenken.

Das stellt meines Erachtens auch den Sinngehalt der Formulierung „bürgerliche Basis" in der Justiz dar.

# Die Beteiligung von Laienrichtern/Schöffen im deutschen Strafverfahren (Zusammenfassung)

Arndt SINN

Die Beteiligung von Laien im deutschen Strafverfahren hat nach einer bewegten Historie einen festen Platz innerhalb der richterlicher Spruchpraxis eingenommen. Gegenwärtig sind an den deutschen Amts- und Landgerichten ca. 37.000 Schöffen tätig. In verfassungsrechtlicher Hinsicht wird das Schöffensystem aus dem Demokratieprinzip abgeleitet. Beim Strafprozess geht es um die Bewältigung des stärksten Konflikts zwischen dem Bürger als Teil des Volkes und dem Staat. Indem der Staat hinsichtlich der Lösung dieses Konfliktes im Interesse einer Friedenssicherung ein Machtmonopol beansprucht (kein Parteienprozess (!)), gibt er von diesem Machtanspruch gleichzeitig und unmittelbar einen Teil an die Schöffen ab. Hierin wird echte „Volksbeteiligung" erkennbar. Aus der Teilhabe an staatlicher Macht können bestimmte Folgen abgeleitet werden (Herstellung der Öffentlichkeit, Fortentwicklung des Rechts, Akzeptanz der Entscheidungen, Weiterbildung des Volkes, Alltagserfahrung und Kontrolle).

Die Mitwirkungsrechte und – pflichten der Schöffen entsprechen nur teilweise denen der Berufsrichter. Zum Teil lassen sich diese Unterschiede aus der Natur der Sache heraus erklären, also aus dem Umstand, dass Schöffen keine Berufsrichter sind. Teilweise werden aber auch problematische Fälle offenbar (Akteneinsicht, Mitwirkung bei Entscheidungen zur Untersuchungshaft).

Kritik an einer Beteiligung von Laien wird immer wieder geäußert. Rechtliche Argumente dagegen, werden aber kaum vorgetragen. Bezweifelt wird zum einen der Mehrwert eines Laienrichtersystems und zum anderen sei eine Beteiligung von Schöffen bei einer Urteilsfindung eher hinderlich, ja sogar gefährlich. Bisher konnte sich diese Kritik aber nicht durchsetzen. Empirische Studien konnten ebenfalls nicht belegen, dass eine Beteiligung von Laien negative Folgen für das Strafverfahren haben. Signifikante Fehlentscheidungen aufgrund der Schöffenbeteiligung sind nicht nachgewiesen. Urteilsverzerrungen bei den Schöffen scheinen durch die Berufsrichter kompensiert zu werden. Eine Behinderung, Verzögerung oder Verflachung des juristischen Diskurses und der Dogmatik durch eine Laienbeteiligung ist ebenfalls nicht zu erkennen. Die Gesamtwahrnehmung des Rechtssystems durch die Schöffen ist sehr positiv. Das kann die Akzeptanz der Rechtsprechung fördern. Insoweit hat die Laienbeteiligung im deutschen Strafverfahren eine stabilisierende Funktion.


# ドイツ刑事手続における素人裁判官・参審員の意義（要旨）

アルントゥ・ジン

　ドイツ刑事手続における素人関与は，歴史的にいくらかの変動を経て，裁判実務において確固とした地位を占めるに至った現在では，ドイツ国内の区裁判所及び地方裁判所で，およそ3万7,000人の参審員がその任にあたっている．憲法的な観点では，参審制は民主主義原則に立脚している．刑事手続においては，国民及び国家の一部をなす市民，その市民相互の紛争解決が求められている．平和を維持するという利益のために，国家はこの紛争解決に関して独占的権力を要求している（つまり，当事者訴訟ではないということ）が，国家は同時にこの権力の一部を参審員に直接的に分け与えることになる．この点に，真の意味での「国民関与」が看取される．国民が国家権力に参与することからは，一定の効果（すなわち，公然性の確保，法の継続的発展，裁判所の判断の受容，国民のさらなる教育，日常的経験の取り込み，職業裁判官の判断の制御）が得られるであろう．

　参審員の共同作業の権利及び義務が職業裁判官の共同作業の権利・義務に合致するのは，ごく限られた範囲に留まる．部分的には，この相違は両者の性質

の相違から，つまり，参審員は職業裁判官ではないという事実から説明することができる．もちろん，一部の場合で問題が生じることは明らかである（証拠開示や，取調令状発付時の共同作業）．

　素人が裁判に関与することに対しては，これまで幾度も批判がなされている．しかし，この批判に，法的な論拠はおおよそ示されていない．一方では，素人裁判官制度の付加価値に対して疑念が向けられ，他方では，判決を導く過程で参審員の参加はどちらかといえば邪魔であり，それ以上に危険ですらあるという．しかしながら，現在に至るまで，この批判は説得的な根拠を提示できていない．同様に，実証的研究に基づいても，素人の関与が刑事手続にネガティブな効果をもたらすとは証明されていない．参審員の関与が原因で重大な誤判が下されたとの証明はなされていないのである．参審員が関与することで生じる判決のゆがみ（Urteilsverzerrung）は，職業裁判官によって修正されるべきもののように思われる．同じく，参審員が関与することで法学的な論争や解釈が阻害されたり，遅延したり，あまりに単純化されるといった事実も認められない．参審員によって法体系全体が把握されることには，多くの利点が見られる．これにより，判例の受容が促進されることになろう．その限りでは，ドイツ刑事手続における素人の関与は，安定化の機能を有しているといえる．

## コメント

上冨 敏伸

　法務省で刑事局を担当する審議官をしております上冨と申します．
　小木曽先生，ジン先生の両先生から大変緻密な分析をお聞かせいただきまして，ありがとうございました．
　私は検察官で実務家でありますので，両先生のご報告のような理論的な分析をする立場ではございませんが，まず，両先生のご報告をお聞きした印象を若干申し上げた上で，実務家の立場から，裁判員制度の導入が日本の刑事司法に与えた実際の影響について，申し上げたいと思います．
　ドイツの参審制と日本の裁判員制度は，当然ながら，制度自体も異なった点がありますし，独日の刑事訴訟手続は，それが職権主義的なものであるか当事者主義的なものであるかという点を含め，相当の違いがあると思っています．
　しかし，ジン先生が国民参加の効果として指摘された幾つかの点は，制度の違いにも関わらず，日本の裁判員制度においても，それがもたらす効果として十分に納得できるものであるように思いました．また，小木曽先生も，わかりやすい審理が実現され納得できる裁判が行われるということを指摘されましたが，同様のご指摘であると感じた次第です．
　さらに，小木曽先生が指摘されたとおり，国民参加によってよりよい裁判が実現されるかどうかが重要であるという点は，制度の導入の趣旨をどのように考えるかにかかわらず，まさにそのとおりであろうと思います．
　そこで，裁判員制度が日本の刑事司法に実際にどのような影響を与えたかという点ですが，先ほどから竹﨑前長官のご挨拶や椎橋先生のご講演でも触れられたように，裁判員経験者に対するアンケート結果では，裁判員を経験した方

が，その経験をよい経験であったと感じておられる率が非常に高いことが示されています．最も新しい昨年1月～12月までに裁判所が集計したアンケートの結果によると，裁判員経験者6,730名のうち6,450名の方が，よい経験をした，あるいは，非常によい経験をしたと回答しているようです．

もちろん，このアンケート結果からは現行の裁判員制度の運用上の課題も浮かび上がっておりますが，多くの経験者が自らの経験を肯定的に評価しているということは，その経験がそれ以外の国民にも共有されることを通じて，裁判員制度に対する国民の理解を高める方向で機能することは間違いのないことだろうと思います．

また，最高裁判所は，経験者に限らない国民一般の方の意識調査も実施しています．2015年1月に実施した調査によると，日本の刑事裁判について，裁判員制度が始まる前に国民が抱いていた印象と，裁判員制度の実施によって期待することや現在実施されている裁判員制度についての印象とを比較した場合，裁判所や司法を身近に感じる，あるいは，裁判の手続や内容がわかりやすい，裁判が迅速であるといった点について，裁判員制度実施後のほうが，それぞれ肯定的な意見が目立って増加しているとされています．

もちろん，裁判員制度実施の前後を問わず，顕著な意見の増減が認められない項目もあるようですし，国民が裁判員制度に対してどのような評価を下すのかについては，なお時間をかけた分析が必要であろうとは思います．

他方，法廷における証拠の取調べを中心とする実際の刑事手続の在り方については，裁判員制度の導入に伴って，既に非常に大きな変化が生じています．椎橋先生のご講演と若干重なる点はありますが，主として検察官の立場から申し上げます．なお，これから申し上げる変化は，日本の刑事手続が当事者主義的な構造で理解されていることを前提とするものですので，訴訟構造を異にするドイツでは当てはまらない点があるかもしれないことはご了解ください．

まず，裁判員制度の導入と同時に，日本の刑事手続には幾つかの新しい制度が導入されました．椎橋先生のご講演でも触れられたところですが，公判前整理手続が新設されました．この手続は，公訴の提起後，公判の開始前に，裁判

所の面前で検察官と弁護人がそれぞれの主張や立証計画を明らかにし，裁判所が審理の計画を立てるという手続です．この手続は，できるだけ多くの国民が裁判員として参加しやすくするとともに，裁判員にとってわかりやすい審理を実現するために不可欠の制度として導入されたものです．また，検察官手持ち証拠を弁護人に開示するための制度も整備されましたし，公訴提起前に被疑者に国選弁護人を付する制度も合わせて導入されています．

　また，裁判員制度の導入は，こうした制度面の改革だけではなく，実務上の運用にも大きな変革を迫りました．裁判員制度導入前の刑事裁判の法廷が必ずしも国民にわかりやすいものではなかったという点は，小木曽先生が指摘されたとおりだろうと思います．しかし，裁判員制度の導入により，裁判員にわかりやすく，かつ，迅速な立証が強く求められた結果，法廷での検察官や弁護人の訴訟活動は大きく変化しました．

　検察官の立場から申し上げると，検察官の立証は，捜査の結果判明した事実の全てを漫然と立証しようとするものではいけないという認識が高まったと思います．検察官の古い感覚で言えば，捜査をきちんとやって事実を解明しておけば自ずと立証は可能になるという感覚を持っている検察官が多かったと思います．しかし，裁判員制度の下での検察官の立証は，捜査とは別の視点から，刑事裁判として必要にして十分な事実認定と，それを踏まえた適正な量刑を獲得するための活動であることが，改めて自覚的に認識されるようになったといえると思います．

　具体的には，捜査で得られた多くの資料のうち，どの資料を立証に使うのか，それぞれの資料によりそれぞれどのような事実を立証するのか，どのような立証を行えば裁判員に理解してもらえるのかということを意識せざるを得なくなりました．

　また，検察官による被疑者の取調べ，すなわち被疑者の尋問の状況を，ビデオに記録することが行われるようになりました．これは，検察官による取調べの適正さが争われたときに，取調べの状況がどのようなものであったかを裁判員に的確に理解してもらうための手法として採用されたものです．被疑者の取

調べが日本の捜査において果たしてきた大きな役割からすると，検察にとって，ビデオによる記録の導入は非常に大きな変化でした．

　今，申し上げてきたような制度上，運用上の変化は，日本の刑事手続の在り方を大きく変化させるものでありました．そのきっかけとなった裁判員制度の導入のインパクトは非常に大きなものであったと感じています．

　現在，刑事司法制度のさらなる変革のための法律案が国会で審議されています．その法律案には，起訴前国選弁護制度や証拠開示制度をさらに拡充することや，取調べ状況のビデオによる記録の法制度化，公判に真実が顕出されることを確保する公判審理の充実を図るための制度改正といったものが含まれています．つまり，裁判員制度の導入をきっかけとした刑事司法の変革は現在もなお進行中であるといえるように思います．

　私からは以上でございます．

## コ メ ン ト

カルステン・ゲーデ

どうもありがとうございます.

竹﨑さん,稲田さん,香川さん,ご列席の皆さん,本日,皆さんの前でお話しさせていただきますことを非常に光栄に思っております.私の前にお話しくださった椎橋さん,小木曽さん,ジンさん,そして上冨さんに対しても,非常に有益なお話をいただきましたことに感謝申し上げたいと思います.

皆さんは深くテーマに切り込まれたので,これに何かを付け加えるのは難しいと思いますが,私は,三つの点についてお話したいと思います.一つ目は,日本とドイツは,刑事訴訟に素人が参加することに関して,ともにその正当性を認めているということ,二つ目は,ドイツの参審員の本当の意義について考えなければならないということ,三つ目は,日本の改革についての私の評価,です.

最初に,素人参加の正当性について述べます.今までのお話の中で,日本とドイツにおける素人参加は,スタート地点に違うものがあるということ,すなわち,ドイツでは国民の司法参加への要求があったのに対して,日本では司法改革の一環として立法者側からの提案として始まったということです.今日,両国は異なった刑事訴訟法系に属していますが,しかし,いずれも素人参加によって社会の未来を築くために有益な方途を得たと考えることができると思います.

確かに,民主主義の原則は,刑法や刑事訴訟法が議会によって議決されていることによって,もう十分に実現されており,民主主義が刑事司法への素人参加を支えるコンセプトでなければならないわけではないということは,小木曽

さんご指摘の通りです．議会には既に一般国民が参加しているわけですから，罪刑法定主義はそれによって実現されているからです．現在，ドイツにおいて，裁判官が国に操られているというようなこともないわけです．

また，ドイツ，日本，そしてイギリス，アメリカにおいても，刑事訴訟に素人が参加するといっても，全ての場合に参加するのではなく，軽い罪については素人なしで公判手続が行われます．しかし，だからといって，素人裁判制度における民主主義的な側面を捨象してしまうのは拙速な思考であると私は思います．むしろ，民主主義を最適化するためのツールとして，素人裁判参加を考えるべきなのではないかと思います．

素人参加によって，民主主義の原則が目に見える形になることが非常に重要です．罪刑法定主義には限界もあります．素人が参加することによって，これを補正することも必要になる場面があるのではないかと思います．刑法は抽象的なもので，刑事訴訟法もそうですけれども，これは具体化されなければならないものです．裁判を行うことによって初めて法が具体的になるということです．ですから，このプロセスに素人が参加する，国民が参加するということは非常に有意義です．

国民が裁判プロセスに参加すること，そして，日常的に国民が使う言葉とは大きく異なる専門用語を使った難しい言い回しで裁判が進行すると，裁判と国民の距離はかけ離れてしまうおそれがあるわけですが，素人が参加することによってそれを回避することができるということにも大きな意味があります．刑法は全ての国民に適用されるものなので，国民に理解されるものでなければならないわけです．裁判員がいるということで，職業裁判員は素人である参審員に納得してもらえるような説明をしなければならないことになります．

上冨さんがおっしゃったことに関係することですけれども，ここで私たちは，素人参加が実現することによって全ての問題を解決できるというような思い込みをしてはいけません．小木曽さんもおっしゃったように，素人が参加することによって事実認定がよりよくなされるということもないわけです．刑事訴訟全体を改善しようと考えるのであれば，素人裁判だけを実現するだけでは

足りません．裁判，公判以外にも目を向けて，例えば，上冨さんがおっしゃったような，取調べの可視化とか，そういった他の解決策ももちろん講じられなくてはなりません．

　二つ目の点です．ドイツにおける素人参加はどういった意義を持っているのかという問題です．実は，ドイツでは，参審員裁判についてはあまり議論がなされていません．参審制度があることで，どのような効用があるのかをもし聞かれたとしても，それにお答えするのは非常に難しいといわざるを得ません．

　参審員は公判あるいは評議において職業裁判官と同権であるといわれていますが，それは理論にすぎないという評価すら可能かもしれません．実務の現場からの報告を見ると，職業裁判官の中には参審員の存在を我慢している，と，参審員がいてもいなくても判断は変わらないし，むしろ，いないほうがいい場合もあるという意見もあります．参審員に説明をしなければならない時間を無駄と考えている人たちもいるようです．

　もし素人の参加がなかったら，職業裁判官がどのように行動するのか，ということはわかりません．また，場合によっては参審員の方々が消極的な参加態度であるということもあるかもしれませんが，それは職業裁判官の努力が足りないからなのかもしれません．ここで忘れてはならないのは，職業裁判官は，参審員がその場にいることの影響を受けて行動の仕方が変わる，意識的であろうが無意識であろうが行動の仕方が変わる，ということです．ということは，参審員の方々は，そこに存在するということだけで効果を上げているわけです．その存在は，一種の法的手段，上訴に類似する審査というような意義をもっているといえるかと思います．あるいは，裁判が，上訴の前に既に素人の目から見たコントロールを受けるのだ，といってもよいかと思います．ですから，ジンさんからお話があったように，90％の参審員が，職業裁判員が自分たちのことを真剣に扱ってくれている，重要と考えてもらっているという印象を持ったということは，不思議なことではないのではないかと私は思っています．

　同時に，参審員の意義は高められなければなりません．第一には，証拠開示

を制度化して，さらに当事者に権利を与えていかなければなりません．第二に，職業裁判官がもっと努力して，犯情や一般情状などを参審員によく説明しなければならないと思います．第三には，複雑な難しいテーマについては，例えば経済犯罪の刑事手続などについては，経済の問題の分野に明るい人たちを参審員として登用するといったことが考えられるべきです．

そして三つ目，日本の過去約10年にわたる改革についての評価です．日本では，今まで非常にわかりにくいといわれていた，あるいは，証拠を読み上げるだけだといわれていた公判手続のありかたなどに，裁判員制度は大きな改革をもたらしました．それによって，立法によってのみ改革を行うのではなく，実際の刑事訴訟手続を通じた改革がもたらされたということがいえるのではないかと思います．

以前，井田良さんがハンブルクでされた講演を聞かせていただきました．それを私が正しく理解したとすれば，日本は刑事手続自体を改善したいと考えて今回の改革をした，と私は理解しております．

そういった中で，素人参加はよい意味で触媒としての役割を果たすかと思います．素人参加は，既に他国でも使われているツールです．既に存在しているこのツールを，日本の特徴に合わせて使っていくことは，非常に有意義なことではないかと思います．ドイツの目から見て，日本が裁判員制度を導入したことは非常に意義のある，賢い改革であったと私は思います．日本の立法者は，裁判員法を制定することを通じて，問題解決の役割を全うしたわけです．

これはドイツでも行わなければならないのですが，なかなか進みません．30年たってもなかなか改革はできませんけれども，やっとここで，刑事訴訟改革のアプローチが見えてきました．連邦司法省と消費者保護省が一緒になって刑事訴訟法改革のための専門家委員会を設置したのです．やっとのことです．

日本で行われている素人裁判の実践は，将来において，もしかしたら成功しないということもあるかもしれません．しかし，日独間の法律の比較という観点から見て，その行く末，導入の実施からその行く末までを観察していくということ自体が重要だと思いますし，それをもとにして，別の文化圏において

も，こういった素人参加のツールが使用可能であるのかを考えていくための土台，基盤ができあがっていくのではないかと思っています．

　まとめさせていただきます．一つ目に，裁判員あるいはドイツにおける参審員による素人参加は民主主義にとって重要なものであるということ，二つ目に，参審員あるいは素人の参加は，職業裁判官の公判手続における態度に影響を与える重要な存在であるということ，そして，三つ目には，比較法的な立場からいって，今回の改革は重要な研究に値するテーマと言えるだろうということです．

　ありがとうございました．

# 質 疑 応 答

**司会（香川）** 私の独断と偏見で，質問の順番を決めさせていただいています．

まず，ロゼナウ教授から椎橋先生のご報告について若干補足的なご説明をいただけるというお話ですので，先にロゼナウ先生の質問を取り上げたいと思います．

本来は質問者にマイクをお渡ししないのが原則だと理解しておりますが，この点についてはロゼナウ先生から直接ご説明いただきたいと思います．よろしくお願いします．

**ロゼナウ** まずは，先ほどの椎橋先生のお話に関するコメントです．

椎橋先生の報告によると，公判は裁判員が参加することによって事前手続が長くなった，そして，その手続自体は6～7日になった，ということでした．

しかし，私は，全体として公判が長く続くのは必ずしもデメリットだとは思いません．例えば暴行であったり強盗傷害であったり，あるいは死者が出てしまうような犯罪においては，当然その法効果も，例えば自由刑であったり死刑であったりと大きな法効果になるわけですので，その審議も徹底的に長い時間をかけてする必要があると思います．そのように考えると，公判自体が6～7日かかるというのは最小限ではないかと思うわけです．全体としては事前手続等も含めて6か月，8か月が適切であると思いますが，準備手続あるいは公判手続にかかる時間が長いことが日本で問題視されているのかということを教えていただきたいと思います．

**司会（香川）** 答えるべき人は誰がよいかという問題がありますが，椎橋先生でよろしいですか．

**椎橋** ロゼナウ先生，補足的な説明をしていただき，ありがとうございました．

私も，先生がおっしゃるように，特に重大な事件であれば慎重な審議をするのが当然ですので，ある程度の時間がかかるのはもっともだと思います．ただ，現状より極端に短くするのは難しいと思いますけれども，現在の裁判員制度のやり方の中でもできることはやっていくべきと考えます．つまり，公判前整理手続が長くなりますと，関係者の記憶が薄れますし，場合によっては被告人の身柄拘束が長くなることがありますので，それをなるべく避けたいということがあります．

現状の中でできることは，公判前整理手続をもう少し効率的にやる，つまり，争点・証拠の絞り方をもう少し大胆に行うべきということです．今でも瑣末なことについてまで争点としたり「これでもか」というように大量の証拠を出したりすることはないと思いますけれども，それを，より必要最小限度のものにしていく，それから，公判審理においても，人証を中心にした的確な立証方法で，より必要最小限のものに絞った立証にしていくことに，さらに努力していくべきではないか．そのような趣旨ですので，恐らく先生のおっしゃることと方向性はそんなに違っていないのではないかと思います．

**司会（香川）** それでは，会場からいただいた質問に移ります．

私が質問を読み上げますので，その後に質問を受けた方からコメントをいただければと思います．

まず，小木曽先生に対するご質問です．弁護士の松田啓先生からいただきました．

日本の裁判員は事実認定・量刑について国民の意識を反映させる制度であると認識しているが，法の解釈については何か期待されるという要素はないのでしょうか．

という質問です．それでは，小木曽先生，よろしくお願いします．

**小木曽** 実務家，特に裁判官の方からもお答えいただけるとよいと思うんですけれども．

例えば，難解な法律概念をいかにわかりやすく説明するかということが言われます．「未必の故意」とか「緊急避難」とか．そうした法概念が，ある事件

で適用されるかされないかというようなことが争点になる事件があったとして，そうした概念を具体的な事実に当てはめる際に，裁判員が参加して評議が行われます．従来の職業裁判官だけの議論であれば，例えば，大体このような事案では緊急避難は不成立だという結論になっていたものが，裁判員が評議に加わって，今までとは違う物の見方や意見が出てくることによって，緊急避難が成立するという結論になる，といったことがあるとすると，それまでの法適用の在り方や解釈の在り方が少しずつ変わっていく，ということがあるかもしれないと推測します．

むしろ裁判官の先生，いかがでしょうか．

**司会（香川）** 私のコメントは最後にいたしまして．

次に，ジン先生に同じく松田弁護士から質問があります．同じような問題意識かと思いますので，続けて質問を読み上げます．コメントをいただければと思います．

ドイツにおいては判例法の形成にも参審員の意見が反映されるようであるが，具体的にはどのように行われるのか．

という質問です．ジン先生，よろしくお願いします．

**ジン** お答えするのが非常に難しい質問です．

参審員でも法の解釈に貢献できることがあると思います．良識で貢献するということですが，その解釈が非常に難しい．例えば，「暴力」という概念を考えたときに，ドイツでも，通常の生活をしている人たちが暴力を受けるということは，素人には，なかなか想像しにくい状況だと思うんです．そのとき，どうしてそのような判決が出るのか，なぜそれについて裁判で論争するのかということを見ていると，法律上の概念についての理解もだんだん深まるのではないでしょうか．そして，その妥当性が素人参加でコントロールされることによって，その判断プロセス，結果的には判例法の形成にも参加することになる，といえると思います．

しかし，それを実証するのは不可能だと思います．参審員とのコミュニケーション次第だと思います．説明するのは非常に大変な作業で，多くの時間がか

かります．ですから，「そういうことはやりたくない」という裁判官は参審員からも受け入れられないと思います．ただ，統計的に見ると9％の人が裁判官と異なった意見だったと言っています．要するに，職業裁判官と意見が違った人は9％だった，そして，4.5％は職業裁判官に対して参審員が意見を通すことができたと言っていますから，よいコミュニケーションがとれているのではないかと思います．

　ドイツでは最近，刑事手続における理解を促進するための法律ができました．その法律によって，参審員は説明を理解させてもらうプロセスに関与しなければならないことになっています．これによって，参審員が判断するときに，本当にきちんと理解が深まるように説明してもらったかどうか，参審員がそれをどのように感じるかが今後重要な指標の一つになってくると思います．

**司会（香川）**　最後に司会としてコメントを5分くらいしろといわれています．私は今の問題も含めて最後にコメントさせていただきたいと思いますので，次の質問に移りたいと思います．

　近畿大学教授の辻本典央先生から小木曽教授に対して質問をいただいています．読み上げます．

　民主的基盤ではなく国民的基盤とされる点は支持します．立法のように複数の選択肢の中から意思決定する作業と異なり，司法は原理的には唯一であるはずの真実を発見する作業だからです．そうすると，確かに事実認定は国民の健全な常識が反映されるべきともいえそうですが，量刑判断は法及び刑事政策の専門家に委ねるべきとも思われます．そこで，特に量刑判断についての国民的基盤とは，事実認定の場面と共通するものなのか，そしてなお政策的判断として正しいといい得るのか，両場面の司法作用の違いを前提にご教示ください．

　という質問です．小木曽先生，お願いします．

**小木曽**　鋭い質問で，先ほどから考えているのですが．

　そもそも量刑判断とは何をするフレーズなのかということが問題になるのだろうと思います．

　「量刑判断とは，認定された事実に対して，有罪の認定を受けた者に対する

非難の程度，大きさを表すものである」と考えると，「その事実に対して社会がどのように反応するのかを裁判員を通じて表すことには意味がある」と理解することになるのではないか，と思います．実際に，特に性犯罪についての量刑が重くなってきていることを「その行為に対する社会全体の受け止め方を反映したものだと受け止める」という見方もあると思います．そのような意味で，刑事裁判に国民が参加することがよいことであるとすれば，量刑判断にもそれが反映されるということは説明がつくのではないか，と思います．

　では，裁判官はどうか．失礼ながら，恐らく裁判官も，刑事政策の専門家ではないのではないかと思いますし，その人が刑を受けてどのように変化していくかは宣告のときにはなかなかわからないのではないかと思います．

　アメリカなどでは，これは陪審裁判を受ける権利として議論されます．死刑事件のときに陪審が判断しなければいけないのかといったような判例があります．アメリカの判例では，ある要素が犯罪の成立要件であれば陪審裁判を受ける権利が保障されるけれども，量刑事情であればそれは保障されなくてもよい，という，かなり入り組んだ議論がされています．ただ，ある事情を量刑事情と見るのか犯罪の成立要件と見るのかについては，かなり争いがあります．例えば被告人を死刑に処すべきなのかそうでなくてもよいのかという判断については，その地域の良識を反映する陪審員が判断に加わらなければいけない，という議論がアメリカではされています．

**司会（香川）**　ここで，質問の直接の対象ではないのですが，日本の裁判員法（裁判員の参加する刑事裁判に関する法律）の立案に深く関与された上冨先生から「日本の裁判員法において，裁判員が量刑の判断に関わることについてどのように整理されているか」という点からコメントをいただけたら，この質問に対しても非常に有益な議論になるのではないか，と思います．突然振って申し訳ありません．何かコメントをいただければと思いますが，いかがでしょうか．

**上冨**　お答えになるかどうかはわかりませんが．

　ご承知の方が多いと思いますが，裁判員法第1条には同法の趣旨が書かれています．その第1条には「裁判員が裁判官と共に刑事訴訟手続に関与すること

が司法に対する国民の理解の増進とその信頼の向上に資する」と記載されています．これが裁判員制度が持つ効果についての法律の認識なのだろうと理解しております．そして，そのような理解を前提に，裁判員の権限が検討されたわけです．

当然ながら，刑事裁判の判決の骨格は有罪・無罪の判断と有罪である場合の刑の量定との二つになるのだろうと思います．立法に関与した担当者の書いた解説によれば，刑の量定については，有罪・無罪の決定に劣らず国民の関心が高い問題であることから，国民の感覚を裁判内容に反映させ，司法に対する国民の理解と支持を深める，という，先ほど申し上げた，裁判員制度の趣旨に鑑み，これについても裁判員が関与することが適当とされたものである，と説明されているところです．

お答えになるかどうかはわかりませんが，以上です．

**司会（香川）** ありがとうございました．

途中で申し上げたように10分くらい遅れて始まったと認識していまして，12時50分くらいまでに終われればと思っています．

あと2問，質問がありますが，似たようなテーマですので，しかもお答えいただきたい方も一緒ですので，大変失礼ながらこの2問はまとめさせていただきたいと思います．

質問は全て両方とも読み上げます．質問をいただいたのは，信州大学の田口守一先生と國學院大学の四宮啓先生です．お二人とも，ドイツのジン先生に対するご質問です．順次読み上げます．

まず，田口先生の質問です．

ジン先生は，国民関与の効果として公然性の確保を指摘し，そこには参審員の評議内容に関する守秘義務（秘密保持義務）も含まれると言われた．他方で，国民のさらなる教育を指摘され，参審員が自分の経験を国民に伝えることが期待されると言われた．私の質問は，参審員の経験は自分の経験のうち，どの部分が秘密保持の対象となるのか，である．特に評議の内容について，裁判官との議論，意見の対立の内容を語ることは許されるのか．

以上が田口先生のご質問です．
　次に，四宮先生の質問です．
　参審員の役割として経験を国民に伝えることが期待されている，とのご報告がありました．ドイツでは，参審員の任務を終えた者について――①守秘義務がありますか．あるとすれば，どのような内容ですか．②参審員経験者は，どのようにコミュニティーで自分の経験を伝えていますか．十分に伝えているとすれば，何がそれを可能にしていると思われますか．
　以上が四宮先生の質問です．
　ジン先生，まとめてお答えいただけますでしょうか．お願いいたします．
**ジン**　非常に重要な質問です．
　守秘義務について，まず分ける必要があります．公判，要するに，公の部分になっているところと公になっていないところです．参審員の方は，公になっているところに関しては言って構いません．しかし，非公開のところ，つまり，審議そしてその他にいろいろ非公開の会議があります．個人のプライバシーの保護のために非公開で行われる会議などがあります．参審員の方は，そういったことの内容は口外してはいけません．それは参審員をやめた後も同じです．参審員の方は職業裁判官と同じ立場にあります．つまり，守秘義務の違反のように，その法に触れれば制裁を受けるのは職業裁判官も参審員も同じです．
　二つ目のご質問です．参審員の経験がどのように伝えられるか，です．
　ドイツでは，非常に活発に活動しているドイツ参審員の団体，連盟があります．この団体は，さまざまな会議を主催し，会報誌も発行しています．これによって，その広報活動，それからかつて参審員をやっていた人たちの間での議論を後押ししています．そして，ここもコミュニケーションが大事です．つまり，伝えてもよい経験はどんどん発信していく，そして，いろいろな会を通してよい経験・悪い経験を伝えていく．
　この点からみると，ドイツ国内で参審員制度は広く受容されているといってよいと思います．被告人が参審員を非常に信頼しているのです．「職業裁判官

は書類とかを見ているだけだけれども，参審員は僕のことをちゃんと理解してくれている」と感じる被告人が多いのです．ですから，参審員がいることで裁判が身近なものとなっているということです．

これは私自身が経験したことで非常に限られた経験ではありますけれども，お伝えしました．

**司会（香川）** もう 12 時 50 分近くになりましたので，最後に司会からセッション後のコメントをして，午前中のセッションを終わりにしたいと思います．

私はドイツ法のことは全く詳しくありませんので，きょうの議論を聞かせていただいて，私自身も大変参考になりました．国民参加の意義がどのように考えられるかは別として，われわれ裁判官がこれから裁判員裁判をどのように，どのようなものを目指していくかについて，実は既に最高裁判決で書かれている部分があります．裁判官はこのようなことを考えて裁判員裁判をやっているんだということをおわかりいただきたいと思い，そこを読み上げたいと思います．

これは，平成 23 年（2011 年）11 月 16 日の最高裁大法廷判決です．裁判員制度が合憲であると判断した判決です．この判決の最後のところに，これから読み上げる一節があります．

「司法の役割を実現するために，法に関する専門性が必須であることは既に述べたとおりであるが，法曹のみによって実現される高度の専門性は，時に国民の理解を困難にし，その感覚から乖離したものにもなりかねない側面を持つ．」

一文，飛ばします．

「裁判員制度は，司法の国民的基盤の強化を目的とするものであるが，それは，国民の視点や感覚と法曹の専門性とが常に交流することによって，相互の理解を深め，それぞれの長所が生かされるような刑事裁判の実現を目指すものということができる．」

というくだりがあります．

先ほど法解釈の話が出ましたので，そこに当てはめて考えます．法の解釈は

法律家の仕事であり，今の話でいくと「法曹の専門性」が生かされる場面であろうと思います．他方，具体的事案に対する当てはめについては，裁判官と裁判員とで一緒にやることになるので，裁判員の持つ「国民の視点や感覚」を生かしていくことが期待されていると思います．ただ，当てはめについて「国民の視点や感覚」と「法曹の専門性」とが交流することによって，もしかすると将来，法律の解釈にも何らかのよい影響があるかもしれないとは思っています．日本の裁判官はこのような交流・相互理解を考えながら裁判員裁判をやっているとご理解いただければ，と思っています．

　以上で，私のコメントを終わらせていただきます．

セッション２：
量 刑 問 題


2. Sitzung:
Strafzumessung und Laienrichter

# 量刑問題（要旨）

鈴木彰雄

## Ⅰ．量刑をめぐる問題状況

わが国の刑法典は量刑に関する原則的な規定を置いておらず，その判断を広く裁判所の評価に委ねている．また，刑罰法規の法定刑の幅が広く，任意的減軽（または免除）を認める規定が多いこと等から，裁判所は量刑に際して広い裁量の幅をもっている．実務においては，起訴便宜主義の規定（刑訴法248条）を参考にして，諸事情を総合的に判断して量刑が行われているといわれるが，その総合判断の内実は必ずしも明らかでない．そのため，量刑のプロセスをどのように合理的にコントロールすべきかという問題について，これまで多くの議論が積み重ねられてきた．

実務においては，長年の裁判例の蓄積によって形成されてきた「量刑相場」が一定の指針になっている．量刑において重要な役割を果たす検察官の求刑も量刑相場を前提とするものであり，これまでの裁判例では，実刑の刑期は求刑の2割ほど低く，執行猶予の場合には求刑どおりとする例が多い．

## Ⅱ．裁判員裁判における量刑傾向

裁判員裁判の全体的な量刑傾向として，量刑の幅が上下に広がったことがあげられる．最高裁判所事務総局『裁判員裁判実施状況の検証報告書』では，一部の罪名について刑期が重い方向へシフトし，他方で一部の罪名について執行猶予に付される率が上昇していること，執行猶予付き判決のうち保護観察に付される割合が大幅に増加していること，求刑どおり及び求刑超え判決が増加し

ていることが指摘されている．その要因として，被害感情の重視が重罰化に結びついていることと，被告人の更生への関心が高まっていることが考えられる．

Ⅲ．注目される裁判例

こうした状況の中で注目される裁判例があらわれた．①「寝屋川事件」では，夫婦である被告人両名が幼い娘に暴行を加えて死亡させたという傷害致死の事案について，第一審（裁判員裁判）は検察官の各懲役 10 年の求刑を超える各懲役 15 年の刑を言い渡し，控訴審は被告人両名の控訴を棄却したが，最高裁は，これまでの量刑の傾向から踏み出し，公益の代表者である検察官の求刑を大幅に超える量刑をすることにつき具体的，説得的な根拠を示しているとはいい難いとして，第一審判決及び原判決を破棄し，夫に対して懲役 10 年，妻に対して懲役 8 年とする自判をした（平成 26 年 7 月 24 日判決）．

②「青山事件」では，殺人等の罪により懲役 20 年の刑に服した前科がある被告人が被害者 1 名を殺害した住居侵入，強盗殺人の事案について，③「千葉事件」では，被害者 1 名を殺害するなどした住居侵入，強盗殺人等のほか，その前後約 2 か月間に繰り返された強盗致傷，強盗強姦等の事案について，いずれの第一審（裁判員裁判）も被告人を死刑に処したが，控訴審は第一審判決を破棄して無期懲役とした．最高裁は，両事件のいずれについても検察官の上告を棄却し，「死刑が究極の刑罰であり，その適用は慎重に行われなければならないという観点及び公平性の確保の観点」から，「死刑の科刑が是認されるためには，死刑の選択をやむを得ないと認めた裁判体の判断の具体的，説得的な根拠が示される必要があり，控訴審は，第一審のこのような判断が合理的なものといえるか否かを審査すべきである」と説示した（平成 27 年 2 月 3 日決定）．

これらの裁判例は，裁判員制度の趣旨を踏まえ，量刑に関する裁判員の視点や感覚とこれまでの量刑傾向をどのように調和させていくべきかという重要な問題を提起している．

# 「量刑問題」(レジュメ)

鈴 木 彰 雄

Ⅰ．量刑をめぐる問題状況

　1．量刑基準
　　・「幅の理論」「責任を基礎として予防がこれを修正する」
　　・実務における「量刑相場」
　2．量刑事情
　　・「犯情」と「一般情状」

Ⅱ．裁判員裁判における量刑傾向

　　・量刑の幅の広がり

Ⅲ．注目される裁判例

　①「寝屋川事件」
　　・大阪地判平成24年3月21日（裁判員裁判）　夫と妻に各懲役15年
　　・大阪高判平成25年4月11日　控訴棄却
　　・最（一小）判平成26年7月24日　破棄自判　夫を懲役10年　妻を懲役8年
　②「青山事件」
　　・東京地判平成23年3月15日（裁判員裁判）　死刑
　　・東京高判平成25年6月20日　破棄自判　無期懲役
　　・最（二小）決平成27年2月3日　上告棄却

③「千葉事件」
- 千葉地判平成 23 年 6 月 30 日（裁判員裁判）　死刑
- 東京高判平成 25 年 10 月 8 日　破棄自判　無期懲役
- 最（二小）決平成 27 年 2 月 3 日　上告棄却

Ⅳ．検討すべき課題

1．量刑評議のあり方
2．控訴審における量刑審査について

# Zur Problematik der Strafzumessung
# (Zusammenfassung)

Akio Suzuki

## I. Einführung

Im japanischen StGB existiert keine gesetzliche Grundlage für die Strafzumessung. Da der gesetzliche Strafrahmen mitunter sehr breit ist und es viele Vorschriften zur fakultativen Strafmilderung und zum fakultativen Strafausschluss gibt, hat das Gericht einen großen Spielraum bei der Strafzumessung. In der Praxis wird nach § 248 J-StPO (Opportunitätsprinzip) unter Berücksichtigung sämtlicher Umstände über das Strafmaß entschieden. Allerdings bleiben die Kriterien, nach denen das Strafmaß im Einzelfall festgelegt wird, oft unklar. Deshalb findet eine rege Diskussion über dieses Thema statt.

Die Praxis orientiert sich gewissermaßen am sogenannten Strafzumessungskurs (Ryokei Souba)[1] der Rechtsprechung. In Japan hat die Staatsanwaltschaft

---

1　Unter „Strafzumessungskurs" ist eine praktische Richtlinie zur Strafzumessung zu verstehen, in deren Rahmen der Richter im Einzelfall die konkrete Strafe zu bestimmen die Möglichkeit, sich über das nach ihrer Ansicht angemessene Strafmaß zu äußern („staatsanwaltlicher Strafvorschlag (Kyukei)"). Dieser „staatsanwaltliche Strafvorschlag", der in der Strafzumessungspraxis eine wichtige Rolle spielt, orientiert sich ebenfalls am „Strafzumessungskurs". In der Großzahl der bisherigen Gerichtsentscheidungen lag das Strafmaß etwa 20 % unterhalb des staatsanwaltlichen Vorschlags, während der Forderung nach Strafaussetzung zumeist entsprochen wurde.

## II. Tendenz der Strafzumessung bei Saibanin Verfahren

Man kann eine Tendenz erkennen, dass die Ober- und Untergrenzen des Strafmaßes sich in Saibanin-Verfahren (Laienrichterverfahren) verschoben haben. Aus einem „Bericht über die aktuelle Situation des Saibanin-Verfahrens" ergibt sich, dass bei bestimmten Delikten eine Verschärfung der Strafhöhe erfolgt ist, während es bei anderen vermehrt zur Strafaussetzung gekommen ist. Erkennbar ist außerdem, dass Strafen häufiger zur Bewährung ausgesetzt wurden und dass das Strafmaß oft genau dem staatsanwaltlichen Strafvorschlag entsprach oder sogar noch darüber lag. Die Gründe dafür könnten in einer stärkeren Berücksichtigung der Opferinteressen und der Fokussierung auf spezialpräventive Erwägungen liegen.

## III. Bemerkenswerte Gerichtsentscheidungen

Unter diesen Umständen ergingen einige bemerkenswerte Gerichtsentscheidungen. (1) Im *Neyagawa-Fall*, in dem das angeklagte Ehepaar seine kleine Tochter geschlagen und diese daraufhin verstarb, verurteile die erste Instanz (mit Saibanin) die Ehepartner zu jeweils 15 Jahren Freiheitsstrafe wegen Körperverletzung mit Todesfolge, womit das Strafmaß über der von der Staatsanwaltschaft geforderten Freiheitsstrafe von 10 Jahren lag. Das Berufungsgericht wies die Berufung der beiden Angeklagten zurück. Der OGH hob die Urteile der ersten und der Berufungsinstanz jedoch schließlich auf und verurteilte den Ehemann zu zehn Jahren und die Ehefrau zu acht Jahren Freiheitsstrafe. Aus der Begründung ergibt sich, dass, der OGH es für untragbar hielt, dass die

versucht. Sie ist keine gesetzliche Regelung, so dass über das Strafmaß auch unabhängig vom Strafzumessungskurs entschieden werden darf. Um Rechtssicherheit zu gewährleisten, wird das Strafmaß jedoch in der Praxis tendenziell unter Hinweis auf vergleichbare Sachverhalte festgelegt. Diese Reihe der Entscheidungen prägt den „Strafzumessungskurs".

beiden vorigen Instanzen von der bisherigen Strafzumessungspraxis so massiv abwichen und weder konkrete noch vernünftige Argumente vortrugen, weshalb, die Strafe weit über dem von der Staatsanwaltschaft geforderten Strafmaß liegen sollte (Urt. v. 24.7.2014).

(2) Im *Aoyama-Fall*, in dem der Angeklagte eine andere Person tötete (nachdem er schon zuvor wegen Totschlags und anderer Delikte zu einer Freiheitsstrafe von 20 Jahren verurteilt worden war), sprach die erste Instanz (mit Saibanin) den Angeklagten des Hausfriedensbruchs und Raubmordes schuldig und veruteilte ihn zum Tode. (3) Auch im *Chiba-Fall* verhängte die erste Instanz (mit Saibanin) wegen Raubmordes und weiterer Delikte die Todesstrafe gegenüber dem Angeklagten. In beiden Fällen hob das Berufungsgericht diese Urteile auf und änderte die Strafe in lebenslängliche Freiheitsstrafe um. Der OGH lehnte die Berufungen der Staatsanwaltschaft ab und begründete dies folgendermaßen: „Das Berufungsgericht hat nachzuprüfen, ob die erstinstanzliche Entscheidung gerechtfertigt werden kann. Denn unter dem Gesichtspunkt, dass die Todesstrafe die schärfste Strafe ist und ihre Anwendung höchster Sorgfalt bedarf, und aus der Perspektive der Gewährleistung der Gerechtigkeit ist eine konkrete und vernünftige Begründung dafür erforderlich, dass ein Gericht die Entscheidung für die Todesstrafe für unvermeidbar hält, um die Verhängung der Todesstrafe anzuerkennen"(Beschl. v. 3. 2. 2015).

Diese Entscheidungen werfen für die japanische Strafrechtswissenschaft die wichtige Frage auf, wie die Strafzumessungspraxis, die sich in den Saibanin-Verfahren äußert, mit der bisherigen Strafzumessungstendenz zu harmonisieren ist.

# Zur Problematik der Strafzumessung
# — Handout —

### Akio Suzuki

I. Einführung

1. Kriterium der Strafzumessung in Japan
   - „Spielraumtheorie", „Die Strafe basiert sich auf den Schuld und ist durch die präventive Perspektive zu berichtigen"
   - Sog. „Strafzumessungskurs (Ryokei Souba)" in der Praxis

2. Zu berücksichtigender Umstand bei der Strafzumessung
   - „Umstand über die Straftat" und „allgemeiner sonstige Umstand"

II. Tendenz der Strafzumessung bei Saibanin Verfahren

   - Ausweitung des Strafrahmens

III. Bemerkenswerte Gerichtsentscheidungen

① *Neyagawa-Fall*
   - LG Osaka (Urt. v. 21. 3. 2012 (Saibanin Verfahren)) verurteilte die Ehepartner zu jeweils 15 Jahren Freiheitsstrafe.
   - OLG Osaka (Urt. v. 11. 4. 2013) wies die Berufung zurück.
   - OGH (Urt. v. 24. 7. 2014) hob die Urteile der ersten und der Berufungsinstanz auf und verurteilte selbst den Ehemann zu zehn Jahren und die Ehefrau zu acht Jahren Freiheitsstrafe.

② *Aoyama-Fall*
   - LG Tokio (Urt. v. 15. 3. 2011 (Saibanin Verfahren)) verurteilte zum Tode.
   - OLG Tokio (Urt. v. 20. 6. 2013) hob das Urteil auf und verurteilte selbst mit der lebenslänglichen Freiheitsstrafe.
   - OGH (Beschl. v. 3. 2. 2015) lehnte die Revision ab.

③ *Chiba-Fall*
- LG Chiba (Urt. v. 30. 6. 2011 (Saibanin Verfahren) verurteilte zum Tode.
- OLG Tokio (Urt. v. 8. 10. 2013) hob das Urteil auf und verurteilte selbst mit der lebenslänglichen Freiheitsstrafe.
- OGH (Beschl. v. 3. 2. 2015) lehnte die Revision ab.

## IV. Erwähnungswerte Aufgabe

1. Beratungsweise bei Strafzumessung
2. Berufungsrichterliche Überprüfung der erstinstanzlichen Strafzumessung

# Der Einfluss der Laienrichter auf die Strafzumessung aus deutscher Sicht (Zusammenfassung)

## Marc TULLY

Eine nähere Analyse des Einflusses von Schöffen auf die Bestimmung der Rechtsfolgen im geltenden deutschen Strafverfahren erfordert eine kursorische Betrachtung der Grundzüge des Strafzumessungsrechts, der gesetzlichen Grundlagen für das Beratungs- und Abstimmungsverfahren im Kollegialgericht und der soziologische und beratungsdynamische Ein-flüsse auf die kollegialgerichtliche Entscheidungsfindung.

Das materielle deutsche Strafrecht enthält für erwachsene Straftäter in den einzelnen Tatbeständen – mit den wenigen Ausnahmen absoluter Strafe, etwa lebenslang bei Mord nach § 211 StGB – relativ weite Strafrahmen. Innerhalb der jeweils festgelegten Strafrahmen ist die verwirkte Strafe im Wege eines wertenden Strafzumessungsaktes zu finden. Anders als etwa das anglo-amerikanische Recht mit seinen durchaus rigiden „sentencing-guidelines", ist der deutsche Richter in der Findung der angemessenen Strafe relativ frei.

Die Weite der Strafrahmen und das den Gang der Beratung und Abstimmung leitende Gerichtsverfassungsrecht belegen einerseits einen formell bestimmenden Einfluss der Gerichts-vorsitzenden, andererseits aber auch – namentlich vor allem beim Schöffengericht und der Kleinen Strafkammer – eine formell besonders starke Stellung der Schöffen bei der Bestimmung der Rechtsfolgen.

Soziologische und beratungsdynamische Prozesse steuern aber auch die gerichtliche Entscheidungsfindung im Wechselspiel zwischen Schöffen und Berufsrichtern. Herkunft und Ausbildung der Schöffen beeinflussen ihre Fähigkeit und Bereitschaft sich initiativ an der Verhandlung und Beratung zu beteiligen.

Eine bestmögliche Einbindung der Schöffen im Ringen um das gerechte Ergebnis bei der Urteilsfindung gelingt nur durch offenen Dialog mit den Schöffen und eine transparente Beratung durch die Berufsrichter.

# ドイツ法における，素人裁判官の量刑判断への影響（要旨）

マーク・トゥリ

　現行のドイツ刑事訴訟において，参審員は，裁判所による法的効果の決定にどのような影響を与えるのか．その影響力を詳細に分析するためには，量刑法の根源的特徴や，裁判所の合議体における評議手続や評決手続の法定基盤，そして，合議体による判断への社会学的・評議力学的な影響を，それぞれ一連のものとして考察する必要がある．

　ドイツ刑事実体法では，成人した犯罪行為者に対して，——たとえば，謀殺罪（ドイツ刑法211条）にいう終身刑など，絶対的刑罰が予定されている例外を除けば——各犯罪構成要件のなかで比較的に広範な刑の範囲が認められている．それぞれに規定されている刑の範囲のなかで，量刑評価を経て，科せられるべき刑罰が決定される．たとえば，非常に厳格な「量刑ガイドライン（sentencing-guidelines）」を持つ英米法とは異なり，ドイツの裁判官は，相当な刑罰を決定する際に，比較的に広い裁量を有している．

　刑罰範囲の広範さや，評議及び評決を進めるうえでの指針となる裁判所組織法（Gerichtsverfassungsrecht）は，一方では，形式的に決定権を持つ裁判長の影響力を証明するものであるが，他方では，——とりわけ，参審員裁判や小刑事部において——法的効果を決定する際に参審員が形式上とくに強力な立場にあることを証明するものでもある．

　しかも，社会学・評議力学を基礎に置く手続は，参審員と職業裁判官との相互作用のなかでの裁判所の判断発見をコントロールしている．参審員がどのような経歴を持ち，どのような教育を受けてきたのかは，公判と評議に意欲的に

参加する彼らの能力と心構えに影響を与える．

　判決を下す際に公正な結論を獲得する努力のなかに参審員を可能な限り組込むためには，職業裁判官が参審員とオープンに対話し，明瞭な助言を与えることが不可欠である．

## コメント

稗田 雅洋

ただいまご紹介にあずかりました，東京地方裁判所の裁判長の稗田でございます．

私はこれまで，東京地方裁判所と千葉地方裁判所において，67名の被告人の事件を裁判員と共に担当してまいりました．本日，皆さまに私の裁判員との経験についてお話しする機会を得たことは，大きな喜びであるとともに大変光栄なことです．

私は，実は20年前，ドイツに6か月間滞在し，参審制度に関する調査研究を行い，ドイツの幾つかの裁判所で，参審員が参加する多数の公判審理と評議を傍聴するとともに，多くの裁判官や参審員，刑事法学者にインタビューをする機会を得ました．また，その後，日本の多くの裁判官が，ドイツの裁判所で，参審員が参加する裁判の運用について学んでおります．

日本の裁判員制度の制度設計や運用においては，こうしてドイツの参審制度に学んだところがさまざまな面で生かされているのであり，このことについて，ドイツの皆さまのご協力に心から御礼申し上げたいと思います．

さて，ドイツの参審制度の実証的な調査研究としては，1970年に行われたキャスパーとツァイゼルによる調査と，1990年ごろにマールブルク大学が行った調査，これはクリストフ・レニヒ「法律的及び心理学的視点による裁判員と職業裁判官の判決形成」の中で紹介されているものですが，これが有名です．きょうの午前中にプロフェッサー・ジンが触れられたマックス・プランクの調査を，私は不勉強で読んでおりませんので，ご容赦をいただければと思います．

これらの調査結果は，いずれも参審員の意見が判決に影響を及ぼすことは多くないとしていますが，それでも，キャスパーとツァイゼルの調査によると，量刑問題では罪責問題に比べて参審員が評決に影響を及ぼすことが多い，という結果が出ています．

　また，私がドイツの裁判官にインタビューした結果でも，量刑に関しては許容される幅があることから，その幅の範囲内であれば，参審員の意見を裁判官が受け入れて判決に影響を及ぼすことが比較的多いと述べる裁判官が何人もおられました．

　これに関連して，ドイツの少年事件は，手続は成人の刑事手続に準ずるものでありますが，処分の多様性があることに特徴があるところ，この処分の選択においては，職業裁判官にとっても，少年参審員の意見が参考になるという意見が多かったことが注目されます．ドイツの少年参審員は，少年の教育に関する経験がある方がそういう教育に関する団体等の推薦により選任されることが多く，この分野の経験を有する者が少なくないということも，このことに影響しているように思われます．

　他方，日本においても，量刑の分野における裁判員の影響は比較的大きいようで，先ほど鈴木先生がご指摘になりましたように，裁判員制度施行後，量刑傾向が変化していると指摘されています．

　ただ，現段階においては，ドイツの参審員の量刑に対する影響の仕方と日本の裁判員の影響の仕方は，やや異なっているように思われます．そこには複数の要因があります．

　まず，前提として，日本の刑法は同一犯罪の法定刑の幅が非常に広いのに対し，ドイツの刑法は，特別の加重類型や減軽類型を定めることにより，法定刑の幅が日本に比べれば狭くなっているということがあります．トゥリ裁判長のご指摘では，ドイツの法定刑の幅も非常に広いということで，それ自体は確かにそうなのですけれども，日本の法定刑の幅はもっと広くなっているということが現実的にあります．それにもかかわらず，私がドイツで見聞したところからすると，同様の事件における量刑の幅は，日本に比べて広いように思われま

す。これは、ドイツが連邦制を採り、歴史的に各都市の独自性が強く、しかも裁判長クラスの裁判官の異動が少ないこともあって、訴訟手続の運用自体、各裁判所、各裁判体による個性が強く、こういうところが量刑の面でも表れているように思われます。

　他方、ドイツの刑事裁判は、当事者主義を採る日本と異なり、職権主義構造を採用することもあって、トゥリ裁判長がご指摘のとおり、訴訟の進行全体について裁判長の訴訟指揮の影響が強く、参審員との評議でも、事実認定、量刑のいずれについても、区裁判所の参審裁判所や地方裁判所の小刑事部では裁判長が、地方裁判所の大刑事部では主任の裁判官が、まずその意見を述べて提案するという形をとります。このため、量刑に関する評議は、この裁判官の提案を参審員が受け入れるかどうかという形で進みます。それでも、先ほど述べたとおり、許容される量刑の幅が比較的広いことから、参審員の意見が影響する余地が比較的広いというのが実情だと思われます。

　これに対し、日本においては、長年にわたる裁判官のみによる裁判において、幅広い法定刑の中で公平な裁判を目指す意識が強く、裁判官が詳細に同様の事件の量刑傾向を調査した上で判断していたため、同様の事件における量刑の幅がドイツに比べて狭かったというのが実情です。ところが、裁判員制度が始まった後は、量刑の幅が広がっていると指摘されます。具体的には、殺人未遂、傷害致死、強姦致傷、強盗致傷等において、自由刑の実刑の量刑が1段階重くなっていますが、他方で、殺人既遂、殺人未遂、強盗致傷等で執行猶予率が増加し、比較的短期の自由刑の実刑も増えています。裁判員の多様な考え方を反映することを通じて、現在、量刑の幅が広がりつつあるように思われます。

　ドイツの評議の在り方と異なり、日本においては、裁判員の率直な意見を引き出すため、まず裁判官がその意見を提案するという進行をせず、裁判員と裁判官が対等な立場でオープンに意見を出し合うような評議を心がけていることも、裁判員の物の見方が量刑に影響を及ぼす要因になっていると思われます。実際、量刑に関する評議の始めの段階では、裁判員は実に幅広く多様な意見を

出しますが，意見を交換し，他の裁判員や裁判官の意見に耳を傾ける中で，次第に議論が収束し，その量刑意見も一定の幅の中に入ってくるという経過をたどることが多いところです．

裁判員経験者に対するアンケート結果で，評議では話しやすい雰囲気であったとの回答，十分に議論できたとの回答がそれぞれ70％を超えているということも，こうした裁判員との評議の実際を反映していると思われます．このことは，国民の多様な意見を反映するという裁判員制度の趣旨にかなうものといえます．

他方，日本の幅広い法定刑の中で，裁判員との評議を通じて，公平さを損なうことなく事案に応じた量刑を実現するための工夫が裁判官に求められています．これに関しては，鈴木先生がご指摘のとおり，裁判員裁判である傷害致死事件で，それまでの量刑傾向から大きくかけ離れた量刑をした一審判決が最高裁判所において取り消された事件も出ています．このようなことも念頭において，われわれ職業裁判官が工夫していかなければいけないところと考えています．

このため，われわれ日本の裁判長は，裁判員との量刑評議において，刑法の解釈として，犯罪行為の客観的な悪質性や結果の重さ，犯罪行為に及んだことに対する非難の強さといった犯罪事実に関連する事情に重点を置いて量刑すべきことが求められていること，そして，このことは公平な量刑という観点からも重要であることをかみ砕いて説明します．そして，全国の裁判員対象事件全件の量刑結果を登録した量刑データベースを用い，評議室に備えられている大型モニターに，同種事案における量刑傾向の幅を裁判員に示すとともに，必要に応じて異なる犯罪における量刑傾向や，同じ犯罪でも社会的な類型を異にする事案における量刑傾向のデータも示して比較してもらいながら，なぜそのような量刑傾向となってきたかを裁判官に理解していただいた上で，参加している事件の個別の事情を検討し，その位置づけを考え，適切な量刑を検討するように評議を進めています．

裁判員裁判における量刑は，社会の意識の変化を反映しつつ，なお徐々に動

きつつあるところです．私どもとしては，これからも，裁判員の多様な見方を取り入れつつ公平性を損なうことなく，納得のいく量刑をできるよう努力していきたいと考えているところです．

　以上でございます．

# コメント

ヤン・グロテーア

　ご紹介いただきましてありがとうございます．そしてまた，コメントさせていただく機会をいただきましてありがとうございます．
　最初に，ドイツの司法における素人裁判官と接した私の経験をお話ししたいと思います．
　私は，少年裁判官，少年参審裁判所の裁判長として数年間業務についておりました．その後，税務裁判所において素人裁判官の方々と一緒に仕事をしてきました．税務裁判所では，3人の職業裁判官と2人の素人裁判官が共同で判決を下します．素人裁判官は税務裁判権では名誉職の裁判官と呼ばれています．私は税務裁判長として，この名誉職の裁判官の選定を3回担当しました．
　先ほどのドクター・トゥリ先生，鈴木先生のご報告について簡単にコメントさせていただきます．
　トゥリ先生は，職業裁判官の任務として，判決に関する評議において参審員とオープンな対話と十分な情報提供を行うことが大事であるという，一般的に認められた意見を述べましたが，それを私も支持します．参審員に共感し，忍耐強くわかりやすい言葉で説明を行うべきです．そして参審員に対し，法律や証拠の状況について不明点がある場合には質問をするよう促すべきです．職業裁判官にとっては，以上のことはすべて時間がかかることですが，それらは彼らの義務であり，また法秩序が求めているものですので，時間をとってしかるべきだと思います．
　鈴木先生のご報告につきましてはコメントすることができません．なぜなら，日本の裁判員が量刑に及ぼす影響について必要な知識を持ち合わせていな

いからです．ただし，この機会を使って，日本政府及び日本の司法に対して，素人裁判官の関与を推し進めていかれるよう，ぜひ激励したいと思います．といいますのも，素人裁判官は，司法上，政策上，成熟した民主主義的な市民社会における判例にとって欠かせない構成要素であると考えているからです．

　日本でもそうだと思いますが，ドイツでは国家制度に関わりたいという国民の要望がますます強くなっています．より多くの情報提供，住民投票を求める陳情あるいは国民投票など，その形はさまざまです．成熟した市民社会における市民とは，国家のサービスを受ける，あるいは，国が決めた義務を負うだけの存在ではなく，積極的に国の決定に関与したいという人たちです．

　ドイツの司法は，この国民参加を積極的に取り入れ，参審員の職だけではなく，他のすべての裁判権，すなわち，労働，税務，社会，行政裁判権においても素人の参加を実現しています．そしてこれらは，大きな問題もなく運用されています．素人裁判官が司法に参加することによって，裁判所の業務は透明化します．もはや誰も，司法に関わる人間に対して「象牙の塔で何をしているのかわからない」と非難することはできないわけです．素人裁判官が関与することによって，すべての手続が法規だけにのっとって遂行されており，職業裁判官が判断を下す過程で的確な決定に到達するように最大の努力をしてくれているのだ，という安心感を国民一人一人が手に入れることができます．

　さらに，素人裁判官の参加によって，多様な人生経験，職業経験がうまく法発見に反映されていきます．こうして得られた透明性によって，裁判所の判断を国民がより受容できるようになります．国民の受容は非常に重要です．ドイツの裁判では常に最初に「国民を代表して」と告知されますが，司法判断を国民にわかりやすいものとし，可能な限り幅広い支持を得ることで国民から信頼される司法を目指さなければなりません．そして，この信頼は素人裁判官が裁判に関与することによって支えられるのです．

　私の35年間の裁判官としての職業人生において，法発見に関与できることを誇りと思わない素人裁判官は一人もいませんでした．家族，友人に，あるいは職場で，司法現場における経験を伝達する，彼らの価値は計り知れません．

素人裁判官は，司法の現場において素晴らしい仕事がなされていることをしっかりと話してくれますし，話したいと思っています．裁判官も人間であることを，具体例を挙げながら話すこともあるでしょう．こういったことも，司法とそこに携わる裁判官に対する支持と理解を深めてくれるものであることは疑いありません．素人裁判官の司法への関与は非常に意義深く，不可欠であると思います．
　ご清聴ありがとうございました．

# 質疑応答

**司会（井田）** ありがとうございました．

　フロアからいただいたご質問をまとめる時間が必要ですので，その間に，司会者としての職権を濫用して，ドイツ側の報告者あるいはコメンテーターに質問してみたいと思います．これは稗田さんもご指摘の点で，もう少しはっきりとさせる必要があるのではないかと思います．

　日本の場合は，量刑について全国レベルで刑の統一性，斉一性を図る必要がある，全国レベルで量刑に均衡が取れていなければならない，という意識が非常に強いです．北海道から東京，大阪を経て福岡，沖縄まで，同じような犯罪にはほぼ同じ刑が科されなければならない，と考えられている．果たして，ドイツでもそういう意識があるのでしょうか．ドイツの裁判官には，たとえば，トゥリさんがハンブルグで刑を言い渡すときに「同じ事件について，バイエルン州ではどのような刑になるか」あるいは「ノルトライン・ヴェストファーレン州ではどのような刑になるか」ということに思いをいたして，ほぼ均衡が取れるような刑を科す，という意識があるのかどうか．この点を，トゥリさんとグロテーアさんにお聞きしたいと思います．

　それからもう一つ．これは稗田さんが非常に「挑発的に」指摘されたところです．

　確かに，トゥリさんがご紹介のように，ドイツでは，素人裁判官，参審員の意見が量刑にはっきりとした影響をもたないことを示唆する実証研究もある．それは，結局，裁判官が最初に刑を提案して「これはどうだ」と聞くからいけないのではないか．最初から，白紙の状態で参審員たちに量刑の提案をさせるような工夫をしてみたらどうか．

　この点についてもどうお考えになるかをドイツ側のお二人に聞いてみたいと

思います.

**トゥリ** 大変興味深い質問をありがとうございます.

これは検察側ではなくて弁護人からよく言われます. 例えば, 税務裁判, 財務裁判に関してドイツの南と北とでは違う, と. つまり, 南では刑が重い, 北では刑がそれほど重くない, といわれます.

私は, それは正しいと思います. なぜかというと, 公平性の下で量刑するわけですが, 必ずしも犯した罪のカテゴリーだけでは, それを比較することはできないと思うわけです. というのは, ドイツでも日本でも, それぞれの犯罪, それぞれの被告人に対して, 行ったことに対して個別に適切な量刑をしなければならないからです. それに関しては, その行いに対して客観的な判断をすることが必要です. また, その被告人の今までの経歴であったり生育の過程であったり教育であったりを考慮することが必要です. それぞれの被告人が今までどのように生きてきたかということに対応し, それぞれの犯罪に対してそういったことを考慮した上で判断するために, 単にその犯罪を行ったから同様の刑, 均一の刑を言い渡すということは難しいと思うのです. これで答えになっているでしょうか.

裁判員についての2つ目の質問です. これに関してもあまり一般化できないと思います. なぜかというと, このことも参審員がどのような背景を持った人であるのかということが, 職業裁判官との協議に積極的に参加できるのかに関して影響すると思われるからです. 私ども職業裁判官としては, そのような参審員との対話を最適化し, 適切な量刑をしようと考えてはいるわけです. 10年間の経験をもとにして申し上げると, 私は, コンセンサスをこの協議の中で見つけることはかなり早い時点でできると思います.

財務裁判, つまり税務に対する裁判を例にすると, これはどのような罰を科すかが問題になるわけです. 脱税の場合がそうです. 同じような性質の犯罪に対して, 例えば同じ脱税でも, これを比較し, その統一性を図ることは重要ですが, その犯罪を行った人の背景であったり周りの状況であったりを考慮した上で具体的な量刑が出てくるのだと思います. そこにはある程度の幅があると

思うので，その幅の中で参審員はかなりの影響力を与えることができると思います．

**グロテーア** 私からも，私の少年参審の法廷からの幾つかの例を申し上げたいと思います．私は，4年間，そのような少年参審法廷で活動していました．そのとき，おおよそ参審員は常に合意をしていました．参審員は職業裁判官との対話によって合意できるということです．そしてまた，2人の職業裁判官としては，説得力のある議論をし，自分たちが考えていることを説得的に発言できるということが重要でした．

ただ，あるケースでは，参審員の意見に私自身が影響を受けてその意見を採り入れたこともあります．4年間でそのような形になったのは1回だけでした．そのケースに関しては，参審員が私と違う意見であったという点について，私は問題なく受け入れることができ，そのため私も説得された形になったわけです．そういったケースも1回あったということです．そして，そこで出た結果に関しても，私は納得しました．

財務裁判に関して申し上げます．そこでは，職業裁判官が活動します．これは秘密なのかもしれませんけれども，少し説明しようと思います．当時，私は，若い裁判官として参審員と協議し，その際，他の人を説得して，結果を覆し，私の意見を通したこともありました．他の人の意見を受け入れるとか説得されるとかということはまったく問題がないことであり，日々の裁判官の仕事のルーティンに変化をもたらすことにもなります．

このように，法律の専門家ではない人たち，つまりは通常の人たちの意見を判決の中に取り入れることもあるということです．

**司会（井田）** 同じ点について，もし他のドイツの先生方にご意見があればお聞きしたいのですが．

では，まずロゼナウさんから，そしてジンさん．

**ロゼナウ** 私の経験ですが，ハンブルクで裁判官をしていた時，それから，アウグスブルクで教授をしていた時，そこで刑事裁判と大いに関係をもっていました．トゥリさんにもあると思います．

一つ，ケースを挙げます．私がハンブルクで裁判官として経験したそのケースについては，アウグスブルクで同様のケースで判決が言い渡されました．これは，非常に単純なことだと思います．要するに，州によって差異があるということです．それから，都市間でも，やはり差があります．問題は，この差をなかなかうまく制御できないことです．これには二つ，理由があります．
　まず，私たちには連邦裁判所がありますが，連邦裁判所は，量刑においては非常に控えめであるということです．そして2点目です．五つの刑事部があるのですが，第1刑事部はバイエルン担当ともう一つのどこか別の州です．要するに，各刑事部が連邦全体を見ているわけではないのです．担当が各州に分かれているので，なかなか全体を見てコントロールすることができないという問題があります．これが連邦制の結果ともいえます．日本と違って，裁判官が州を越えて転勤することはありません．だから，州によって尺度が違うという状況になっています．
**ジン**　ありがとうございます．裁判官の立場から見ると，トゥリさんの話は学術的なコメントだったと思います．
　麻薬の話を挙げます．オランダに近いニーダーザクセン州に住んでいますが，麻薬の犯罪が多いのです．そのため，このような犯罪の対応の仕方が少し違います．麻薬政策に関して，ドイツとオランダとで外交問題が起きたこともあります．ですので，国境のところでは刑事事件として進めることが困難であるとの問題もありました．
　グロテーア先生が先ほどおっしゃったことですが，裁判官，裁判長の意見が採用されなかった場合について，私は日本の方々に聞きたいのですが，誰が判決文を書くのですか．職業裁判官の意見が通らなかった場合，判決文を書くのはすごく難しいと思うのです．日本の場合はどうなっているかをお聞きしたいのです．ドイツの参審員は判決文を書かないのです．なので，日本ではそのような場合はどのような対応をなさっているのかをぜひお聞きしたいと思います．
**司会（井田）**　稗田さん，いかがでしょう．

**稗田** 日本の裁判員制度の運用の中では，判決言渡しまでの間に評議した結果に基づいて裁判官が判決原案を作って，言渡し前にこれを裁判員にも見ていただいて直すべき点がないかも議論した上で，判決言渡しをします．ですから，基本的には，例えば裁判長の意見が通らない評議になったとしても，その評議で議論した内容を，裁判官が原案をまとめていくという形を採ります．

**司会（井田）** ドイツ側のグロテーアさんとトゥリさんもご意見があるようですね．

**グロテーア** 少し補足します．

ドイツでの州による量刑の違いについてです．それはそのとおりなのですが，参審員とはまったく関係のない話だと，私は思います．つまり，今日の参審員あるいは裁判員のテーマとドイツの州で量刑に関して非常に差があることとは，まったく関係ありません．ドイツは，稗田さんがおっしゃったように連邦制ですので，連邦州によっていろいろな文化の違いがあります．量刑についてもしかりです．

もう一つは裁判官の意見が通らなかった場合です．裁判官の任務は，自分の意見が通らない判決文であっても素晴らしい判決文を書くことであり，それがまさに裁判長の責務だと思います．評議の結果を判決文にまとめる．内容が自分の意見だったかどうかは関係ありません．その評議で出た結果を素晴らしい判決文にまとめるのは，まさに裁判長の任務です．

**トゥリ** 少し補足します．自分の意に反した判決文は，論拠としてはよいものになっています．なぜならば，自分を説得しつつ書くからです．結局，どういう対立意見，論拠があったかを全部，もう1回精査するわけです．私は，経験はそれほどたくさんありませんけれども，そのような経験をしています．私は，その判決文を後から読んだ時，「自分の意見を通さなくて，その評議の結果でこういう判決文を書いて本当によかった」と思いました．やはり，よくできていたのです．

それから，連邦州間の差です．それは，グロテーア先生がおっしゃったように，参審制とは関係はなく，参審制には影響していません．

**司会（井田）** ここまでドイツ側に議論が集中したので，次は，鈴木先生に対するご質問にお答えいただこうと思います．

たくさん質問をいただいていますので，全部を読み上げると時間がかかります．まとめる形でご紹介します．

中央大学名誉教授の斎藤信治先生，そして武蔵野大学法学部教授の林弘正先生から，いずれもご報告の中にあった個々の事件の解決について，もう少し詳しい鈴木先生のご意見を聞かせていただきたいというご質問をいただいております．先生，いかがでしょうか．

**鈴木** 斎藤先生のご質問は，青山事件についてどのような評価をするのか，という趣旨です．

青山事件の一審判決は，先ほど申し上げたように，殺意が強固で殺害の態様等が冷酷非情なものであって結果が重大であること，2人の生命を奪った前科がありながら出所後半年で本件の犯行に及んだこと，その2点が中心になっています．ところが，二審判決は，被害者が1名であって，当初から殺意を持って臨んだとはいえない．しかも，その被告人の前科は無期懲役に準ずる有期懲役である．そうであれば，前科を除けば死刑を選択し難い本件において，その前科を重視して死刑を選択することには疑問がある，という判断をしたものです．

斎藤先生がお示しになったもう一つの事例として，前科がない代わりに過去の2人または3人に対する殺人や強盗殺人が同時に起訴されていたならば，どのような評価になっていたであろうか，というご趣旨の質問です．とても難しいご質問なので，答えにならないかもしれませんけれども．

死刑の量刑の幅が極めて狭いものであることは，先ほど申し上げました．その選択の余地がかなり限定されていることは，死刑が絶対的な刑罰であることと，過去の先例によって，死刑の選択に当たって考慮すべき要素がかなり厳密に絞り込まれている状況とがあるからだろうと思います．このような場合に犯情を重視するのかそれとも一般情状を重視するのかという問題を提起されたものと思います．

死刑の選択基準については，学説上種々の見解がありますが，私が見たところ，現在の文献上，二つの考え方があると思います．
　一つは，死刑の選択に当たって考慮すべき一つ一つの要素の重さを厳密に評価していくというやり方です．例えば，重大因子と補充的因子とに分けて先例を分析しようという方法があります．もう一つのやり方は，これをもっと理論的に徹底させる立場から，犯情によって死刑を選択して，一般情状によって死刑を回避するという考え方です．この後者の考え方によると，犯情によって死刑が選択できなければ，一般情状によって死刑を選択することはできなくなります．さらに，犯情によって死刑が選択できても一般情状によって死刑を回避すべき場合には，死刑の適用はできないことになります．私は，後者の考え方が理論的にすっきりした考え方ではないかと思います．そうすると，斎藤先生のご質問に対して直観的な答えですが，すでに有罪となった前科がある場合と比べて，複数の殺人について同時に訴追されている場合の方が犯情の評価が重くなるので，そちらの方がより厳しい評価を受けるのではないか，という印象を持ちます．ただ，それはあくまでも仮定の話なので，具体的な事例については必ずしも妥当する考え方とはいえないかもしれません．
　それから，もう一つは林先生からいただいた質問です．林先生のご質問は，寝屋川事件の一審判決が妥当ではないか，というご趣旨です．この当時，児童虐待について幾つかの裁判が同時進行中であったようです．これらの児童虐待事件が今回の裁判員裁判に影響を与えているのではないか，つまり，相乗効果によって出された判決ではないだろうか，というご指摘をされているように拝見しました．その相乗効果によって重い判断が言い渡されたのかどうかということは，私にはわかりません．しかし，恐らく，「児童虐待に対して厳しい刑罰を科すべきである」ということは社会共通の認識として否定できないだろうと思います．
　一審の大阪地裁は，本件のような行為責任が重大な児童虐待事犯に対しては，今まで以上に厳しい刑を科すことが近時の法改正や社会情勢に適合すると考えられることから，法定刑の上限に近い主文の刑が相当である，という判断

をしました．二審の大阪高裁も，15年の量刑も傷害致死の法定刑の幅の中でなお選択の余地のある範囲内に収まっている，という判断をしたわけです．ところが，最高裁は，この考え方を否定しているわけではありません．最高裁判決の理由にあるように，「第一審判決の犯情及び一般情状に関する評価について，これらが誤っているとまではいえないとした原判断は正当であるが，これを前提としても，被告人両名を各懲役15年とした第一審判決の量刑及びこれを維持した原判断は，是認できない．」という文脈です．最高裁は「本件については，その指摘された社会情勢等の事情を本件の量刑に強く反映させ，これまでの量刑の傾向から踏み出し，……検察官の懲役10年という求刑を大幅に超える懲役15年という量刑をすることについて，具体的，説得的な根拠が示されているとはいい難い」という理由ですので，具体的，説得的な理由づけがあれば，あるいはこの判断が是認されたかもしれないという余地はあるだろうと思います．このような感想ですが，いかがでしょうか．

**司会（井田）** まだ聞き足りない点，あるいはもっと踏み込んでお尋ねになりたい点もあるかもしれませんが，時間の関係もありますので，次に進ませていただきます．

　ドイツ側のトゥリ判事へのご質問です．弁護士の牧野茂先生，國學院大学の四宮啓先生，名城大学の加藤克佳先生からご質問をいただいております．相互に関係していますので，私の責任でまとめさせていただいて質問したいと思います．

　ドイツにおいても量刑判断に関する一般基準のようなものがあるはずである．参審員に対して，有罪になったときの刑はこのように決めていくものですよということを，法律の規定を前提とした量刑の一般理論といいますか，量刑判断の枠組みといいますか，そのようなものを事前に説明するということはあるのか．それにより職業裁判官と素人裁判官の間で考え方を共有することが果たしてあるのかどうか．また，ドイツでは参審員は比較的，長期にわたって仕事をしていくわけで，仕事をしていくうちに，つまり数をこなすうちに，参審員たちが一つの量刑傾向を持つということがあるのか．

ご質問はこのようにまとめることができると思います．

**トゥリ**　私自身の経験に関してしか申し上げられないので，私の裁判所に関してだけ申し上げます．

まずは，参審員と，量刑の前に無罪なのか有罪なのかを話すわけです．そして，その後で量刑の話をします．私としては，裁判員に，刑法46条で量刑に関してどのような規定がされているかを，たくさんの時間を使い，そして詳しく説明します．これは大変重要なことだと思っています．また，本当に参審員が理解したという印象を得るまで，それを行います．参審員の中でも3年，4年と活動している人もいますけれども，やはりそういった場合でも毎回，46条に使われているいろいろな法概念に関して説明し，わからないときは中断して説明する，ということを行っています．

**司会（井田）**　名城大学の加藤さんのご質問は，参審員は，比較的長い間仕事をするうちに，最初は職業裁判官に結構いろいろ意見を言い，職業裁判官とは違った立場から自分の考えを述べるのであろうけれども，だんだん仕事に慣れてきて，職業裁判官の考え方を学んでいき，そのうちに職業裁判官的な思考を身に付けていって，それと変わらないような思考方法と量刑傾向になっていくことはあるのかどうか．こういうご質問です．

**トゥリ**　そのようなときもあります．参審員の中には「他の同じようなケースがあった」ということを審議のときに言う人もいます．つまり，タイポロジーというのでしょうか，典型化するというか類型化するというか，今まで経験した同じようなケースに関して，公平な量刑をするという考え方からそういった類型的な考え方が出てくる場合もあります．5年も参審員をする間には，ある程度の情報が集まってきていますし，経験が多くなっています．そして，その際の量刑，つまり制裁をどのようにするかという一つの傾向のようなものをもつ場合もあります．そのような場合は，私からそのような傾向に関してはブレーキをかけて，真っ白な状態で向かっていくような形に仕向けています．

**司会（井田）**　だんだんと時間が迫ってきましたので，次のご質問に移ります．

弁護士の加藤久雄先生，近畿大学教授の辻本典央先生からのご質問です．ド

イツでは，いわゆる二元主義がとられ，刑罰と改善・保安処分の体系ができていることが，参審員の量刑判断等に，日本のように改善・保安処分がなく刑罰しかない国と違った特性を与えているかどうかというご質問が一つ．もう一つは，合意手続があることで，参審員の役割に何か違いが出てくるのかどうか．抽象的で大変申し訳ないのですけれども，こういうご質問です．

**トゥリ** 参審員が合意手続に参加することは非常に難しい問題になっています．合意は，判決を基にしています．これは，立法者のそもそもの考えでは，公判の手続によって判決が作られるべきだということです．立証・反証を繰り返した公判の最後に判決が告知されるべきとされているのが本当のところです．ですから，こういった合意手続に参審員を参加させることは，はじめに何らかの仮定をもって，つまり，恐らくこのような形の刑罰が下されるであろうと仮定して，それを基にして合意手続をすることになります．ですからその仮定を基にした量刑が行われるわけですが，それは公判での話し合いをもとにした判決とは全く別のものにならざるをえないということがあります．ですので，合意手続の中にジレンマがあります．そのジレンマはそう簡単に解決することはできません．これは合意手続のもつ非常に困難な点です．

事実審の判事の理解をもとにして，参審員は何らかの合意をするわけですが，職業裁判官であれば，さまざまな経験があるのでそれをもとにして考えることができるかもしれませんけれども，参審員は，そういった10年，20年の経験がありませんので，そういったことを一緒に審議していくのは非常に難しいことになってきます．

参審員としては1年に1回だけ公判に参加することが平均的です．そうなってくると，公判の最後の結論を待たずに適正な量刑をすることは，やはり参審員にとっては非常に難しいことにならざるを得ません．すべての裁判における判決の発見はすべての立証・反証がなされた後にしなくてはならないのが原則ですから，非常に難しい問題です．

**司会（井田）** 時間も来ていて，赤信号がともっている状況です．

最後に，木川統一郎先生からのご質問です．ドイツ語で書かれたご質問です

ので，これをトゥリさんに読んでいただいて，お答えいただくことができますでしょうか．

**トゥリ** では，まとめましょう．木川先生のご質問は，職業裁判官と参審員とがどのように問題を解決していくのか，そして，多くの問題がある中でそれを法廷における情報あるいは知識だけでどのように解決していくのか，ということです．

それに関して，連邦通常裁判所が要求項目を出したことがありました．職業裁判官と参審員は，いろいろな専門家の意見書などに関してはその正確さを判断するだけでよい，つまりその内容の精査まではする必要はない，ということが連邦通常裁判所の判決として出ています．

この問題は，参審員が参加するかしないかとは関係ない問題として常にあるわけです．というのは，裁判官はすべての分野において専門家であるわけではないからです．この連邦通常裁判所の判決の中でいわれたことは，そういった専門家の報告書の内容，その正確性の検証に関しては，私も参審員と話し合ったことがありますけれども，通常の常識によって判断する，そして，そのような専門知識が必要なときは，その専門家の調査を求めて，その情報を使う，ということです．

ここで問題になるのは，その専門家が使っている方法論です．その方法論が論理的に合理性を持っているかを判断の基準にすればよいわけです．それを理解し，判断を行うことは非常に時間がかかります．しかし，私どもとしては，これが，ある専門分野に関して論理的に理解しうるステップをたどって結論に到達しているのかどうかを精査すればよいのです．ある専門家の報告書があったとすると，自分は，その内容に関しては知識がないので知識として判断することはできないけれども，その論旨の合理性に関しては判断することができるわけです．つまり，通常の市民としての常識で判断することができるわけです．

私どもの義務は，結論に至る論理の合理性を説明し，そして理解できるようにすることです．例えば控訴審の場合，そこで提出された専門家の報告書がそ

ういったものであるかをチェックするわけです．占い師の出したような根拠のない報告書では，もちろん論理性がないので受け入れることはできないわけです．つまり，単なる主張をしているだけのようなものは役に立たず，そういったものは使えないものとして拒否しなければいけません．しかし，ある論理的な分析をして理論的なステップを通じて結論に至っているのかは精査できます．私が先ほど申し上げたように，参審員が参加していてもいなくても同じですが，それに関してはジレンマがあります．

**司会（井田）** ありがとうございます．たくさんのご質問をいただきましたので，個々の質問はキーワードにかえてご紹介するようなことになり，ご質問下さった先生方には不本意な点もあったと思われます．申し訳ありません．

　さて，日本の刑事手続は，戦後のアメリカ法の影響により当事者主義化しました．裁判官は手続の主宰者から転落し，日本の刑事司法は，検察官が裁判官の機能を営んでいる「検察官司法」であると呼ばれるような状況にもなりました．裁判員制度の導入は，裁判官が国民という強い味方を得て再び公判手続，さらには刑事手続の主役への復権を果たそうとしたものであるといえるかもしれません．そうであるとすると，構造論としては，日本はドイツに近づいたといえないこともない．今後，この分野における日本とドイツの間の議論と意見交換がきわめて有益なものとなりうる基盤ができたということでもあります．今後こういう機会が何度ももたれることを祈りましてこのセッションを閉じたいと思います．

　ありがとうございました．

セッション 3：
控訴裁判所による事実誤認の審査のあり方

3. Sitzung:
Die Beteiligung von Laienrichtern bei der Entscheidungsfindung in der zweiten Instanz

# 控訴裁判所による事実誤認の審査のあり方（要旨）

柳川 重規

## I. 裁判員制度の導入と控訴制度

　裁判員制度が導入される際，刑訴法の控訴に関する規定に改正は加えられず，一審の公判裁判所の裁判体は，裁判員と（職業）裁判官で構成されるが，二審の控訴裁判所の裁判体は，（職業）裁判官のみで構成されることとなった．そのため，裁判員が加わって行われた一審の事実認定を，職業裁判官のみで構成される控訴裁判所においてどのように審査すべきか，ということが問われることとなった．

## II. 刑訴法の控訴に関する規定の特徴と裁判員制度導入前の実務の運用

　刑訴法上事実誤認は「判決に影響を及ぼすことが明らか」である場合にのみ控訴が認められる相対的控訴理由の最後に規定されており（刑訴法382条），刑訴法は控訴審を基本的には法律審と位置づけていることが窺える．しかし，実際の運用を見ると事実誤認を理由とする控訴は，控訴全体の約25%を占めており，相当程度事実審としても機能している．また，事実誤認についての審査は，刑訴法の規定上は一審判決の当否を審査する事後審として行われるのが基本であり（同条），「やむを得ない事由」がある場合に例外的に一審の手続・資料に新たな証拠を加えた続審として審査を行うこととなっている（刑訴法382条の2）．しかし，実際の運用は続審としての性格が強く現れているとの見方も有力に主張されてきた．さらに，何をもって「事実誤認」というかというこ

とについては，第一審判決に示された心証が控訴裁判所の心証と一致しない場合をいい，この場合に控訴裁判所の心証が優先されるとする心証比較説（心証優先説）に基づく審査方法が事案によっては採用されていたのではないかといわれる．

## III. 裁判員制度の導入と実務における「事実誤認」の理解の変化及びその内容

裁判員制度を導入する際，裁判員が加わった一審での事実認定を控訴裁判所は尊重しなければならないとの理解は，広く共有されていたといってよい．裁判員が加わった方がより適切な事実認定ができるとして裁判員制度を導入するのに，その事実認定を職業裁判官のみで構成された裁判体が，自身の認定と異なるという理由だけで破棄することを認めるのは，理論的には相当に困難である．そこで，最高裁は平成24年2月13日判決（刑集66巻4号482頁）において，事実誤認とは「第一審判決の事実認定が論理則，経験則等に照らして不合理であることをいう」とし，さらに「控訴審が第一審判決に事実誤認があるというためには，第一審の事実認定が論理則，経験則等に照らして不合理であることを具体的に示すことが必要である」とした．その後の最高裁の判例は，この平成24年2月13日判決で示された事実誤認の認定方法に従って具体的事案についての判断を積み重ねていくことになる（最決平25・4・16刑集67巻4号549頁，最決平25・10・21刑集67巻7号755頁，最決平26・3・10刑集68巻3号87頁，最判平26・3・20刑集68巻3号499頁，最決平26・7・8判タ1407号75頁等）．もっとも，最高裁はこの認定方法をとる根拠を控訴審の事後審としての性格，一審における直接主義・口頭主義の採用に求めており，この事実誤認の認定方法を，一審が裁判員裁判である場合に限って用いているわけではない（最決平26・7・8判タ1407号75頁）．また，経験則には確実性の程度に幅があるともいわれ，上告審での事実誤認の審査の問題を扱った事例ではあるが，同じく経験則を援用しながら最高裁の裁判官の間で結論が別れた事例もある（最判平21・4・14刑集63巻4号331頁）．

# Prüfung der fehlerhaften Tatsachenfeststellung durch das Berufungsgericht (Zusammenfassung)

Shigeki YANAGAWA

I. Einführung des Saibanin (Laienrichter) Systems und Berufungssystem
Bei der Einführung des Saibanin Systems wurden keine Änderungen bezüglich der Berufung in der japanischen StPO (J-StPO) vorgenommen. Die Besetzung in der ersten Instanz besteht aus Laien- und (Berufs) Richtern, in der zweiten Instanz aber ist das Gericht nur noch mit Berufsrichtern besetzt. Daraus folgt die Frage, wie die in der ersten Instanz mit den Laienrichtern durchgeführte Tatsachenfeststellung vom Berufungsgericht (mit ausschließlich Berufsrichtern) nachgeprüft wird.

II. Charakter der Berufungsvorschriften in der J-StPO und ihre praktische Anwendung vor der Einführung des Saibanin Systems
Die fehlerhafte Tatsachenfeststellung („Jijitsu Gonin") im Sinne der J-StPO ist als letzter Punkt in den relativen Berufungsgründen genannt, nach denen eine Berufung nur dann zulässig ist, wenn der in Rede stehende Fehler einen „Einfluss auf das zu verkündende Urteil deutlich" aufweist (vgl. § 382 J-StPO). Daraus lässt sich folgern, dass die J-StPO das Berufungsverfahren als eine sog. juristische Instanz („Horitsu Shin") positioniert. In der Praxis beträgt das Berufungsverfahren aufgrund der fehlerhaften Tatsachenfeststellung aber ca. 25% der gesamten Berufungen und fungiert in gewissem Maß ebenfalls als Tatsacheninstanz („Jijitsu Shin"). Weiterhin erfolgt die Prüfung der fehlerhaften Feststellung strafprozessual grundsätzlich von Berufungsrichter, um die Richtigkeit (oder Nichtigkeit) des erstinstanzlichen Urteils (vgl. § 382 J-StPO) zu untersuchen. Nur bei Ausnahmefällen, in denen „unvermeidliche Gründe" vorliegen, darf der Berufungsrichter ein weiterführendes Verfahren („Zoku shin") einleiten, das sich neben dem in der ersten Instanz verbrauchten Beweismittel mit neuen Beweismitteln befassen kann (vgl. § 382-2 J- StPO). Nach einer

nicht unbedeutenden Ansicht wird die zweiten Instanz de facto aber im Rahmen des weiterführenden Verfahren praktifiziert, obwohl zweite Instanz de lege lata nur ganz ausnahmsweise ein solches Verfahren anwenden darf. Außerdem könnte sich die Praxis in bestimmten Fällen an der Ansicht orientieren, die Überzeugungen des Berufungsgerichts deshalb zu bevorzugen (sog. Lehre vom Überzeugungsvergleich), weil eine „fehlerhafte Tatsachenfeststellung" dann vorliegen soll, wenn die Überzeugung, die der Tatrichter in seiner Entscheidung aufzeigt, nicht mit der von dem Berufungsgericht übereinstimmt.

III. Entwicklung des praktischen Verständnisses der „fehlerhaften Tatsachenfeststellung" als Folge der Einführung der Laienrichter
Bei der Einführung des Saibanin Systems ist man sich einig, dass das Berufungsgericht die erstinstanzliche Tatsachenbestimmung zu berücksichtigen hat. Es ist logisch kaum schlüssig, dass das Gericht die erstinstanzliche Entscheidung lediglich weil es mit ihr nicht übereinstimmt aufheben könne, denn das Saibanin System wurde gerade zur besseren Tatsachenfeststellung eingeführt. Darüber hinaus führte der Oberste Gerichtshof (OGH) am 13. 02. 2012 in seinem Urteil (OGH J-OGHSt (Keisyu) Bd. 66, Nr. 4, S. 482) aus: die fehlerhafte Tatsachenfeststellung bestehe darin, dass „die erstinstanzliche Tatsachenfeststellung im Hinblick auf Logik und Erfahrungssätze untragbar ist" und das Berufungsgericht darauf nur dann die erstinstanzliche Tatsachenfeststellung für fehlerhaft halten könne, wenn „es konkret feststellt, dass die erstinstanzliche Tatsachenfeststellung im Hinblick auf Logik und Erfahrungssätze untragbar ist". Danach hat das OGH in seinen Entscheidungen auf dieses Urteil immer wieder verwiesen (OGH Beschl. v. 16.4.2013, Keisyu Bd. 67, Nr. 4, S. 549; OGH Beschl. v. 21. 10. 2013, Keisyu Bd. 67, Nr. 7, S. 755; OGH Beschl. v. 10.3.2014, Keisyu Bd. 68, Nr. 3, S. 87; OGH Urt. v. 20. 3. 2014, Keisyu Bd. 68, Nr. 3, S. 499; OGH Beschl. v. 8. 7. 2014, Rechtsprechungstimes (Hanrei Times) Nr. 1407, S. 75). Allerdings beruft sich das OGH bei der Begründung der von den Berufungsrichtern vorgenommenen Prüfung über die erstinstanzliche Tatfeststellung auf den Charakter des Berufungsgerichts als Nachprüfer und den Unmittelbarkeits- und Mündlichkeitsgrundsatz in der ersten Instanz und wendet sie nicht nur auf das laienrichterliche Verfahren an (OGH Hanrei Times Nr. 1407, S. 75). Weiterhin wird auch gesagt, dass der Richter bei der Entscheidung anhand von Logik und Erfahrungssätzen Spielraum haben kann. In einem Fall,

bei dem das Revisionsgericht über die Prüfung einer fehlerhaften Tatsachenfeststellung entscheiden sollte „kamen die Richter im OGH zu unterschiedlichen Ergebnissen, obwohl die Richter der logischen und erfahrungsgemäßen Auslegung gleichermaßen folgten" (OGH Urt. v. 14. 4. 2009, Keisyu Bd. 63, Nr. 4, S. 331).

# Berufsrichterliche Kontrolle der mit Laienbeteiligung erfolgten Tatsachenfeststellung in der Revision (Zusammenfassung)

Henning ROSENAU

Ausgehend von der Diskussion in Japan, ob das Saibanin-System nur unvollkommen und inkonsistent verwirklicht worden ist, weil in der Berufungsinstanz mit Laienbeteiligung getroffene Tatsachenfeststellungen und Strafzumessungen ohne Laien aufgehoben werden können und sich damit der Einfluss der Laien gleichsam verflüchtigt, geht der Beitrag den Fragen nach, ob

1. auch Deutschland sich der Debatte um die Laienbeteiligung in den Rechtsmitteln stellen muss,
2. ob die Betrachtung des Rechtsmittelsystems Rückschlüsse auf den Sinn und Zweck der Laienbeteiligung erlaubt und
3. ob Deutschland und Japan hinsichtlich der Rechtsmittelinstanzen Reformbedarf in Bezug auf das Saibanin-System haben.

Die erste Frage erscheint obsolet, weil die deutsche Berufung die Laienbeteiligung verwirklicht hat und in der Revision eine Rechtsprüfung stattfindet, bei der eine Laienbeteiligung nicht begründbar erscheint.

Indes täuscht dieser erste Blick, weil die Revision sich richterrechtlich von einer reinen Rechtsprüfung weit entfernt hat und auch die Tatsachen Gegenstand der Revision geworden sind. Deren Feststellung wird sehr intensiv auf Plausibilität und Widerspruchsfreiheit geprüft. Diskutiert wird daraufhin die Frage, ob konsequenterweise auch in einer solchen "erweiterten Revision" Laienrichter zu beteiligen sind.

Aus dem Blickwinkel der Rechtsmittel ergibt sich zudem, dass die meisten Gründe, die für die Laienbeteiligung angeführt werden, nicht zu überzeugen vermögen. Der Beitrag ist damit zugleich ein Beitrag zum Sinn und Zweck der Laienbeteiligung.

Aus den Ergebnissen werden dann Folgerungen in Hinblick auf das japanische Saibanin-System gezogen.

# Berufsrichterliche Kontrolle der mit Laienbeteiligung erfolgten Tatsachenfeststellung in der Revision — Handout —

Henning ROSENAU

– Gliederung –
I. Einführung zur japanischen Rechtslage
II. Rechtsmittel und Saibanin-System
III. Laienbeteiligung und Rechtsmittel in Deutschland
IV. Revision und Laienbeteiligung

1. Revision als Rechtsprüfung
2. Der Weg zur „erweiterten Revision"
3. Konsequenzen aus der „erweiterten Revision" für die Laienbeteiligung
   a) Laienrichter beim BGH (Bundesgerichtshof)
   b) Sinn und Zweck der Laienbeteiligung im Strafprozess
   c) Saibanin an den japanischen Obergerichten

– Gesetzestext –
§ 337 StPO Revisionsgründe
(1) Die Revision kann nur darauf gestützt werden, daß das Urteil auf einer Verletzung des Gesetzes beruhe.
(2) Das Gesetz ist verletzt, wenn eine Rechtsnorm nicht oder nicht richtig angewendet worden ist.

# 素人参加のもとで行われた事実認定の，上告審における職業裁判官による監査（要旨）

ヘニング・ロゼナウ

　日本においては，事実認定と量刑判断に素人が参加した場合でも，当該判断が，素人を構成員としない控訴審にて破棄される可能性があり，それゆえに，同時に素人の影響が消失することになる．したがって，裁判員制度はいまだ十分なものではなく，その制度実現に矛盾があるのではないかとの議論が見られる．本報告では，この日本での議論状況を前提として，以下の諸問題を検討する．

1. ドイツにおいても日本同様に，上訴審への素人参加について議論がなされなければならないのか，
2. 上訴制度を考察することで素人参加の趣旨と目的を帰納的に導き出すことは可能か否か，
3. 日独両国において，上訴審裁判所について，裁判員制度の改革が必要か否か．

　最初の問題については，ドイツでは控訴審への素人参加が実現している．たしかに，上告審では素人参加は予定されていないものの，上告審で行われるのは法的調査に限られ，これに素人が関与することには根拠が認められない．とすれば，この問題については，すでに回答が得られていると考えられることもできよう．
　しかしながら，このような考えは一見してすでに誤解に基づくものであるこ

とがわかる．というのも，判例法上，上告審は純粋な法律審としてのみ機能しているわけではなく，事実問題も上告審の対象となっているからである．上告審における事実の認定は，下級審の行った認定の妥当性と無矛盾性を調査することに集中して行われる．そのような現状にあっては，このような「拡張された上告審」においても首尾一貫して素人裁判官が参加しなければならないか否かという問題は議論の対象となる．

さらに，上訴制度に目を向けてみれば，刑事裁判への素人参加を正当化する際に用いられる根拠の多くが納得できるものではないことが明らかとなる．それゆえ，本報告は同時に，素人参加の趣旨と目的についての報告でもある．

以上の検討からは，日本の裁判員制度に関する評価が導かれることになる．


# 素人参加のもとで行われた事実認定の，上告審における職業裁判官による監査（レジュメ）

ヘニング・ロゼナウ

― 報告目次 ―

Ⅰ．日本の法状況について
Ⅱ．上訴と裁判員制度
Ⅲ．ドイツにおける素人参加と上訴
Ⅳ．上告と素人参加
　1．法的調査としての上告審
　2．「上告審の機能拡張」への道程
　3．「上告審の機能拡張」が素人参加にもたらす帰結
　　a) 連邦通常裁判所（BGH）における素人裁判官

b）刑事手続における素人参加の意義と目的
　　c）日本の高裁における裁判員

― 参照条文 ―

ドイツ刑事訴訟法（StPO）第 337 条【上告理由】
⑴　上告は，判決が法律に違反することを理由とする場合に限って，これを行うことができる．
⑵　法律に違反する場合とは，法規範が適用されなかった，又は適切に適用されなかった場合を指す．

# コメント

青　柳　　　勤

　東京高等裁判所の部総括をしております青柳と申します．どうぞよろしくお願いいたします．

　「控訴裁判所における事実誤認の審査の在り方」というテーマですけれども，柳川先生やロゼナウ先生から指摘された問題については最後にお答えすることにしまして，わが国の控訴審の事実審査の在り方が裁判員制度によってどのように変わってきたかについて，実務家の立場から説明させていただきます．

　その際，ドイツと日本では刑事訴訟法の構造が異なるため，この問題をドイツの皆さんに理解していただくのは困難な面があることを，まず指摘させていただきます．ドイツの控訴審は覆審かと思いますけれども，日本の控訴審は事後審査審です．それから，控訴審は全て高等裁判所が担当します．上告審は全て最高裁判所が担当します．

　この他にまた，第一審の在り方と控訴審の在り方とは密接に関連する問題であることを指摘したいと思います．

　このような点に留意しつつ，若干のコメントをさせていただきます．

　まず，裁判員制度導入前の従前の審理の特徴ですが，従前の刑事第一審の審理の特徴について説明します．これは，「精密司法」というふうに特徴づけられてきました．これは，松尾浩也教授の言葉だと思いますけれども，その具体的内容としては，松尾教授の教科書等から引用します．

　「精密司法は，取調べを中心とする徹底した捜査活動に始まり，検察官は詳細な資料を手中にして，証拠の確実性と訴追の必要性の両面から事件を綿密に検討し，続いて公判では，弁護人の十分な防御活動をも加えて，裁判所は細部

にわたる真相の解明に努め,その結果に従って判決する。」「公判では,相手方の同意によって,または証人の記憶喪失や供述の矛盾を理由に,捜査の過程で作成された供述調書が,きわめて頻繁に証拠とされる。多くの事件では,「口頭弁論」のかなりの部分が,証拠書類の朗読(ないしは要旨の告知)に費やされている。」「その開廷間隔は長く,通常,週の単位,場合によっては月の単位ではかられる。」。

これが,松尾教授による精密司法についての説明であります。ただし,否認事件では,争点を中心として詳細な証人尋問が実施されていたことを付け加えておきます。

なお,一審で証人尋問が行われた場合について,裁判官が交替すると,公判手続の更新が行われますけれども,これがまた,公判手続の更新という,多分,ドイツ語から訳した言葉でありながら,証人尋問がやり直されるのではなく,要旨の告知等,適当な方法により証人尋問調書がそのまま証拠となることになっています。複雑困難な事件では,審理に数年を要することもあって,裁判官の交替が起こるので,第一審で判決する裁判官も,判決する段階では証人尋問調書によって心証を形成することが少なくなかった,というのが実情でした。

このような訴訟の在り方は,調書裁判,あるいは「自室証拠調べ主義」とも批判されました。要するに法廷では要旨の告知だけをして裁判官室に戻ってじっくり供述調書等の証拠を読むということです。これは,平野龍一教授の批判です。被告人側の同意などによる捜査段階の供述調書の多用,公判手続の更新による証人尋問調書の証拠化など,直接主義,口頭主義が不徹底であったことは否定できません。

これを現象面で説明すると,被害者1名の殺人事件であっても,詳細な経緯などが立証対象とされたため,自白事件でも記録数冊,否認事件では記録十数冊に及ぶことが通常でありました。

裁判員裁判導入前の話を,今,しております。このような第一審の実情を踏まえて,控訴審はどうだったかを説明します。

刑事第一審において，捜査段階で作成された供述調書が多用され，また，証人尋問が行われた場合においても，証人尋問調書が作成され，それが訴訟記録として控訴審に送付されてくることになります．前述のとおり，裁判官の交替があり，公判手続の更新が行われていれば，第一審裁判官も証人尋問調書によって心証形成，事実認定を行っていることになります．

　このように第一審と控訴審において，判断資料がそれほど異ならない状況の下では，事実誤認とは，第一審判決に示された心証ないし認定と控訴審裁判官のそれとが一致しないことであり，法は控訴審裁判官の心証を第一審裁判官の心証に優先させたのだという心証優先説が有力でありました．これは学説上有力というだけではなくて，実際，多くの控訴審裁判所では，そのような立場で控訴審判決を書いていたように思われます．昔の判決を見ていただくと，控訴審裁判所が，「証拠によれば，以下の事実が認められる」ということで延々と事実認定をしている判決が多数です．

　さて，このような立場は，控訴審の裁判官のほうが第一審の裁判官よりも経験・知識の点で優れているから，その心証のほうが正しい可能性がある，あるいは，第一審も書面審理で行われている場合が多いから，その心証が常に直接主義・口頭主義の点で優れているとはいえないなどとして，正当化，理由づけがされてきたところです．

　これが裁判員制度導入前のわが国の若干自虐的な説明になります．

　それでは，裁判員制度導入後の刑事公判の変革及び現状について説明します．裁判員裁判における審理は連日開廷が原則となりました．また，調書を自室に持ち帰って裁判員が読むことは予定していません．公判中心主義を実現すべく，裁判員裁判について刑事公判の改革が行われました．

　まず1点目は，核心司法の実現ということであります．立証の対象を，犯罪事実の有無，有罪である場合には，量刑上ポイントとなる重要な情状事実に的確に絞る，ということです．従前は，予想される刑が重いことに伴い，例えば，殺人事件では，被告人の生い立ち，被害者と知り合った経緯，殺意を形成した経緯，殺害の実行に至る経緯，犯行状況，犯行後の状況等が詳細に立証さ

れていましたが，立証の対象ははるかに絞られるようになっています．

　2点目としては，実質的直接主義の実現です．「実質的直接主義」という用語はロクシン教授の教科書から借りました．

　まず前提として，統合捜査報告書の活用ということで，争いのない客観的事実（犯行現場の状況，争いがない場合の死因，同型DNAの検出等）については，幾つかの証拠書類を取りまとめた統合捜査報告書が作成され，立証に必要な部分のみが証拠として提出されるようになりました．今までの詳細な実況見分調書，鑑定書等が提出されることはなくなっています．

　次，これが一番重要ですけれども，人証中心の証拠調べの実現ということです．その中でも，証人中心主義が要点となります．核心となる事実については，供述調書によって立証するのではなく，証人尋問を実施することによって立証がされるようになりました．これは，自白事件においても同様の方向にあります．捜査官の心証を介在とする供述調書ではなく，事実を直接経験した証人の供述を裁判体が法廷で直接聞くことによって，事件の実態に即した心証形成が可能となります．公判中心主義，直接主義の観点からは，このことが最も重要な点であり，否認事件ではもちろんのこと，自白事件でもこのことは実現しつつあります．

　また，裁判員裁判の公判は比較的短期間に行われますから，先ほど申し上げたような公判手続の更新という現象は，まず起きません．したがって，裁判するときには，その証人の証言したことを直接聞いた人たちが裁判をするということになります．

　また，被告人質問の点でも，公判に被告人の言い分を引き出すようにしており，被告人質問を先行させ，それと捜査段階の供述調書が概ね同じであれば撤回させるということで，被告人のいい分も直接法廷で聞く方向にあります．

　高裁から見ると，現象面的ですけれども，立証対象が絞られ，証拠についてもポイントを絞ったもの，ポイントを絞った証人尋問等が行われるようになった結果，高裁に上がってくる記録は証拠部分が1冊ないし2冊程度となっています．まさにこの点は今昔の感があります．昔と変わりました．

さて，このように一審の審理状況が変わったことに伴い，控訴審の事実誤認の審理の在り方について，どのような議論がされているかについて述べます。
　刑事第一審における裁判員裁判の審理が，直接主義・口頭主義が徹底されたことに伴い，事実認定を行うのは原証拠（特に証人，被告人）を直接取り調べた第一審裁判所であり，それを直接取り調べたのではなく，その内容について証人尋問調書等を通じてしか知ることのできない控訴審裁判所は，事後審査審として，第一審の事実認定に論理則，経験則等に照らして不合理な点がないかを審査すべきであるとする見解が有力となり，先ほど紹介がありましたけれども，最高裁平成24年2月13日判決もこの見解を是認しております。なお，この判決の中では，「このことは，裁判員制度の導入を契機として，第一審に直接主義・口頭主義が徹底された状況においては，より強く妥当する。」と判示されているところです。
　今後の課題についても言及しておきます。まず1点目，裁判員裁判における刑事第一審の在り方について述べます。供述によって立証すべき核心的部分については，証人尋問，被告人質問によることとし，直接主義，口頭主義をさらに徹底していく必要があります。ドイツでは，確か1987年だと思いますが，供述調書を検察官，弁護人・被告人が同意しているときには朗読できる旨，ドイツ直接主義の観点からはやや驚くべき改正が行われたようですが，連邦最高裁は，裁判所の解明義務により，真実の探求のために本人自身の尋問が要求されるときは朗読が禁じられるとしました。来日した連邦最高裁長官にお聞きしたところ，この規定は何の役割も果たさなかったと説明されました。keine Rolle gespieltという単語が私にも聞き取れましたけれども，そういうふうに説明されました。ドイツにおける徹底した直接主義，口頭主義をわが国も見習う必要があると考えております。
　直接主義，口頭主義の徹底化を踏まえて，控訴審の事実誤認の審査の在り方が最高裁判決で示されたわけですけれども，さらにその点について触れます。
　一審の証拠調べの状況については，訴訟記録が送付されてきますので，それを調査することにより，証拠内容を理解，把握することが前提とされていま

す．この点はドイツと全く違うということをご理解いただきたいと思います．ドイツはそもそも証人尋問調書を作りません．制度上，連邦最高裁に対して，そういう証人尋問調書を送るということはありません．そこは違います．

　しかし，日本の控訴審裁判官は，訴訟記録を読んで，事件像について何らかの印象を持つことにはなりますが，それと第一審判決が異なるから第一審判決に事実誤認があるとすべきではなく，証拠内容の把握，理解を前提として，第一審判決に証拠の評価，証拠の総合判断に論理則，経験則等に照らして不合理なところがあるか，その不合理性を具体的に説明できるかを検討すべきであります．第一審判決に事実誤認があるとして破棄する場合に，第一審判決の不合理性について説得力のある，客観的かつ具体的な説明をする必要があります．その説明が多くの人の納得が得られない，第一審判決の認定でもよいのではないかという印象を与えるようなものであるということであれば，心証優先説に逆戻りしていると批判されてもやむを得ないところです．控訴審裁判官，控訴審裁判所は，そのようにならないように常に努力しなければならないと考えています．

　なお，控訴審においても裁判員を参加させるべきであるとの貴重な提言をいただきましたが，事実誤認の審査が論理則，経験則等に照らして不合理といえるかを審査する限度では，その必要はないと考えています．これは，ドイツ連邦最高裁が事実認定について経験則違反の有無を審査するが，参審制がとられていないのと同様の理屈になろうかと思います．

　以上です．

# コメント

カルステン・ゲーデ

　まずは，先ほど私の前にお話しされました柳川さん，青柳さん，また皆さんに御礼を申し上げたいと思います。

　では，控訴審における市民裁判官の参加に関して述べたいと思います。それに関しては三つのテーマがあります。まずは，上訴審が参審員・裁判官の判断を否定する場合に，どのような基準をもとにするべきなのかということです。二つ目は，ドイツの上訴制度では参審員が十分参加しているのかということです。三つ目は，最近の日本の裁判における，裁判員判決に対するコントロールの評価に関してお話をしたいと思います。また，日本の控訴審で裁判員は必要なのかということに関しても触れたいと思います。

　さて，最初のテーマです。上訴審が参審員・裁判官の判断を否定する場合，どのような一般的な基準が必要なのか。まず述べたいのは，上訴審に素人裁判官の参加は不可欠ではないということです。最初のセッションのコメントで申し上げましたけれども，第一審の刑事法廷でも市民裁判官の参加は常には必要ありません。民主的な要素は必要ですが，例外なく不可欠なものではないと思います。ゆえに，上訴審も常に素人裁判官が参加する必要はないと思います。特に，上告審などの上訴審は純粋な法律審であり，正しい法解釈かどうかということだけが問題になります。確かに，事実認定の問題と法律判断の審査の問題というのは相互に関係しており，また，法発見に対する素人裁判官の有用性は皆無ではないとは思いますが，素人裁判官は第一審に関与し，ここで素人の観点を提供できるのでありますから，それで十分といえましょう。

　さらに忘れてはいけないのは，裁判員や参審員に参加を強制する正当化根拠

が必要であるということです．その根拠を考えるにあたっては，法解釈に素人が参加する意義が比較的低いという観点が重要です．法解釈において素人裁判官が提供できるものはあまりありません．実際の審理は非常に技術的，法律的だからです．ということで，参審員にとって，どちらかというとフラストレーションがたまる経験になるのではないかと思うわけです．以上のことは，上訴審への素人裁判官の参加に対する否定的な事情となります．

　もう一つの問題としては，上訴審で裁判員・参審員による裁判をチェックする場合，どのような基準をもって十分とすべきかということです．私は，これに関して，減価の禁止が妥当すると考えます．民主主義によって素人も判決に参加することができるならば，その限りで，この判断は効力を持つべきだと思うわけです．つまり，上訴審で，素人裁判官の判断に対しては，原審判決の価値が減ぜられることは禁止されるべきだと思うわけです．好ましくない裁判員・参審員の決定を上訴で職業裁判官が恣意的に否定するというようなことがあるならば，素人の参加は単なるショーになってしまい，見せかけの市民参加ということになり，正当な目的を果たしていないということです．ですので，立法者は，裁判員・参審員の決定を真摯に受け止めるべきである，と考えるわけです．ですから，原審の減価の禁止が必要であるということです．ただ，減価禁止でありますが，素人裁判官が加わった決定に対して上訴の可能性が全くあってはならないという意味ではありません．つまり，アングロ・アメリカ各国では有罪性に関して上訴することはできないわけですが，しかしながら，減価禁止というのはそういう意味ではありません．どの裁判官も，市民の平等な権利という意味で法を尊重すべきであると思います．まず一つ重要なのは，上訴審が法的な誤りしか審査できないということ，また，上訴審には素人裁判官は参加していないので，素人裁判官の事実認定を自分たちの評価に置き換えるというようなことをしてはいけないということです．もう一点，上訴審における法的な基準ですが，これは一般的な性質のものでなければならないということも重要であると思います．素人裁判官の任務だけを監督するものではありません．つまり，職業裁判官に関しても適用されなければいけないということで

す．つまり，全ての裁判官，素人裁判官にも職業裁判官にも適用されるときに，初めてそういった基準は意味があると思います．

さて，先ほどのロゼナウさんの発言に関連して問いかけてみたいと思います．ドイツ法は上訴審での素人裁判官の参加を十分確保し，また，尊重しているのでありましょうか．控訴審に関しての答えは簡単です．一審，参審裁判の判断に対して，ドイツでは控訴審でも素人裁判官が参加しています．つまり，一審も二審も素人裁判官が参加しているということで，裁判への参審員の参加は確保されているわけです．ただ，上告審に関しての回答は難しいことになります．ロゼナウさんもドイツの法状況に関して，上告の内容が事実認定も対象となっているということで，いわば拡大された上告に関しても素人裁判官が必要になるのではないかとの批判的な問いを提起しておりました．

この問題についていえるのは，事実認定での法的判断の間違いの指摘と違法な指摘とを区別するのは非常に困難であるということです．ここでいう違法な指摘とは，上告審が，単に原審の判断を自らの考えと入れ替えてしまうことを指します．事実認定と境を接する法的な誤りについては，将来，参審員が参加する意味が出てくる可能性はあると思います．判断の裁量を共に用いて，職業裁判官が実生活に即した説明をするように強制力を持たせることができるわけです．これに加えて，ドイツの上告審は，刑事訴訟法によれば単なる法律審ではなくて，ドイツ刑事訴訟法354条によれば，場合によっては独自の量刑を行う権限があるということです．

結論として，ロゼナウさんよりも明確に素人裁判官の上告審参加を否定したいと思います．まず，私にとりましては，ドイツの法状況は，原審の減価禁止に抵触するものではなく，拡大した上告は，それでも判決に照らした法的な審査であります．仮に原審の事実認定の役割への介入が見られるのであれば，そのような判決は違憲として拒否するべきであると思うわけです．それでも，参審員にも職業裁判官にも効力がある一般的な法的な基準が重要となります．また，上告審での独自の量刑は大きく制限されるわけです．強制的な法効果の場合にのみ検討し，参審員にも裁量の余地はないわけです．また，上告審では，

参審員が決めた法効果が正しいと認めるか，適切に減軽するかという，この二つの方法しかないわけです．これによって，参審員による法効果の判断は意味を保っているわけです．

最終的に，上告における参審員の参加の否定の根拠としては，次のことがいえると思います．メリットをデメリットが上回るのかどうなのかということです．拡大上告においての事実認定というのは，職業裁判官の意見に対するもので，参審員が意見を出すことはメリットです．上告審の独自量刑でも，減軽措置に関して参審員は貢献できるわけです．ただし，ドイツの上告審は法律審査であり，技術的，形式的な審理が多いわけです．ドイツの上告審は口頭審理ではなく，裁判官の事務室で書類を検討するというような作業です．ということで，参審員の参加は非常に難しいと思います．特に拡大上告でも参審員はよくブレーキをかけられることになるわけで，職業裁判官は繰り返し，これは法律審だと強調しなければいけないということがあるわけです．

では，三つ目のポイント，最後のポイントに移りたいと思います．裁判員の判断のチェックとして，日本の控訴審に裁判員が参加すべきかどうかということを述べたいと思います．

まずは，日本の控訴審は，刑事訴訟法で基本的に法律審と規定されています．日本の立法者は，裁判所に対して大きな挑戦課題を立てたともいえるわけです．一方では，裁判員制度で民主的な基盤を強化しつつ，他方では，控訴審と量刑は改革しなかったわけです．新しい形の，一審が控訴審に与える影響を規定しませんでした．ですから，すき間ができてしまったのです．それを裁判所で法形成により埋めるという作業が必要になったわけであります．

ここで，最高裁が事実認定の誤りの有無を判断する基準を変更したことは，大変適切な措置であると思います．先ほど青柳さんが明確に説明されましたけれども，最高裁は直接主義をより尊重するということで対応したわけです．

私の考えでは，事実誤認を理由とする控訴の制限は，原審の減価禁止の一つの表現だと思います．裁判員の参加は意味がなくてはならないわけです．これを保障するのが，裁判員判断の破棄は，法律的な誤りのときだけだということ

です．裁判員裁判が職業裁判官の個人的な容認に左右されるかのような印象を生じさせてはいけないと思います．日本の場合，チェックの基準をこういった形で変更することで裁判員の意見形成を保護しているということは大変素晴らしいことだと思います．柳川さんが先ほどのお話の中でおっしゃいましたけれども，最高裁が一般的な規範を提示して，これは裁判員裁判だけに適用されるのではなくて，一般的に適用される控訴審における一審の判断の破棄，あるいは，一定の判断のチェックに関しての基準を打ち立てたということは，非常に重要なことだったと思います．なお量刑判断については，もちろん問題になりますが，これに関しては，また後ほど質疑応答の際にお話をしたいと思います．

さて，最後の点です．これは非常に微妙な問題です．控訴審は追加的な事実認定をどう扱うのか．青柳さん，柳川さんの報告で，刑事訴訟法382条第2項に，控訴審は新たな証拠調べをしてもよいというふうにあると理解しましたが，ここには裁判員は参加していません．この点では，裁判員裁判の軽視といえるわけで，素人裁判官参加の意味を否定したともいえるわけです．新しい証拠が認められるなら，判決の基盤は全く違ってしまいます．裁判員の判断は有効性を奪われるということになるわけです．法的な過ちはないのに，ということです．控訴審での事実認定の判断が変わるなら，裁判員は軽視されたと感じるでしょう．裁判員は決定に重要な意味を持っています．しかし，事実認定の一部でしか利用されず，そしてまた一貫性のない利用の仕方です．素人裁判官のメリットは十分生かされることがなく，素人裁判官の参加は，その将来性をみると，将来性は乏しいかもしれません．私は控訴審での補足的な事実認定を廃止すべきであると思っています．さらによいのは，控訴審にも裁判員制度を導入するということで，あるいは，もう一つの可能性としては，その場合に，一審に差し戻すことです．そうでないと裁判員制度は十分機能しないと思います．

次はまとめです．まずは，立法者は上訴審で常に裁判員を参加させる必要はないということです．しかし，裁判員あるいは参審員を事実認定に参加させる

なら，上訴では原審の減価禁止を守り，素人裁判官参加の意味を保持する必要があります．二つ目に，ドイツでは，決定における原審の減価禁止が守られ，控訴では明白に参審員が参加することが規定されています．上告においては，これは懸念はありますが，参審員の決定はまだ尊重されています．三つ目に，日本の裁判所が事実認定と量刑のチェックに関して基準を作っているのは，非常に歓迎すべきです．事実認定と量刑の一般的な法的基準をつくり，統一性があり，また裁判員裁判以外の裁判にも適用するのであれば，原審の審判の減価禁止に対する侵害は回避できます．ただし，控訴審での独自の事実認定ができるならば，やめるべきであると思います．もしそれが不可能というのであれば，日本の立法者は，将来，控訴審にも裁判員を導入すべきだと思います．

　ご清聴ありがとうとうございました．

# 質 疑 応 答

**司会（吉田）** 皆さま，六つ，質問をいただいたようです．
　質問が多数ありますので，私の方で適宜取捨選択させていただきますが，その点はご容赦願いたいと思います．
　まず，前提質問のようなものがあります．松田先生及び牧野先生から，ドイツにおける控訴審で素人裁判官が参加するやり方は一審と同じなのかどうか，という趣旨です．その点について，ロゼナウ先生にお願いしたいと思います．

**ロゼナウ** それは，「はい」とお答えすることになります．それは第一審をもう一度やるという形になっています．

**司会（吉田）** 続きの質問になりますけれども，牧野先生から，その部分だけを読み上げさせていただきます．

　裁判員裁判で無罪判決の場合，日本でもドイツでも，控訴審が書面審理にすぎないなら，アメリカ法の二重の危険の法理の理念から，検察官控訴禁止の立法が望ましくないであろうか．

　という問題提起です．

**通訳者** すみません．もう一度日本語をいっていただけますか．ちょっとわからなかったのですけれども．

**司会（吉田）** 控訴審における素人参加のやり方が一審と同じであるという前提に立った場合，アメリカでは二重の危険の法理から検察官控訴が禁止されていることからすると，論理的に，日本でも裁判員裁判で無罪判決が出たら検察官控訴を禁止すべきではないか．
　この点は柳川先生にもお願いしたいと思います．

**ロゼナウ** ドイツでは，そういうことは想定していません．検察は控訴できます．客観的なポジションなんです．被疑者に対して客観的に対応しているとい

うことです．

**司会（吉田）** 補足的にいってよろしいでしょうか．ドイツにおける控訴審で素人裁判官が参加する場合，そこでは書面審理ではなく証人尋問も行われるという前提でよろしいでしょうか．

**青柳** 要するに，覆審です．一審でやって，控訴して，控訴審でも一審と全く同じ審理をしますから，一審で証人尋問をやっていても，控訴審でも証人尋問をやる，という，そういう前提です．

**司会（吉田）** その前提で，今度は柳川先生に，わが国において検察官控訴を禁止すべきではないかという考え方に対してのコメントをいただければ，ありがたいと思います．

**柳川** きちんと整理できていないので，答えにならないかもしれませんが，まず，アメリカで二重危険禁止法理によって検察官上訴が禁止されているのは，被告人が公判で検察官の主張・立証にさらされて，一度，危険を負ったという前提で，結果として無罪判決を得て，それで二度目の危険にさらされてはいけない，という発想だと思います．ですから，直接主義・口頭主義と二重危険禁止法理との直接的な関連はないのだろうとも思います．ただ，アメリカでも，当事者主義ということをいって，被告人側が反証を公判で展開する上で十分な機会を与え，事実認定者はその反証をきちんと受け止めて判断しなければならない，ということを重視します．日本でいう直接主義・口頭主義はその当事者主義との関連で結びつきがあるのかなと考えています．

**司会（吉田）** ありがとうございます．

引き続き，ロゼナウ先生に名城大学の加藤先生からの質問です．ドイツにおいて重大事件に関して控訴審がないのはなぜか，その理由をご教示願いたい，という趣旨のご質問があります．

**ロゼナウ** 非常によい質問です．

なぜかというと，ちょっと不思議だと思われるのは当然だと思うからです．

軽犯罪では，三審制，つまり一審，それから上級裁判所，それからさらに連邦通常裁判所です．重犯罪の場合は，一審しかないわけです．これは，なぜ軽

犯罪には，上告，上訴があるかということなんです．なぜ，そうなのか．

　区裁判所は非常にたくさんのケースを扱っています．ということは，刑事事件を扱う判事が全てを暗記しているというか，刑事訴訟法も頭に入っているわけです．ですので，そういったことで裁判官が非常にたくさんのケースを扱って経験を積むことができるので重大な犯罪に対して判断できる，という考え方なんです．そして，他のケースに関して，三審制になっているところに関しては，もし一審で何か問題があっても，二審，三審でそういった間違いに関しては訂正できるわけです．しかし，殺人の場合は，日常的にあまり起こるわけではないわけです．ということで，私どもでは，これに関しては1週間とか6日とかの期間で結論を出すわけではありません．そういったものに関しては，何度もそういったケースを扱うチャンスのある裁判官が一審で，弁護士の権利も考慮し，そしてまた告発，告訴のいろいろな資料も考慮し，そして判断する，という考え方です．

　ですから，いわば逆の理論というか逆の考え方かもしれません．そのようなわけで軽犯罪は三審制になっていて，重犯罪は一審しかないということです．

**ゲーデ**　それに対して補足したいと思います．

　控訴に関しては，いろいろな議論がありました．例えば直接主義を変えるのかというような，いろいろな議論があったわけです．あるいは，一審をもっと強化するべきではないかという考え方もありました．

　そういった議論もありますが，私どもの場合は，参審員が参加する裁判は，控訴審もそうですけれども，必ず職業裁判官がいるわけです．ということで，そこでも十分な審議が行われます．どちらかというと，なるべく地方裁判所，それから控訴審，ということでつながっていくことによって多くの人のチェックを受ける方が良いという意見もありますが，地方裁判所で手続を取ったものに関しては控訴審をしないというのは，地方裁判所にはしっかりと裁判官もいて，しっかりと余裕を持って手続ができるからです．そして，刑事訴訟法をしっかりと見て対応することができるからです．ただ，これも今後改革の対象となっていく可能性はあると思います．

**司会（吉田）** ありがとうございました．

時間の関係で質問の幾つかは省略させていただきます．京都産業大学の成田先生から，柳川先生，ロゼナウ先生の両名に対してのご質問があります．これを最後の質問とさせていただきます．

控訴審での素人参加が望ましいと思われる，というコメントを前提とさせていただいて，刑事裁判の基本原理，すなわち，日本における当事者主義，ドイツにおける職権主義という基本構造と素人参加との関係についてコメントいただければ，というご質問です．

まず，ロゼナウ先生，よろしくお願いいたします．

**ロゼナウ** 私は，この点に関連性を見ることができません．一方に，職権主義と当事者主義とがあって，そして，他方に，素人裁判制度もあるということで，私はその間の関連性を見ることができないと思います．素人裁判ということで考えていくと，職権主義を採っているか当事者主義を採っているかはそれほど重要な意味合いがあるとは思えません．少なくとも，事実認定に関しては，やはり素人参加は維持されなければならないと思っています．当事者主義というよりは論争主義との関連はもちろんあります．

**柳川** 私からも一言，申し上げたいと思います．

今，ロゼナウ先生がおっしゃったように，控訴審でも事実認定を行うのだということを前提にして，事実認定については職業裁判官プラス参審員，での判断が適切なのだという論理で組み上げられているものかと思います．もう少し大きく捉えて，上訴審で事実誤認を扱わなければいけないのかというところになると，裁判制度全体を階層的に組み上げていくやり方を採るのか，それとも公判と上訴とは全く違った役割を持った異なるステージなのだと捉えるのか，ということからの違いはあろうかと思います．

もっとも，階層性ということでも，先ほど来議論になっているように，ドイツは控訴審は覆審で判断するようなので，こうした説明が適合するのかはよくわからないところもあります．

**司会（吉田）** どうもありがとうございました．

司会の不手際で時間がかなり押してしまい，全部のご質問を紹介することができなくて，申し訳ありません．

　これにてセッション 3 を終わらせていただきたいと思います．

　私は，東京地検の公判部長をやっていて，幸いというか何というか，私が 2015 年 4 月に東京地検の公判部長に着任して以降，裁判員裁判で無罪判決が出たことがないものですから，控訴審対応に迫られたことがありません．ですが，先ほど来お話があったように，現在の控訴審が事後審であることを従前に比べてかなり厳格に捉えていることは間違いない，と理解しています．われわれも，いってみれば第一審中心主義ということで，第一審で適正な事実認定及び量刑を得るために公判活動を行っていくことを方針としています．

　そのようなコメントをさせていただいて終わりにしたいと思います．

　どうもありがとうございました．

# 閉会の挨拶

只 木 　 誠

　本日ご報告いただきました登壇者の皆様，シンポジウムに参加してくださいました皆様，ありがとうございました．活発な議論の余韻も残る中，裁判員裁判制度をテーマとした，比較法のシンポジウムも終わろうとしています．

　比較法研究の究極的な目的とは，普遍的な価値の追究という視点から，自国の法におけるアイデンティティの自覚のもと，異なる発想に依って立つ他国の法と法文化を理解してこれを尊重しつつ，汎用可能な新たな法システム，法の支配の形成を目指すこと，といえるのではないでしょうか．

　おかげさまで，興味深く内容の濃い，充実した報告・議論が展開され，盛会のうちに討議の幕を閉じることができました．

Meine lieben Kollegen aus Deutschland, ich bedanke mich bei Ihnen für Ihre schönen Vorträge und Kommentare. Wir dürfen hoffen, dass dieses Symposium auch insgesamt zu einer weiteren Intensivierung der japanisch und deutschen Rechtsvergleichung in „beide Richtungen" beigetragen hat.

Ich danke Ihnen ganz herzlich für Ihr Interesse und Ihre Aufmerksamkeit. Auf eine weiterhin gute Zusammenarbeit.

　本日は，まことにありがとうございました．

## シンポジウム　裁判員裁判に関する日独比較法の検討

2015年10月4日(日)　中央大学駿河台記念館

プログラム

　　　　　　　　　　総合司会　　堤　　　和通・中央大学総合政策学部
　　　　　　　　　　　　　　　　曲田　　　統・中央大学法学部

| | | |
|---|---|---|
| 開会の挨拶 | 10:00～ | 伊藤　壽英・日本比較法研究所所長 |
| 主催挨拶 | | Dr. Jan Grotheer・独日法律家協会会長 |
| 来賓挨拶 | | 竹崎　博允・前最高裁判所長官 |
| 来賓挨拶 | | 稲田　伸夫・法務省事務次官 |

基調報告　　　　　10:30～11:00　　椎橋　隆幸・中央大学法科大学院
　　　「比較法的に見た裁判員制度の特徴とその運用実態及び課題」

セッション1　刑事裁判への国民参加の意義およびその正当性
　　　　　　　　　司会(セッション後のコメントを含む)　香川　徹也・最高裁判所刑事局

| | | |
|---|---|---|
| 報告1-1 | 11:00～11:20 | 小木曽　綾・中央大学法科大学院 |
| 報告1-2 | 11:20～11:40 | Prof. Dr. Arndt Sinn・オスナブリュック大学法学部 |
| コメント | 11:40～11:55 | 上冨　敏伸・法務省大臣官房 |
| コメント | 11:55～12:10 | Prof. Dr. Karsten Gaede・ブツェリウスロースクール |
| 質疑応答 | 12:10～12:40 | |

　　　　　　　　　　昼休み　12:40～13:40

セッション2　量刑問題
　　　　　　　　　司会(セッション後のコメントを含む)　井田　　良・慶應義塾大学法務研究科

| | | |
|---|---|---|
| 報告2-1 | 13:40～14:00 | 鈴木　彰雄・中央大学法学部 |
| 報告2-2 | 14:00～14:20 | Dr. Marc Tully・ハンブルク高等裁判所 |
| コメント | 14:20～14:35 | 稗田　雅洋・東京地方裁判所 |
| コメント | 14:35～14:50 | Dr. Jan Grotheer・独日法律家協会会長 |
| 質疑応答 | 14:50～15:20 | |

　　　　　　　　　　休憩　15:20～15:50

セッション3　控訴裁判所による事実誤認の審査のあり方
　　　　　　　　　司会(セッション後のコメントを含む)　吉田安志・東京地方検察庁

| | | |
|---|---|---|
| 報告3-1 | 15:50～16:10 | 柳川　重規・中央大学法学部 |
| 報告3-2 | 16:10～16:30 | Prof. Dr. Henning Rosenau・ハレ大学法学部 |
| コメント | 16:30～16:45 | 青柳　　勤・東京高等裁判所 |
| コメント | 16:45～17:00 | Prof. Dr. Karsten Gaede・ブツェリウスロースクール |
| 質疑応答 | 17:00～17:30 | |

閉会の辞　　　　17:30～　　　　只木　　誠・中央大学法学部

※このシンポジウムは公益財団法人社会科学国際交流江草基金、日本比較法研究所研究基金、ロバート・ボッシュ財団の助成を受けて開催されます。

# Deutsch-Japanisches Strafrechtssymposium
# — Das Laienrichtersystem im Rechtsvergleich —

Symposium organisiert von
Institute of Comparative Law in Japan, Chuo Universität
Deutsch-Japanische Juristenvereinigung (DJJV)
in Zusammenarbeit mit
Zentrum für Europäische und Internationale Strafrechtsstudien (ZEIS)
gefördert von der
Robert Bosch Stiftung
EFICSS (Egusa Foundation)

**Datum: 4. October 2015**
**Ort: Chuo Universität Tokio Surugadai Memorial Hall (Raumnummer 285)**
**Sprachen: Japanisch und Deutsch (mit Simultanübersetzung)**

### Themen und Referenten

| | |
|---|---|
| 10:00 Uhr | Eröffnung der Tagung |
| | Prof. Hisaei ITOH (Direktor des Instituts für Rechtsvergleichung in Japan) |
| | Dr. Jan GROTHEER (Präsident der Deutsch-Japanischen Juristenvereinigung ) |
| | Hironobu TAKESAKI (Präsident des Obersten Gerichtshofes a.D. ) |
| | Nobuo INADA (Staatssekretär im Justizministerium) |
| 10:30 Uhr | Eröffnungsvortrag |
| | Charakter, Praxis und Aufgabe des japanischen Laienrichtersystems aus rechtsvergleichender Sicht |
| | Prof. Dr. Takayuki SHIIBASHI (Chuo Universität) |
| 1. Sitzung | Bedeutung und Berechtigung der Beteiligung von Laien an der strafgerichtlichen Entscheidungsfindung |
| | Sitzungsleitung: Tetsuya KAGAWA (Strafrechtsabteilung am Obersten Gerichtshof) |
| 11:00 Uhr | Referat I: Bedeutung und Berechtigung der Beteiligung von Laien an der strafgerichtlichen Entscheidungsfindung im japanischen Strafverfahren |
| | Prof. Ryo OGISO (Chuo Universität) |
| 11:20 Uhr | Referat II: Die Beteiligung von Laienrichtern/Schöffen im deutschen Strafverfahren |
| | Prof. Dr. Arndt SINN (Universität Osnabrück) |
| 11:40 Uhr | **Kommentar I:** Toshinobu UETOMI (Strafrechtsabteilung im Justizministerium) |
| 11:55 Uhr | **Kommentar II:** Prof. Dr. Karsten GAEDE (Bucerius Law School Hamburg) |
| 12:10 Uhr | Diskussion |
| 12:40 Uhr | (Mittagspause) |

## 2. Sitzung    Strafzumessung und Laienrichter
Sitzungsleitung: Prof. Dr. Makoto IDA (Keio Universität)

13:40 Uhr    **Referat I: Zur Problematik der Strafzumessung**
Prof. Akio SUZUKI (Chuo Universität)

14:00 Uhr    **Referat II: Der Einfluss der Laienrichter auf die Strafzumessung aus deutscher Sicht**
Vorsitzender Richter am Hanseatischen Oberlandesgericht Dr. Marc TULLY (Hamburg)

14:20 Uhr    **Kommentar I:** Vorsitzender Richter am Landgericht Tokio Masahiro HIEDA (Tokio)
14:35 Uhr    **Kommentar II:** Präsident des Finanzgerichtes a.D. Dr. Jan GROTHEER (Hamburg)

14:50 Uhr    **Diskussion**

15:20 Uhr    Kaffeepause


## 3. Sitzung    Die Beteiligung von Laienrichtern bei der Entscheidungsfindung in der zweiten Instanz
Sitzungsleitung: Yasushi YOSHIDA (Staatsanwaltschaft in Tokio)

15:50 Uhr    **Referat I: Prüfung der fehlerhaften Tatsachenfeststellung durch das Berufungsgericht**
Prof. Shigeki YANAGAWA (Chuo Universität)

16:10 Uhr    **Referat II: Berufsrichterliche Kontrolle der mit Laienbeteiligung erfolgten Tatsachenfeststellungen in der Revision**
Prof. Dr. Henning ROSENAU (Martin-Luther-Universität Halle-Wittenberg)

16:30 Uhr    **Kommentar I:** Vorsitzender Richter am Obersten Gerichtshof Tokio Tsutomu AOYAGI (Tokio)
16:45 Uhr    **Kommentar II:** Prof. Dr. Karsten GAEDE (Bucerius Law School Hamburg)

17:00 Uhr    **Diskussion**

17:30 Uhr    **Schlusswort**
Prof. Dr. Makoto TADAKI (Chuo Universität)

17.40 Uhr    **Ende der Veranstaltung**

## 登壇者一覧 （登壇順・敬称略）

| | |
|---|---|
| 伊藤　壽英 | 日本比較法研究所所長，中央大学法科大学院教授 |
| Dr. Jan Grotheer | 独日法律家協会（DJJV）会長 |
| 竹﨑　博允 | 前最高裁判所長官 |
| 稲田　伸夫 | 法務省事務次官 |
| 椎橋　隆幸 | 中央大学法科大学院教授 |
| 香川　徹也 | 最高裁判所刑事局第一課長 |
| 小木曽　綾 | 中央大学法科大学院教授 |
| Prof. Dr. Arndt Sinn | オスナブリュック大学法学部教授 |
| 上冨　敏伸 | 法務省大臣官房審議官 |
| Prof. Dr. Karsten Gaede | ブツェリウスロースクール教授 |
| 井田　良 | 慶應義塾大学法務研究科教授 |
| 鈴木　彰雄 | 中央大学法学部教授 |
| Dr. Marc Tully | ハンブルク高等裁判所裁判長 |
| 稗田　雅洋 | 東京地方裁判所判事 |
| 吉田　安志 | 東京地方検察庁検事 |
| 柳川　重規 | 中央大学法学部教授 |
| Prof. Dr. Henning Rosenau | ハレ大学法学部教授 |
| 青柳　勤 | 東京高等裁判所判事 |
| 只木　誠 | 中央大学法学部教授 |

## ドイツ側報告者紹介

### Dr. Jan Grotheer（ヤン・グロテーア）

独日法律家協会（DJJV）会長．元ハンブルク財政裁判所所長．法学及び経済学を学び，弁護士を経たのち，1975 年にハンブルク地方裁判所にて裁判官として着任．1982 年，ハンブルク財政裁判所裁判官に任官．その 2 年後，副所長に，そして 1997 年に同裁判所所長に就任．1995 年以降，独日法律家協会の会長として，日独の法律家の交流に尽力されている．

### Prof. Dr. Arndt Sinn（アルントゥ・ジン）

オスナブリュック大学法学部教授．欧州・国際刑事法センター（ZEIS）の創設者であり現所長を務める．2006 年，ギーセン大学にて，ヘルベルト・シュトルツェンベルク博士賞を受賞．現在は，安全保障研究プログラムの一環として連邦教育・研究省が支援するALPhA プロジェクト（www.alpha.uos.de）のコーディネーターとしても活動されている．

### Prof. Dr. Karsten Gaede（カルステン・ゲーデ）

ブツェリウスロースクール教授．ライプツィヒ，チューリッヒ，ケンブリッジにて法学を学び，連邦憲法裁判所にて司法修習．汚職犯罪の国内法処罰と欧州・国際法基準との整合性についてドイツ連邦議会に鑑定人として招致された経験も有し，現在は，医事刑法雑誌である medstra の編者，法学系オンラインデータバンク HRRS のプロジェクトリーダーとしても活躍されている．

### Dr. Marc Tully（マーク・トゥリ）

ハンブルク高等裁判所裁判長．ベルリン，フライブルクのブライスガウ，ヴュルツブルクで学んだのち，ヴュルツブルクにて博士号を取得．1998 年，裁判官としてハンブルク地方裁判所に着任．その後，同裁判所の民刑両刑事部を経て，2003 年から 2006 年まで連邦通常裁判所の刑事部にて調査官を務める．2006 年，ハンブルク地方裁判所の裁判長に就任後，2014 年からはハンブルク高等裁判所の裁判長を務められている．

### Prof. Dr. Henning Rosenau（ヘニング・ロゼナウ）

ハレ大学法学部教授．ゲッティンゲン大学及びフライブルク大学にて法学を学び，ゲッティンゲン大学にて博士号及び教授資格を取得．裁判官を経て，アウグスブルク大学法学部に教授として着任．アウグスブルク大学においては副学長も務められたのち，2015 年 10 月からは，ハレ大学法学部において教鞭をとられている．

## 執筆者一覧 (執筆順・敬称略)

椎橋　隆幸 (しいばし　たかゆき)　中央大学法科大学院教授
小木曽　綾 (おぎそ　りょう)　中央大学法科大学院教授
Prof. Dr. Arndt Sinn (アルントゥ・ジン)
　　　　　　　　　　　　　　オスナブリュック大学法学部教授
鈴木　彰雄 (すずき　あきお)　中央大学法学部教授
Dr. Marc Tully (マーク・トゥリ)　ハンブルク高等裁判所裁判長
柳川　重規 (やながわ　しげき)　中央大学法学部教授
Prof. Dr. Henning Rosenau (ヘニング・ロゼナウ)
　　　　　　　　　　　　　　ハレ大学法学部教授
伊藤　壽英 (いとう　ひさえい)　日本比較法研究所所長, 中央大学法科大学院教授
Dr. Jan Grotheer (ヤン・グロテーア)　独日法律家協会 (DJJV) 会長
竹﨑　博允 (たけさき　ひろのぶ)　前最高裁判所長官
稲田　伸夫 (いなだ　のぶお)　法務省事務次官
上冨　敏伸 (うえとみ　としのぶ)　法務省大臣官房審議官
Prof. Dr. Karsten Gaede (カルステン・ゲーデ)
　　　　　　　　　　　　　　ブツェリウスロースクール教授
稗田　雅洋 (ひえだ　まさひろ)　東京地方裁判所判事
青柳　勤 (あおやぎ　つとむ)　東京高等裁判所判事
只木　誠 (ただき　まこと)　中央大学法学部教授

裁判員裁判に関する日独比較法の検討

日本比較法研究所研究叢書（108）

2016年3月24日　初版第1刷発行

編著者　椎　橋　隆　幸

発行者　神　﨑　茂　治

発行所　中央大学出版部
〒192-0393
東京都八王子市東中野742番地1
電話 042-674-2351・FAX 042-674-2354
http://www2.chuo-u.ac.jp/up/

© 2016　　ISBN978-4-8057-0808-8　　㈱千秋社

## 日本比較法研究所研究叢書

| | | | |
|---|---|---|---|
| 1 | 小島武司 著 | 法律扶助・弁護士保険の比較法的研究 | A5判 2800円 |
| 2 | 藤本哲也 著 | CRIME AND DELINQUENCY AMONG THE JAPANESE-AMERICANS | 菊判 1600円 |
| 3 | 塚本重頼 著 | アメリカ刑事法研究 | A5判 2800円 |
| 4 | 小島武司・外間寛 編 | オムブズマン制度の比較研究 | A5判 3500円 |
| 5 | 田村五郎 著 | 非嫡出子に対する親権の研究 | A5判 3200円 |
| 6 | 小島武司 編 | 各国法律扶助制度の比較研究 | A5判 4500円 |
| 7 | 小島武司 著 | 仲裁・苦情処理の比較法的研究 | A5判 3800円 |
| 8 | 塚本重頼 著 | 英米民事法の研究 | A5判 4800円 |
| 9 | 桑田三郎 著 | 国際私法の諸相 | A5判 5400円 |
| 10 | 山内惟介 編 | Beiträge zum japanischen und ausländischen Bank- und Finanzrecht | 菊判 3600円 |
| 11 | 木内宜彦・M・ルッター 編著 | 日独会社法の展開 | A5判 (品切) |
| 12 | 山内惟介 著 | 海事国際私法の研究 | A5判 2800円 |
| 13 | 渥美東洋 編 | 米国刑事判例の動向 I | A5判 (品切) |
| 14 | 小島武司 編著 | 調停と法 | A5判 (品切) |
| 15 | 塚本重頼 著 | 裁判制度の国際比較 | A5判 (品切) |
| 16 | 渥美東洋 編 | 米国刑事判例の動向 II | A5判 4800円 |
| 17 | 日本比較法研究所 編 | 比較法の方法と今日的課題 | A5判 3000円 |
| 18 | 小島武司 編 | Perspectives on Civil Justice and ADR: Japan and the U. S. A. | 菊判 5000円 |
| 19 | 小島・渥美・清水・外間 編 | フランスの裁判法制 | A5判 (品切) |
| 20 | 小杉末吉 著 | ロシア革命と良心の自由 | A5判 4900円 |
| 21 | 小島・渥美・清水・外間 編 | アメリカの大司法システム(上) | A5判 2900円 |
| 22 | 小島・渥美・清水・外間 編 | Système juridique français | 菊判 4000円 |

## 日本比較法研究所研究叢書

|  |  |  |  |
|---|---|---|---|
| 23 | 小島・渥美・清水・外間 編 | アメリカの大司法システム(下) | Ａ５判 1800円 |
| 24 | 小島武司・韓相範編 | 韓　国　法　の　現　在　(上) | Ａ５判 4400円 |
| 25 | 小島・渥美・川添・清水・外間 編 | ヨーロッパ裁判制度の源流 | Ａ５判 2600円 |
| 26 | 塚本重頼 著 | 労使関係法制の比較法的研究 | Ａ５判 2200円 |
| 27 | 小島武司・韓相範編 | 韓　国　法　の　現　在　(下) | Ａ５判 5000円 |
| 28 | 渥美東洋 編 | 米国刑事判例の動向Ⅲ | Ａ５判 (品切) |
| 29 | 藤本哲也 著 | Crime Problems in Japan | 菊判 (品切) |
| 30 | 小島・渥美・清水・外間 編 | The Grand Design of America's Justice System | 菊判 4500円 |
| 31 | 川村泰啓 著 | 個人史としての民法学 | Ａ５判 4800円 |
| 32 | 白羽祐三 著 | 民法起草者　穂積陳重論 | Ａ５判 3300円 |
| 33 | 日本比較法研究所編 | 国際社会における法の普遍性と固有性 | Ａ５判 3200円 |
| 34 | 丸山秀平編著 | ドイツ企業法判例の展開 | Ａ５判 2800円 |
| 35 | 白羽祐三 著 | プロパティと現代的契約自由 | Ａ５判 13000円 |
| 36 | 藤本哲也 著 | 諸　外　国　の　刑　事　政　策 | Ａ５判 4000円 |
| 37 | 小島武司他編 | Europe's Judicial Systems | 菊判 (品切) |
| 38 | 伊従寛 著 | 独占禁止政策と独占禁止法 | Ａ５判 9000円 |
| 39 | 白羽祐三 著 | 「日本法理研究会」の分析 | Ａ５判 5700円 |
| 40 | 伊従・山内・ヘイリー編 | 競争法の国際的調整と貿易問題 | Ａ５判 2800円 |
| 41 | 渥美・小島 編 | 日韓における立法の新展開 | Ａ５判 4300円 |
| 42 | 渥美東洋 編 | 組織・企業犯罪を考える | Ａ５判 3800円 |
| 43 | 丸山秀平編著 | 続ドイツ企業法判例の展開 | Ａ５判 2300円 |
| 44 | 住吉博 著 | 学生はいかにして法律家となるか | Ａ５判 4200円 |

## 日本比較法研究所研究叢書

| | | | |
|---|---|---|---|
| 45 | 藤本哲也 著 | 刑事政策の諸問題 | A5判 4400円 |
| 46 | 小島武司 編著 | 訴訟法における法族の再検討 | A5判 7100円 |
| 47 | 桑田三郎 著 | 工業所有権法における国際的消耗論 | A5判 5700円 |
| 48 | 多喜 寛 著 | 国際私法の基本的課題 | A5判 5200円 |
| 49 | 多喜 寛 著 | 国際仲裁と国際取引法 | A5判 6400円 |
| 50 | 眞田・松村 編著 | イスラーム身分関係法 | A5判 7500円 |
| 51 | 川添・小島 編 | ドイツ法・ヨーロッパ法の展開と判例 | A5判 1900円 |
| 52 | 西海・山野目 編 | 今日の家族をめぐる日仏の法的諸問題 | A5判 2200円 |
| 53 | 加美和照 著 | 会社取締役法制度研究 | A5判 7000円 |
| 54 | 植野妙実子 編著 | 21世紀の女性政策 | A5判（品切） |
| 55 | 山内惟介 著 | 国際公序法の研究 | A5判 4100円 |
| 56 | 山内惟介 著 | 国際私法・国際経済法論集 | A5判 5400円 |
| 57 | 大内・西海 編 | 国連の紛争予防・解決機能 | A5判 7000円 |
| 58 | 白羽祐三 著 | 日清・日露戦争と法律学 | A5判 4000円 |
| 59 | 伊従・山内・ヘイリー・ネルソン 編 | APEC諸国における競争政策と経済発展 | A5判 4000円 |
| 60 | 工藤達朗 編 | ドイツの憲法裁判 | A5判（品切） |
| 61 | 白羽祐三 著 | 刑法学者牧野英一の民法論 | A5判 2100円 |
| 62 | 小島武司 編 | ADRの実際と理論 I | A5判（品切） |
| 63 | 大内・西海 編 | United Nation's Contributions to the Prevention and Settlement of Conflicts | 菊判 4500円 |
| 64 | 山内惟介 著 | 国際会社法研究 第一巻 | A5判 4800円 |
| 65 | 小島武司 編 | CIVIL PROCEDURE and ADR in JAPAN | 菊判（品切） |
| 66 | 小堀憲助 著 | 「知的（発達）障害者」福祉思想とその潮流 | A5判 2900円 |

## 日本比較法研究所研究叢書

| | | | | |
|---|---|---|---|---|
| 67 | 藤本哲也 編著 | 諸外国の修復的司法 | Ａ５判 | 6000円 |
| 68 | 小島武司 編 | ＡＤＲの実際と理論 II | Ａ５判 | 5200円 |
| 69 | 吉田豊 著 | 手付の研究 | Ａ５判 | 7500円 |
| 70 | 渥美東洋 編著 | 日韓比較刑事法シンポジウム | Ａ５判 | 3600円 |
| 71 | 藤本哲也 著 | 犯罪学研究 | Ａ５判 | 4200円 |
| 72 | 多喜寛 著 | 国家契約の法理論 | Ａ５判 | 3400円 |
| 73 | 石川・エーラース グロスフェルト・山内 編著 | 共演 ドイツ法と日本法 | Ａ５判 | 6500円 |
| 74 | 小島武司 編著 | 日本法制の改革：立法と実務の最前線 | Ａ５判 | 10000円 |
| 75 | 藤本哲也 著 | 性犯罪研究 | Ａ５判 | 3500円 |
| 76 | 奥田安弘 著 | 国際私法と隣接法分野の研究 | Ａ５判 | 7600円 |
| 77 | 只木誠 著 | 刑事法学における現代的課題 | Ａ５判 | 2700円 |
| 78 | 藤本哲也 著 | 刑事政策研究 | Ａ５判 | 4400円 |
| 79 | 山内惟介 著 | 比較法研究 第一巻 | Ａ５判 | 4000円 |
| 80 | 多喜寛 編著 | 国際私法・国際取引法の諸問題 | Ａ５判 | 2200円 |
| 81 | 日本比較法研究所 編 | Future of Comparative Study in Law | 菊判 | 11200円 |
| 82 | 植野妙実子 編著 | フランス憲法と統治構造 | Ａ５判 | 4000円 |
| 83 | 山内惟介 著 | Japanisches Recht im Vergleich | 菊判 | 6700円 |
| 84 | 渥美東洋 編 | 米国刑事判例の動向 IV | Ａ５判 | 9000円 |
| 85 | 多喜寛 著 | 慣習法と法的確信 | Ａ５判 | 2800円 |
| 86 | 長尾一紘 著 | 基本権解釈と利益衡量の法理 | Ａ５判 | 2500円 |
| 87 | 植野妙実子 編著 | 法・制度・権利の今日的変容 | Ａ５判 | 5900円 |
| 88 | 畑尻剛 工藤達朗 編 | ドイツの憲法裁判 第二版 | Ａ５判 | 8000円 |

## 日本比較法研究所研究叢書

| | | | |
|---|---|---|---|
| 89 | 大村雅彦 著 | 比較民事司法研究 | A5判 3800円 |
| 90 | 中野目善則 編 | 国際刑事法 | A5判 6700円 |
| 91 | 藤本哲也 著 | 犯罪学・刑事政策の新しい動向 | A5判 4600円 |
| 92 | 山内惟介／ヴェルナー・F・エプケ 編著 | 国際関係私法の挑戦 | A5判 5500円 |
| 93 | 森勇／米津孝司 編 | ドイツ弁護士法と労働法の現在 | A5判 3300円 |
| 94 | 多喜寛 著 | 国家（政府）承認と国際法 | A5判 3300円 |
| 95 | 長尾一紘 著 | 外国人の選挙権 ドイツの経験・日本の課題 | A5判 2300円 |
| 96 | 只木誠／ハラルド・バウム 編 | 債権法改正に関する比較法的検討 | A5判 5500円 |
| 97 | 鈴木博人 著 | 親子福祉法の比較法的研究Ⅰ | A5判 4500円 |
| 98 | 橋本基弘 著 | 表現の自由 理論と解釈 | A5判 4300円 |
| 99 | 植野妙実子 著 | フランスにおける憲法裁判 | A5判 4500円 |
| 100 | 椎橋隆幸 編著 | 日韓の刑事司法上の重要課題 | A5判 3200円 |
| 101 | 中野目善則 著 | 二重危険の法理 | A5判 4200円 |
| 102 | 森勇 編著 | リーガルマーケットの展開と弁護士の職業像 | A5判 6700円 |
| 103 | 丸山秀平 著 | ドイツ有限責任事業会社（UG） | A5判 2500円 |
| 104 | 椎橋隆幸 編 | 米国刑事判例の動向Ⅴ | A5判 6900円 |
| 105 | 山内惟介 著 | 比較法研究 第二巻 | A5判 8000円 |
| 106 | 多喜寛 著 | STATE RECOGNITION AND *OPINIO JURIS* IN CUSTOMARY INTERNATIONAL LAW | 菊判 2700円 |
| 107 | 西海真樹 著 | 現代国際法論集 | A5判 6800円 |

＊価格は本体価格です。別途消費税が必要です。